Gramática inglesa para hispanohablantes

Rubén Chacón Beltrán e Inmaculada Senra Silva

CAMBRIDGE
UNIVERSITY PRESS

University Printing House, Cambridge CB2 8BS, United Kingdom

One Liberty Plaza, 20th Floor, New York, NY 10006, USA

477 Williamstown Road, Port Melbourne, VIC 3207, Australia

4843/24, 2nd Floor, Ansari Road, Daryaganj, Delhi – 110002, India

79 Anson Road, #06-04/06, Singapore 079906

José Abascal, 56 – 1º, 28003 Madrid, Spain

Cambridge University Press is part of the University of Cambridge.

It furthers the University's mission by disseminating knowledge in the pursuit of education, learning and research at the highest international levels of excellence.

www.cambridge.org

Librería UNED
c/ Bravo Murillo, 38 - 28015 Madrid
Tels. 91 398 75 60/73 73
libreria@adm.uned.es

© Cambridge University Press 2010
© Universidad Nacional de Educación a Distancia Madrid 2010

This publication is in copyright. Subject to statutory exception and to the provisions of relevant collective licensing agreements, no reproduction of any part may take place without the written permission of Cambridge University Press.

Publishing Management and design by hyphen S.A.
Cover design by Islagráfica

First published 2010
Second Edition 2017
20 19 18 17 16 15 14 13 12 11 10 9 8 7 6

Printed in Spain by Pulmen
D.L.: M-24818-2017

ISBN 978-84-9036-696-7

Cambridge University Press has no responsibility for the persistence or accuracy of URLs for external or third-party internet websites referred to in this publication, and does not guarantee that any content on such websites is, or will remain, accurate or appropriate. Information regarding prices, travel timetables and other factual information given in this work are correct at the time of first printing but Cambridge University Press does not guarantee the accuracy of such information thereafter.

Contenidos

	Page
Introducción	8

I El grupo nominal

1. Nouns (Los sustantivos) ... 11
   1.1. Use of capital letters (El uso de las mayúsculas) ... 11
   1.2. Gender (El género) ... 15
   1.3. Types of nouns (Tipos de sustantivos) ... 17
      1.3.1. Countable nouns (Los sustantivos contables) ... 17
         1.3.1.1. Number formation (La formación del número) ... 18
      1.3.2. Uncountable nouns (Los sustantivos incontables) ... 23
      1.3.3. Individual nouns (Los sustantivos individuales) ... 28
      1.3.4. Collective nouns (Los sustantivos colectivos) ... 28
      1.3.5. Specific nouns (Los sustantivos concretos) ... 29
      1.3.6. Abstract nouns (Los sustantivos abstractos) ... 29
   1.4. Noun formation (La formación de los sustantivos) ... 30
      1.4.1. Compound nouns (Los sustantivos compuestos) ... 30
      1.4.2. Derived nouns (Los sustantivos derivados) ... 33
         1.4.2.1. Prefixation (Prefijación) ... 33
         1.4.2.2. Suffixation (Sufijación) ... 37
   1.5. Possession (La posesión) ... 44
      1.5.1. Saxon genitive (El genitivo sajón) ... 44
         1.5.1.1. Use (Uso) ... 45
      1.5.2. *Of* + noun: possession (*Of* + sustantivo: posesión) ... 46
      1.5.3. Double genitive (El doble genitivo) ... 46

2. Pronouns (Los pronombres) ... 47
   2.1. Personal pronouns (Los pronombres personales) ... 47
   2.2. Possessive pronouns (Los pronombres posesivos) ... 50
   2.3. Reflexive pronouns (Los pronombres reflexivos) ... 50
   2.4. Demonstrative pronouns (Los pronombres demostrativos) ... 51
   2.5. Indefinite pronouns (Los pronombres indefinidos) ... 52
   2.6. Reciprocal pronouns (Los pronombres recíprocos) ... 54
   2.7. Relative pronouns (Los pronombres relativos) ... 54
      2.7.1. Omission of relative pronouns (La omisión de los pronombres relativos) ... 57

- 2.7.2. Compound relative pronouns (Los pronombres relativos compuestos) 57
- 2.8. Interrogative pronouns (Los pronombres interrogativos) 58
- 2.9. Numerals (Los numerales) 60
- 2.10. One/Ones (Cómo evitar la repetición de un sustantivo contable) 60

3. Determiners and articles (Los determinantes y artículos) 61
   - 3.1. Article (El artículo) 61
     - 3.1.1 Indefinite article (El artículo indeterminado) 61
     - 3.1.2. Definite article (El artículo determinado) 63
   - 3.2. Demonstrative determiners (Los determinantes demostrativos) 68
   - 3.3. Possessive determiners (Los determinantes posesivos) 69
   - 3.4. Indefinite determiners, distributive and quantifiers (Los determinantes indefinidos, distributivos y de cantidad) 70
     - 3.4.1. Indefinite distributive determiners (Los determinantes indefinidos distributivos) 70
     - 3.4.2. Indefinite quantifiers (Los determinantes indefinidos de cantidad) 72
   - 3.5. Numerals (Los numerales) 77
     - 3.5.1. Cardinal numbers (Los números cardinales) 77
     - 3.5.2. Ordinal numbers (Los números ordinales) 78
     - 3.5.3. Multiplicatives (Los multiplicativos) 79
     - 3.5.4. Fractions (Las fracciones) 79

4. Adjectives (Los adjetivos) 79
   - 4.1. Use (Uso) 80
   - 4.2. Types of adjectives (Tipos de adjetivos) 83
     - 4.2.1. Qualifying adjectives (Los adjetivos calificativos) 83
     - 4.2.2. Classifying adjectives (Los adjetivos clasificativos) 85
     - 4.2.3. Colour adjectives (Los adjetivos de color) 85
     - 4.2.4. Emphasising adjectives (Los adjetivos enfáticos) 86
   - 4.3. Adjectives: comparative and superlative form (Los adjetivos: forma comparativa y superlativa) 86
     - 4.3.1. Comparative of equality (El comparativo de igualdad) 86
       - 4.3.1.1. Form (Forma) 86
       - 4.3.1.2. Use (Uso) 87
     - 4.3.2. Comparative of inferiority (El comparativo de inferioridad) 89
       - 4.3.2.1. Form (Forma) 89
     - 4.3.3. Comparative of superiority and superlative (El comparativo de superioridad y el superlativo) 89
       - 4.3.3.1. Form (Forma) 89
       - 4.3.3.2. Use (Uso) 95
     - 4.3.4. Some fixed structures (Algunas estructuras hechas) 97
   - 4.4. Adjective formation (La formación de los adjetivos) 97
     - 4.4.1. Prefixation (Prefijación) 97
     - 4.4.2. Suffixation (Sufijación) 100
     - 4.4.3. Compound adjectives (Los adjetivos compuestos) 107
   - 4.5. Adjectives + infinitive (Adjetivos + infinitivo) 108
   - 4.6. Adjectives + prepositions (Adjetivos + preposiciones) 109

II El sintagma verbal

1. Mood (El modo verbal) 111
   - 1.1. Imperative (El modo imperativo) 111

- **1.1.1.** Form (Forma) 111
- **1.1.2.** Use (Uso) 113
- **1.2.** Subjunctive (El modo subjuntivo) 114
  - **1.2.1.** Form (Forma) 114
  - **1.2.2.** Use (Uso) 114
- **2.** Tense (El tiempo verbal) 115
  - **2.1.** Simple present (Presente) 115
    - **2.1.1.** Form (Forma) 115
    - **2.1.2.** Use (Uso) 118
  - **2.2.** Present continuous (Presente 'estar' + gerundio) 121
    - **2.2.1.** Form (Forma) 121
    - **2.2.2.** Use (Uso) 123
  - **2.3.** Simple past (Pretérito perfecto simple) 125
    - **2.3.1.** Form (Forma) 125
    - **2.3.2.** Use (Uso) 128
  - **2.4.** Past continuous (Pretérito imperfecto 'estar' + gerundio) 129
    - **2.4.1.** Form (Forma) 129
    - **2.4.2.** Use (Uso) 130
  - **2.5.** Present perfect (Pretérito perfecto compuesto) 131
    - **2.5.1.** Form (Forma) 131
    - **2.5.2.** Use (Uso) 132
  - **2.6.** Present perfect continuous (Pretérito perfecto compuesto 'estar' + gerundio) 135
    - **2.6.1.** Form (Forma) 135
    - **2.6.2.** Use (Uso) 136
  - **2.7.** Past perfect (Pretérito pluscuamperfecto) 138
    - **2.7.1.** Form (Forma) 138
    - **2.7.2.** Use (Uso) 139
  - **2.8.** Past perfect continuous (Pretérito pluscuamperfecto 'estar' + gerundio) 142
    - **2.8.1.** Form (Forma) 142
    - **2.8.2.** Use (Uso) 143
  - **2.9.** Simple future (Futuro) 144
    - **2.9.1.** Form (Forma) 144
    - **2.9.2.** Use (Uso) 145
  - **2.10.** Future continuous (Futuro 'estar' + gerundio) 149
    - **2.10.1.** Form (Forma) 149
    - **2.10.2.** Use (Uso) 150
  - **2.11.** Future perfect (Futuro compuesto) 151
    - **2.11.1.** Form (Forma) 151
    - **2.11.2.** Use (Uso) 152
  - **2.12.** Future perfect continuous (Futuro compuesto 'estar' + gerundio) 152
    - **2.12.1.** Form (Forma) 152
    - **2.12.2.** Use (Uso) 153
  - **2.13.** Conditional (Condicional) 154
    - **2.13.1.** Form (Forma) 154
    - **2.13.2.** Use (Uso) 155
  - **2.14.** Past conditional (Condicional compuesto) 155
    - **2.14.1.** Form (Forma) 155

    2.14.2. Use (Uso) 156

3. Passive voice (La voz pasiva) 157
  3.1. Form (Forma) 157
  3.2. Use (Uso) 163

4. Infinitive and gerund (El infinitivo y gerundio) 170
  4.1. Infinitive (El infinitivo) 170
    4.1.1. Form (Forma) 170
    4.1.2. Use (Uso) 172
      4.1.2.1. *To* infinitive (El infinitivo con *to*) 172
      4.1.2.2. The split infinitive (El infinitivo partido) 183
      4.1.2.3. The bare infinitive (El infinitivo sin *to*) 183
  4.2. Gerund, *-ing* (El gerundio, *-ing*) 187
    4.2.1. Form (Forma) 187
    4.2.2. Use (Uso) 190
  4.3. Verbs followed by infinitive or gerund (Verbos seguidos de infinitivo o gerundio) ... 195
    4.3.1. No change of meaning (Sin cambio de significado) 195
    4.3.2. Change of meaning (Con cambio de significado) 198

5. Modal verbs (Los verbos modales) 199
  5.1. Form (Forma) 200
  5.2. Use (Uso) 202
  5.3. Semi-modals (Los verbos semimodales) 213

6. Phrasal verbs (Los verbos frasales) 216
  6.1. Phrasal verbs with two words (Los verbos frasales de dos palabras) 218
  6.2. Phrasal verbs with three words (Los verbos frasales de tres palabras) 234

7. Verb formation (La formación de los verbos) 235

III Oraciones

1. Simple sentences (Las oraciones simples) 237
  1.1. Fundamental syntactic elements of the sentence (Los elementos sintácticos fundamentales de la oración) 237
  1.2. Types of simple sentences (Tipos de oraciones simples) 239
  1.3. Other general characteristics of simple sentences (Otras características generales de las oraciones simples) 242

2. Compound sentences (Las oraciones compuestas) 248
  2.1. Coordinate clauses (Las oraciones coordinadas) 249
  2.2. Subordinate clauses (Las oraciones subordinadas) 250
    2.2.1. Subordinate adverbial clauses (Las oraciones subordinadas adverbiales) .. 251
      2.2.1.1. Time clauses (Las oraciones de tiempo) 251
      2.2.1.2. Purpose clauses (Las oraciones finales) 253
      2.2.1.3. Reason clauses (Las oraciones causales) 254
      2.2.1.4. Result clauses (Las oraciones consecutivas) 255
      2.2.1.5. Concessive clauses (Las oraciones concesivas) 256
      2.2.1.6. Place clauses (Las oraciones de lugar) 257

- 2.2.1.7. Clauses of manner (Las oraciones de modo) 258
- 2.2.1.8. Conditional clauses (Las oraciones condicionales) 259
- 2.2.1.9. Clauses with non-finite verb forms (Las oraciones con formas no finitas del verbo) 265
- 2.2.2. Subordinate relative clauses (Las oraciones subordinadas de relativo) 265
- 2.2.2.1. Defining relative clauses (Las oraciones de relativo especificativas) 266
- 2.2.2.2. Non-defining relative clauses (Las oraciones de relativo explicativas) 267
- 2.2.2.3. Other considerations about subordinate relative clauses (Otras consideraciones de las oraciones subordinadas de relativo) 268
- 2.2.3. Indirect speech (Estilo indirecto) 269

IV Adverbios, frases y locuciones adverbiales

1. Types of adverbs (Tipos de adverbios) 278
   - 1.1. Adverbs of time (Los adverbios de tiempo) 278
   - 1.2. Adverbs of frequency (Los adverbios de frecuencia) 280
   - 1.3. Adverbs of duration (Los adverbios de duración) 283
   - 1.4. Adverbs of place (Los adverbios de lugar) 284
   - 1.5. Adverbs of manner (Los adverbios de modo) 286
   - 1.6. Adverbs of degree (Los adverbios de grado) 287
   - 1.7. Adverbs of quantity (Los adverbios de cantidad) 288
   - 1.8. Adverbs of probability (Los adverbios de probabilidad) 289
   - 1.9. Adverbs of affirmation (Los adverbios de afirmación) 289
   - 1.10. Adverbs of negation (Los adverbios de negación) 289
   - 1.11. Compound adverbs (Los adverbios compuestos) 290

2. Position of adverbs (Colocación de los adverbios) 290

3. Adverbs: comparative and superlative form (Los adverbios: forma comparativa y superlativa) 291

V Preposiciones

1. Position of prepositions (Colocación de las preposiciones) 295

2. Types of prepositions (Tipos de preposiciones) 295
   - 2.1. Prepositions of place (Las preposiciones de lugar) 295
   - 2.2. Prepositions of direction or movement (Las preposiciones de dirección o movimiento) 296
   - 2.3. Prepositions of time (Las preposiciones de tiempo) 297
   - 2.4. Prepositions of circumstance (Las preposiciones de circunstancia) 299
   - 2.5. Other uses of prepositions (Otros usos de las preposiciones) 299
     - 2.5.1. With adjectives (Con adjetivos) 299
     - 2.5.2. With nouns (Con sustantivos) 300
     - 2.5.3. With verbs (Con verbos) 302

VI Práctica 303

Apéndice I Ordinal and cardinal numbers (Los números ordinales y cardinales) 319

Apéndice II Irregular verbs (Los verbos irregulares) 321

Apéndice III Use of *make* and *do* (Uso de *make* y *do*) 327

Índice 334

INTRODUCCIÓN

La *Gramática inglesa para hispanohablantes* ha sido diseñada especialmente para estudiantes de la Universidad Nacional de Educación a Distancia (UNED) aunque también espera ser útil a otros estudiantes que deseen progresar de forma autónoma entre los niveles A1 y C2 del Marco Común Europeo de Referencia para las Lenguas (MCER).

La *Gramática inglesa para hispanohablantes* proporciona consejos útiles y detallados sobre la mejor forma de estudiar gramática inglesa. Partiendo de un enfoque contrastivo, toma en cuenta las áreas que son especialmente fáciles o difíciles para los estudiantes cuya primera lengua es el español y, además, busca la forma de sacar el mayor rendimiento posible a sus conocimientos previos. El estudio de la gramática es mucho más eficiente y rentable en términos de tiempo cuando se hace de forma autónoma, precisamente porque cada estudiante puede seguir su propio ritmo. Como diríamos en lenguaje coloquial 'cada cual sabe dónde le aprieta el zapato'; sólo el propio aprendiz de lenguas sabe cuáles son los temas que necesita estudiar con más urgencia, cuándo puede ir más o menos rápido en el estudio de la gramática y cuándo debe estudiar con mayor detenimiento un punto gramatical concreto. Una gramática que muestra cómo expresar en inglés los significados de tu propia lengua es especialmente valiosa pues, como indica insistentemente el MCER, la traducción es una destreza vital en el mundo actual.

Esta gramática se fundamenta en dos principios metodológicos básicos. Por una parte, está escrita en español para que se pueda distinguir bien entre el objeto y el medio de estudio. El discente adulto de lenguas necesita comprender rápidamente el contenido, asimilarlo de forma contrastiva con la lengua materna y no encontrar obstáculos en la lengua que se utiliza como medio de aprendizaje. Hay muchas otras oportunidades más provechosas para tener contacto con la lengua en entornos comunicativos y con una exposición a un inglés más auténtico que el que proporcionan los enunciados y las explicaciones de una gramática.

La amplia oferta de gramáticas monolingües del inglés con contenidos, ejemplos y explicaciones sólo en inglés responde, en algunas ocasiones, a fines comerciales, pues de este modo no necesitan ser traducidas a todas las lenguas.

Al tratarse de una gramática para aprender y perfeccionar el uso de la lengua, tampoco se hace un especial hincapié en el uso y explicación de terminología compleja que puede resultar útil en otras asignaturas con una orientación teórico-descriptiva hacia la lengua, pero no si el objetivo radica en aprender el uso con fines comunicativos.

Existen en las librerías pocas gramáticas contrastivas que permitan a los aprendices de lenguas desarrollar su competencia en lengua inglesa a partir de su conocimiento previo de la gramática de otra u otras lenguas. Estos conocimientos previos pueden provocar influencias interlingüísticas positivas así como previenen posibles interferencias lingüísticas negativas. Todo aprendiz adulto de inglés tiene ya abundantes conocimientos lingüísticos y gramaticales sobre al menos otra lengua, ¿por qué no hacer uso de ellos para aprender y perfeccionar una segunda lengua?

¿Cómo usar la *Gramática inglesa para hispanohablantes*?

La gran cantidad de ejemplos que se proporcionan en esta gramática tienen como objetivo, por un lado, que el estudiante pueda disponer de una amplia variedad de muestras contextualizadas tanto del lenguaje como de los puntos gramaticales. Por otro lado, podrá practicar la traducción de oraciones, de ahí que los ejemplos aparezcan en dos columnas, a la izquierda en inglés y a la derecha en español. Se puede cubrir una u otra columna para practicar la traducción tanto en los ejemplos proporcionados a lo largo del libro como en la sección final dedicada a la práctica.

La traducción directa del inglés al español es más fácil que la inversa y, por lo tanto, debe ser el punto de partida –se debe tapar la traducción al español, traducir la frase y luego comprobar si se ha hecho bien o se ha hecho mal–. Cuando se sabe lo que significan las frases en inglés de una sección (es decir, se saben traducir al español), es el momento para ver si se es capaz de traducirlas del español al inglés. A continuación se debe tomar nota de las oraciones que resulten más difíciles y volver una y otra vez sobre ellas hasta dominarlas. A veces ocurre que la versión que se da en inglés, no es la única posible. Si se está completamente seguro de que otra versión es correcta, no hay problema, pero si existe la más mínima duda, nuestra recomendación es que se aprenda la versión que aparece en el libro *Gramática inglesa para hispanohablantes* que, al fin y al cabo, es correcta. De nuevo se trata de una actividad de autocorrección que se puede practicar con todos los contenidos gramaticales y al ritmo que se desee.

Esta actividad de estudio autónomo que proponemos es de gran utilidad ya que cada oración en inglés es una oración correcta que se entiende perfectamente por la traducción proporcionada y por lo tanto es un modelo de confianza para la producción propia. Se deben usar aquellas oraciones en inglés sobre las que se tiene certeza de que son correctas para crear nuevas oraciones en inglés que expresan verdades relacionadas con tu entorno inmediato (familia, amigos, etc.). Por ejemplo, la oración *John doesn't like potatoes* es un modelo que permite crear la oración *My grandmother's friends used to like westerns*, donde se puede sustituir a *John* por *My grandmother's friends*, *liked* por *used to like*, y *potatoes* por *westerns*. El resultado es una oración completamente nueva con una estructura que sabemos con seguridad que es correcta. Usar oraciones que se sabe que son correctas como modelos para expresar verdades propias es una manera excelente de incorporar las nuevas estructuras gramaticales a la propia producción escrita y oral.

Otra particularidad de esta gramática es que sigue un enfoque contrastivo que avisará de errores frecuentes cometidos por hispanohablantes que aprenden inglés.

Debe tenerse en cuenta que esta gramática inglesa comprende los niveles A1 a C2 del MCER por lo que probablemente contenga puntos gramaticales de diversa complejidad que el estudiante necesitará o no, en un determinado momento. Según se vaya profundizando en cualquier punto gramatical, se irá encontrando que el nivel de dificultad también se incrementa.

Agradecimientos

Son varias las personas que directa o indirectamente han colaborado o ayudado en la elaboración de este manual de gramática pero hay una a la que estamos especialmente agradecidos: en primer lugar, por haber sido el impulsor de la idea haciéndonos ver, como experto de reconocido prestigio en elaboración de materiales didácticos para la enseñanza del inglés, que nuestros estudiantes de la UNED necesitan un manual de gramática con unas características particulares y, por otra parte, colaborando activamente en la revisión del manual, así como estimulando interesantes reflexiones sobre muchos contenidos presentes en este libro. Gracias, Jim Lawley.

Los autores,
Rubén Chacón Beltrán e Inmaculada Senra Silva

I EL GRUPO NOMINAL

1. NOUNS (LOS SUSTANTIVOS)

Para referirse a una persona, cosa o evento se utiliza el nombre o sustantivo. Los sustantivos se clasifican tradicionalmente en comunes y propios. Los sustantivos comunes son los que hacen referencia a cualquier persona, animal o cosa que comparte ciertos rasgos con otros dentro de la misma clase (*boy*, *woman*, *city*, *museum*, *book*, *newspaper*, *journal*, *map*, *photo*, *video*, *article*, *animal*, etc.); mientras que los nombres propios identifican a una persona, animal o cosa específica: nombres y apellidos de personas (*Jennifer*, *Tom*, *Smith*, etc.), nombres de ciudades (*New York*, *Boston*, *London*), museos (*The British Museum*, *The Smithsonian Museum*), libros (*The Lord of the Rings*, *The Hobbit*), revistas y periódicos (*National Geographic*, *The New York Times*), obras de teatro como *Hamlet*, *Waiting for Godot*, etc.

National Geographic provides free, maps, photos and videos, as well as articles about beautiful and bizarre animals.

National Geographic proporciona mapas, fotos y vídeos gratis, además de artículos sobre animales bonitos y raros.

Jennifer told me that Bob wasn't feeling well.

Jennifer me dijo que Bob no se sentía bien.

1.1. USE OF CAPITAL LETTERS (EL USO DE LAS MAYÚSCULAS)

1. Tanto en inglés como en español los nombres propios, los títulos de las obras de teatro y de películas y los títulos de libros se escriben con letra mayúscula.

    The Lord of the Rings is a trilogy.

    El Señor de los Anillos es una trilogía.

    Waiting for Godot is a play by Samuel Beckett.

    Esperando a Godot es una obra de teatro de Samuel Beckett.

2. En inglés, los tratamientos y títulos nobiliarios también se escriben con mayúscula.

Admiral	Colonel	Major	Prince
Archbishop	Emperor	Miss	Princess
Baron	General	Mr	Professor
Baroness	Governor	Mrs	Queen
Bishop	King	Ms	Sergeant
Captain	Lieutenant	Pope	Sir
Cardinal	Lord	President	Sister

    The Duke of Edinburgh is the husband of Queen Elizabeth II.

    El Duque de Edimburgo es el marido de la Reina Isabel II.

    Former American Colonel Richard Houston gave a speech yesterday.

    El ex coronel americano Richard Houston dio un discurso ayer.

> En español, los títulos militares no van en mayúscula.

3. En inglés, a diferencia del español, las nacionalidades, los idiomas, los días de la semana, los meses del año y las fiestas también se escriben con mayúscula (éstas últimas se escriben preferentemente con minúscula en español).

Every <u>Sunday</u> morning at the Turtle Reader Bookshop at 12.00 there is story reading for children.	Todos los domingos por la mañana en la librería La Tortuga Lectora, a las 12.00, hay cuentacuentos para niños.
They finally signed the agreement in <u>December</u>, 1945.	Finalmente, firmaron el tratado en diciembre de 1945.
What presents did you get for <u>Christmas</u>?	¿Qué regalos recibiste por Navidad?

4. En inglés, al igual que en español, los nombres de países y continentes deben escribirse en mayúscula (*Norway*, *Africa*, *Chile*, etc.).

<u>Norway</u> is one of the Scandinavian countries together with <u>Sweden</u> and <u>Denmark</u>.	Noruega es uno de los países escandinavos junto con Suecia y Dinamarca.
<u>Asia</u> is the world's largest and most populous continent.	Asia es el continente más grande y poblado del mundo.

5. Sin embargo, a diferencia del español, las nacionalidades también deben ir en mayúscula (*Norwegian*, *African*, *Chilean*, etc.).

The economy of <u>African</u> countries will grow by about five percent next year.	La economía de los países africanos crecerá hasta un cinco por ciento aproximadamente el año que viene.
Michael has a dual nationality; he's <u>British</u> and <u>Spanish</u>.	Michael tiene doble nacionalidad; es británico y español.

6. Mientras que en español el sustantivo y el adjetivo de nacionalidad se forman igual ('un libro inglés/un inglés, una mujer australiana/una australiana'), en inglés existen varias posibilidades dependiendo de la terminación del adjetivo.

6.1. Cuando el adjetivo de nacionalidad termina con el sufijo *-an* se añade *-s* al plural, por ejemplo, *American/the American<u>s</u>* ('americano/los americanos').

<u>Brazilian</u> and <u>European</u> Portuguese are very different with respect to spelling and the use of verb tenses and lexis.	El portugués brasileño y el europeo son muy diferentes con respecto a la ortografía, al uso de los tiempos verbales y al léxico.
About 75 percent of <u>Brazilians</u> say they are Roman Catholic.	Alrededor del 75 por ciento de los brasileños se consideran católicos romanos.

EL GRUPO NOMINAL

Otros ejemplos son:

País o continente	Adjetivo	Sustantivo	Plural de referencia	Plural genérico
Africa	African	an African	Africans	the Africans
Algeria	Algerian	an Algerian	Algerians	the Algerians
America	American	an American	Americans	the Americans
Argentina	Argentinean	an Argentinean	Argentineans	the Argentineans
Asia	Asian	an Asian	Asians	the Asians
Australia	Australian	an Australian	Australians	the Australians
Austria	Austrian	an Austrian	Austrians	the Austrians
Belgium	Belgian	a Belgian	Belgians	the Belgians
Brazil	Brazilian	a Brazilian	Brazilians	the Brazilians
Canada	Canadian	a Canadian	Canadians	the Canadians
Chile	Chilean	a Chilean	Chileans	the Chileans
Colombia	Colombian	a Colombian	Colombians	the Colombians
Cuba	Cuban	a Cuban	Cubans	the Cubans
Egypt	Egyptian	an Egyptian	Egyptians	the Egyptians
Europe	European	a European	Europeans	the Europeans
Germany	German	a German	Germans	the Germans
Hungary	Hungarian	a Hungarian	Hungarians	the Hungarians
India	Indian	an Indian	Indians	the Indians
Iran	Iranian	an Iranian	Iranians	the Iranians
Italy	Italian	an Italian	Italians	the Italians
Mexico	Mexican	a Mexican	Mexicans	the Mexicans
Morocco	Moroccan	a Moroccan	Moroccans	the Moroccans
Norway	Norwegian	a Norwegian	Norwegians	the Norwegians
Peru	Peruvian	a Peruvian	Peruvians	the Peruvians
Romania	Romanian	a Romanian	Romanians	the Romanians
Russia	Russian	a Russian	Russians	the Russians

6.2. Cuando el adjetivo de nacionalidad termina en -ese, el plural se mantiene igual (*Chinese/the Chinese*, etc.).

The origin of Maltese history goes back to c. 4500 BC, when some Sicilian people settled on the island.	El origen de la historia maltesa se remonta aproximadamente al año 4500 a.C., cuando algunos sicilianos se asentaron en la isla.
Yesterday I watched a documentary on TV about the Maltese in Australia.	Ayer vi un documental en la tele sobre los malteses en Australia.

Otros ejemplos son:

País o continente	Adjetivo	Sustantivo	Plural de referencia	Plural genérico
China	Chinese	a Chinese	Chinese	the Chinese
Japan	Japanese	a Japanese	Japanese	the Japanese
Lebanon	Lebanese	a Lebanese	Lebanese	the Lebanese
Malta	Maltese	a Maltese	Maltese	the Maltese
Portugal	Portuguese	a Portuguese	Portuguese	the Portuguese
Vietnam	Vietnamese	a Vietnamese	Vietnamese	the Vietnamese

6.3. Cuando el adjetivo de nacionalidad termina en *-sh* o *-ch*, el sustantivo se forma añadiendo la palabra *man/woman*, mientras que el plural genérico se mantiene igual que el adjetivo (*English/an Englishman-the English*, etc.).

My grandfather was an Irishman called Patrick Murray.	Mi abuelo era un irlandés llamado Patrick Murray.
The Irish Post is a newspaper for the Irish living in Britain.	*El Irish Post* es un periódico para los irlandeses que viven en Gran Bretaña.

Otras nacionalidades dentro de este grupo son:

País o continente	Adjetivo	Sustantivo	Plural de referencia	Plural genérico
England	English	an Englishman	Englishmen	the English
France	French	a Frenchman	Frenchmen	the French
Holland	Dutch	a Dutchman	Dutchmen	the Dutch
Ireland	Irish	an Irishman	Irishmen	the Irish
Wales	Welshan	a Welshman	Welshmen	the Welsh

6.4. Existen otras terminaciones como, por ejemplo:

País o continente	Adjetivo	Sustantivo	Plural de referencia	Plural genérico
Greece	Greek	a Greek	Greeks	the Greeks
Iraq	Iraqi	an Iraqi	Iraqis	the Iraqis
Israel	Israeli	an Israeli	Israelis	the Israelis
Pakistan	Pakistani	a Pakistani	Pakistanis	the Pakistanis
Switzerland	Swiss	a Swiss	Swiss	the Swiss

If you are buying a Swiss watch you need to be sure it is genuine. Nowadays a lot of replica Swiss watches are sold everywhere.	Si te compras un reloj suizo tienes que asegurarte de que es original. Hoy en día se venden muchas réplicas de relojes suizos por todas partes.
The Swiss are known for their tolerance, politeness, and independence.	Los suizos son conocidos por su tolerancia, cortesía e independencia.

6.5. En algunos casos el adjetivo y el sustantivo tienen formas distintas, por ejemplo, *British* ('británico'), *a Briton* ('un británico'), etc.

Like a true Scot, he got married in a kilt.	Como un verdadero escocés, se casó con el kilt.
The Scottish Whisky Association promotes and represents the interests of the whisky industry in Scotland and around the world.	La Asociación Escocesa del Whisky promueve y representa los intereses de la industria del whisky en Escocia y en todo el mundo.

14 EL GRUPO NOMINAL

Otros adjetivos de este tipo son:

País o continente	Adjetivo	Sustantivo singular	Plural de referencia	Plural genérico
Britain	British	a Briton/Brit	Britons/Brits	the British
Denmark	Danish	a Dane	Danes	the Danes/Danish
Finland	Finnish	a Finn	Finns	the Finns/Finnish
Poland	Polish	a Pole	Poles	the Poles/Polish
Scotland	Scottish	a Scot/Scotsman	Scots/Scotsmen	the Scots
Spain	Spanish	a Spaniard	Spaniards	the Spaniards/Spanish
Sweden	Swedish	a Swede	Swedes	the Swedes/Swedish
Turkey	Turkish	a Turk	Turks	the Turks/Turkish

1.2. GENDER (EL GÉNERO)

1. A diferencia de idiomas como el español, el inglés carece de género gramatical. El género, por tanto, es sólo natural y equivale al sexo, no así en español en el que no se debe confundir género y sexo. Además, el género sólo se refleja en los pronombres *he/him/his* (masculino), *she/her/hers* (femenino) e *it/its* (neutro).

My father is a great person.   Mi padre es una persona
I love him a lot.   estupenda. Lo quiero mucho.

The woman was cooking   La mujer estaba cocinando
in the kitchen while her cat   en la cocina mientras su gato
was sleeping on the sofa.   dormía en el sofá.

I have a horse. It is white.   Tengo un caballo. Es blanco.

2. En inglés, a diferencia del español, las cosas y los animales tienen género neutro.

The book is too long.   El libro es demasiado largo.
It has 1,000 pages.   Tiene 1.000 páginas.

This is an Asian elephant.   Éste es un elefante asiático.
It has small ears.   Tiene orejas pequeñas.

> ❗ Fíjate en las frases anteriores y recuerda que, mientras que en español el sujeto se puede omitir, en inglés por norma general hay que expresarlo.

3. En ocasiones, cuando se quiere especificar el sexo de, por ejemplo, un animal, se pueden usar los pronombres masculinos o femeninos junto al sustantivo.

My sister has a she-cat.   Mi hermana tiene una gata.

4. En inglés, la mayoría de los sustantivos tienen la misma forma para el femenino y el masculino: *child* ('niño, niña'); *friend* ('amigo, amiga'); *teacher* ('profesor, profesora'). Si se quiere especificar el sexo, entonces se usa otra palabra que lo indique como, por ejemplo, *boy/girl*, *male/female*, *he/she* (*male researcher*, *male worker*, *female butterfly*, *female speaker*, etc.).

EL GRUPO NOMINAL 15

Nearly all <u>male workers</u>
choose to take paternity leave.

Casi todos los trabajadores
optan por la baja paternal.

<u>Female butterflies</u> release
pheromones into the air.

Las mariposas hembras
expulsan feromonas al aire.

5. Existen varias formas de marcar el sexo femenino en inglés.

5.1. Cambiando la palabra que marca el sexo masculino.

'She's the best <u>mare</u>
for the children to ride,'
the man said.

'Es la mejor yegua para
que monten los niños,'
dijo el hombre.

'He's the best stallion
I've got,' the man said.

'Es el mejor semental
que tengo,' dijo el hombre.

Otros ejemplos son:

boy/girl
bridegroom/bride
brother/sister
bull/cow
stallion/mare

cock/hen
man/woman
nephew/niece
uncle/aunt
son/daughter

5.2. Cambiando o añadiendo un sufijo.

Catherine the Great,
<u>empress</u> of Russia,
is often remembered
for her many lovers.

Catalina la Grande,
emperatriz de Rusia,
es a menudo recordada
por sus muchos amantes.

<u>Emperor Charles V</u>, born
in Ghent in 1500, was from
the house of Habsburg.

El Emperador Carlos V,
nacido en Gantes en 1500,
era de la casa de los Habsburgo.

Otros sustantivos que marcan el sexo de esta forma son:

abbot/abbess
actor/actress
duke/duchess
emperor/empress

god/goddess
hero/heroine
waiter/waitress
widower/widow

> **!** Al igual que en español, últimamente en inglés se intenta evitar el lenguaje sexista que abusa del masculino al considerarlo ofensivo. Se evitan, por tanto, palabras como *policeman, chairman, fireman, stewardess, cleaning woman* o *woman doctor, maid, weatherman*. En su lugar se emplean las formas *police officer, chair person, firefighter, flight attendant, housekeeper/cleaner, doctor, meteorologist*.
>
> <u>The cleaners</u> lost their
> jobs due to the bad
> economic situation.
>
> El personal de limpieza perdió
> su trabajo debido a la mala
> situación económica.

16 EL GRUPO NOMINAL

1.3. TYPES OF NOUNS (TIPOS DE SUSTANTIVOS)

Como vimos en el apartado 1, los sustantivos pueden ser comunes o propios. Los sustantivos comunes se suelen clasificar en tres tipos:

a Contables e incontables
b Individuales y colectivos
c Concretos y abstractos

1.3.1. Countable nouns (Los sustantivos contables)

La mayoría de los sustantivos comunes tienen una forma en singular para referirse a una sola cosa o persona, y otra en plural para referirse a varias. Por ejemplo, *pen-pens*, *chair-chairs*. Estos sustantivos se denominan 'contables' porque designan conceptos/entidades que se pueden cuantificar.

1. Cuando están en singular pueden ir acompañados de un artículo, demostrativo o pronombre en singular como *a/an*, *the*, *this*, *that*, *my*, *your*, *his*, etc. (*a* river, *the* horse, *your* book, *that* pencil).

The tree in our garden is full of birds' nests.	El árbol de nuestro jardín está lleno de nidos de pájaros.
Most of Iceland is now without trees because the early settlers cut down the forest for building and firewood.	La mayor parte de Islandia está sin árboles porque los primeros colonos cortaron el bosque para la construcción y la leña.

2. Por otro lado, cuando los sustantivos contables están en plural pueden ir acompañados de un artículo, demostrativo o adjetivo en plural (*the*, *these*, *those*, *my*, *her*, etc.), además de *many*, *a lot of* y *few* y un adjetivo (para el uso de estos determinantes, véase el apartado 3.4., página 70): *the* rivers, *these* horses, *those* books, *my* pencils, *her* books, *many* cars, *a lot of* clouds, *few* tomatoes, *yellow* flowers, etc.

You can find this species of fish in the shallow-water rivers of Norway.	Esta especie de peces se encuentra en los ríos de aguas poco profundas de Noruega.
Many rivers in India are too polluted for fish to live in them.	Muchos ríos en la India están demasiado contaminados para que puedan vivir peces en ellos.

Es importante tener en cuenta que si nos referimos de manera general a un sustantivo, éste debe aparecer siempre en plural, al igual que el verbo que lo acompaña, y sin el artículo *the* (véase el apartado 2.12., página 65).

In big cities, bicycles are becoming a popular means of transport.	En las grandes ciudades, las bicicletas están comenzando a ser un medio de transporte muy popular.

3. Los sustantivos contables en singular que funcionan como sujeto de una oración van acompañados de un verbo en singular, mientras que los sustantivos contables en plural van acompañados de un verbo también en plural.

The film was too long.	La película fue demasiado larga.
The films were too long.	Las películas fueron demasiado largas.

That white cat <u>lives</u> in the park.   Ese gato blanco vive en el parque.

Those white cats <u>live</u> in the park.   Esos gatos blancos viven en el parque.

1.3.1.1. Number formation (La formación del número)

1. Al igual que en español, la mayoría de los sustantivos contables forman el plural añadiéndole *-s* a la forma en singular.

Singular	Plural	Singular	Plural
bike	bikes	ear	ears
book	books	girl	girls
car	cars	king	kings

His kind <u>words</u> are still echoing in my <u>ears</u>.   Sus bonitas palabras todavía resuenan en mis oídos.

2. Los sustantivos que terminan en *-sh*, *-ss*, *-x*, *-ch* o *-s* añaden *-es* a la forma en plural.

Singular	Plural	Singular	Plural
bush	bushes	fox	foxes
glass	glasses	church	churches
box	boxes	bus	buses

Do you know what a blueberry <u>bush</u> looks like?   ¿Sabes qué aspecto tiene un arbusto de arándanos?

The most important thing to remember when growing blueberry <u>bushes</u> is that they need acidic soil.   Lo más importante que tienes que recordar cuando cultives arbustos de arándanos es que necesitan un suelo ácido.

3. Los sustantivos terminados en la vocal *-o* precedida de consonante también añaden *-es* al plural.

Singular	Plural	Singular	Plural
echo	echoes	mosquito	mosquitoes
hero	heroes	potato	potatoes

My face is covered in <u>mosquito</u> bites.   Mi cara está llena de picaduras de mosquito.

<u>Mosquitoes</u> spread malaria.   Los mosquitos propagan la malaria.

Sin embargo, existen algunas excepciones como:

Singular	Plural	Singular	Plural
kilo	kilos	piano	pianos
photo	photos	solo	solos

Could you get me a <u>kilo</u> of cherries?   ¿Me podrías comprar un kilo de cerezas?

| 'I'm about 10 kilos heavier than Pete,' said John. | 'Peso unos 10 kilos más que Pete,' dijo John. |

4. Los sustantivos que acaban en *-y* precedida de consonante forman el plural cambiando *-y* por *-i* y añadiéndoles *-es*.

Singular	Plural	Singular	Plural
army	armies	fly	flies
body	bodies	sky	skies
enemy	enemies	spy	spies

| That fly is bothering me. | Esa mosca me está molestando. |
| Why are there so many flies in the kitchen? | ¿Por qué hay tantas moscas en la cocina? |

5. Los sustantivos que terminan en *-f* cambian *-f* por *-v* y añaden *-es*, mientras que los que terminan en *-fe* cambian *-f* por *-v* y añaden *-s*.

Singular	Plural	Singular	Plural
calf	calves	life	lives
half	halves	shelf	shelves
knife	knives	thief	thieves
leaf	leaves	wife	wives
loaf	loaves	wolf	wolves

| A wolf killed a calf on the farm yesterday. | Un lobo mató a un ternero ayer en la granja. |
| Calves normally go out in the fields in early May. | Los terneros normalmente salen al campo a principios de mayo. |

Sin embargo, existen muchas excepciones como:

Singular	Plural	Singular	Plural
cliff	cliffs	roof	roofs
handkerchief	handkerchiefs	safe	safes

| They walked to the edge of the cliff. | Caminaron hasta el borde del acantilado. |
| I saw the White Cliffs of Dover last summer. | Vi los acantilados blancos de Dover el verano pasado. |

Algunos plurales admiten las dos formas del plural.

Singular	Plural	Singular	Plural
dwarf	dwarfs/dwarves	scarf	scarfs/scarves
hoof	hoofs/hooves	wharf	wharfs/wharves

| Dvergar are dwarfs/dwarves in Norse mythology. | Los Dvegar son enanos en la mitología nórdica. |

6. Existen también sustantivos de origen anglosajón cuya forma en plural es irregular. Algunos ejemplos son:

Singular	Plural	Singular	Plural
child	children	mouse	mice
foot	feet	ox	oxen
goose	geese	sheep	sheep
man	men	tooth	teeth

I hurt my foot.
Me lastimé el pie.

I couldn't see her feet because of her long dress.
No pude verle los pies por culpa de su vestido largo.

7. Algunos préstamos, sobre todo del latín, griego y francés retienen el plural original.

7.1. Algunos sustantivos terminados en *-is* cambian este sufijo por *-es* pronunciado /ɪːz/.

Singular	Plural	Singular	Plural
analysis	analyses	ellipsis	ellipses
axis	axes	hypothesis	hypotheses
basis	bases	oasis	oases
crisis	crises	parenthesis	parentheses
diagnosis	diagnoses	thesis	theses

Ein Gedi is a large oasis along the western shore of the Dead Sea.
Ein Guedi es un gran oasis a lo largo de la orilla occidental del Mar Muerto.

Oases are areas of vegetation in a desert.
Los oasis son áreas de vegetación en un desierto.

7.2. Los préstamos que terminan en *-us* cambian este sufijo por *-i* cuya pronunciación es /aɪ/.

Singular	Plural	Singular	Plural
alumnus	alumni	nucleus	nuclei
cactus	cacti	radius	radii
fungus	fungi	stimulus	stimuli

Where did you buy that cactus?
¿Dónde compraste ese cactus?

Cacti store water in their leaves.
Los cactus almacenan agua en sus hojas.

7.3. Los préstamos que terminan en *-on* cambian este sufijo por *-a*.

Singular	Plural	Singular	Plural
criterion	criteria	phenomenon	phenomena

The El Niño phenomenon dramatically affects the weather in many parts of the world.
El fenómeno de El Niño afecta dramáticamente al clima en muchas partes del mundo.

| On Earth there are different types of weather phenomena including wind, rain, snow and fog. | En la Tierra existen distintos tipos de fenómenos meteorológicos como el viento, la lluvia, la nieve y la niebla. |

7.4. Los préstamos que terminan en *-a* cambian este sufijo por *-ae*.

Singular	Plural	Singular	Plural
alga	algae	nebula	nebulae
alumna	alumnae	vertebra	vertebrae
larva	larvae	vita	vitae

| Come and have a look at this tiny alga. | Ven y mira esta pequeña alga. |
| The water in my aquarium has turned green because of the algae. | El agua de mi acuario se ha puesto verde a causa de las algas. |

7.5. Algunos préstamos que terminan en *-um* cambian este sufijo por *-a*.

Singular	Plural	Singular	Plural
addendum	addenda	medium	media
curriculum	curricula	memorandum	memoranda
datum	data	stratum	strata

| The new edition includes a bibliographical addendum. | La nueva edición incluye una adenda bibliográfica. |
| The addenda comprise some appendices, diagrams and tables. | Las adendas contienen algunos apéndices, diagramas y tablas. |

7.6. Algunos préstamos que terminan en *-eau* forman el plural con el sufijo *-eaux*.

Singular	Plural
beau	beaux
bureau	bureaux
tableau	tableaux

| The Federal Bureau of Investigation (FBI) is an agency of the United States Department of Justice. | La Oficina Federal de Investigación (FBI) es una agencia del Departamento de Justicia de los Estados Unidos. |
| Urban bureaux workers experience a higher level of stress than the ones in rural areas. | Los trabajadores de las oficinas urbanas sufren un nivel más alto de estrés que los de las áreas rurales. |

7.7. Varios préstamos que terminan en *-ix* cambian este sufijo por *-ices* para formar el plural.

Singular	Plural
appendix	appendices
index	indices
matrix	matrices

EL GRUPO NOMINAL 21

The Library of Congress computerised index helps students find books and other types of printed material.

El índice informatizado de la Biblioteca del Congreso ayuda a los estudiantes a encontrar libros y otros tipos de material impreso.

The indices are in alphabetical order.

Los índices están en orden alfabético.

7.8. Sin embargo, algunos de estos préstamos al estar parcialmente asimilados al inglés pueden formar también el plural con -s o -es.

Singular	Plural	Singular	Plural
appendix	appendices/appendixes	formula	formulae/formulas
bureau	bureaux/bureaus	fungus	fungi/funguses
cactus	cacti/cactuses	index	indeces/indexes
criterion	criteria/criterions	matrix	matrices/matrixes

What was the criterion you used when writing the word list?

¿Cuál fue el criterio que usaste al escribir la lista de palabras?

The employment criteria/criterions at John's company are much more flexible this year than last year.

Los criterios de contratación en la empresa de John son mucho más flexibles este año que el año pasado.

7.9. Otros préstamos están totalmente asimilados y construyen el plural como los sustantivos regulares, es decir, con -s o -es, dependiendo de la terminación.

Singular	Plural	Singular	Plural
campus	campuses	museum	museums
album	albums	virus	viruses

7.10. Algunos préstamos de origen italiano suelen usarse sólo en plural, por ejemplo, *graffiti* y *paparazzi*.

The paparazzi are chasing them.

Los están persiguiendo los paparazzi.

> ⚠ En inglés, algunos sustantivos como *spaghetti*, *macaroni* o *broccoli*, no tienen forma de plural, por eso van acompañados siempre de un verbo en singular.
>
> Spaghetti is made from wheat.
>
> Los espaguetis se hacen con trigo.
>
> According to this Italian chef, broccoli is the finest vegetable you can eat.
>
> Según este chef italiano, los brócolis son la mejor verdura que puedes comer.

7.11. Algunos sustantivos suelen ir siempre en plural, en especial tipos de ropa y herramientas, y van acompañados por un verbo en plural. En inglés, por tanto, no se puede decir *a trouser*. Algunos ejemplos de sustantivos que suelen ir en plural son:

bermudas	jeans	pyjamas	tights
binoculars	leggings	shorts	trousers
compasses	panties	scissors	tweezers
glasses	pants	sunglasses	underpants

~~She is wearing a black trouser and brown boots.~~

She is wearing black
<u>trousers</u> and brown boots.

Lleva puestos pantalones
negros y botas marrones.

<u>Tweezers</u> are used
to remove hair.

Las pinzas se usan para quitar
el vello.

7.12. Este tipo de sustantivos en plural suele ir acompañado de un partitivo (*a pair of*, *two pairs of*, etc.).

While he was walking home, he found
<u>a pair of glasses</u> in the street.

Mientras caminaba a casa,
encontró unas gafas en la calle.

1.3.2. Uncountable nouns (Los sustantivos incontables)

Algunos sustantivos no se pueden contar o cuantificar pues hacen referencia a cualidades, sustancias, etc. Estos sustantivos se denominan 'incontables' y no tienen plural. Por tanto, no pueden ir acompañados de un numeral (*one*, *two*, *three*, etc.) ni del artículo indeterminado *a/an*. No podemos decir, por ejemplo, ~~I bought a furniture~~ o ~~My mother gave me a good advice~~.

The prisoners need
fresh <u>water</u>.

Los prisioneros necesitan
agua fresca.

<u>Electricity</u> is the most
expensive form of energy.

La electricidad es la forma
de energía más cara.

Otros sustantivos incontables son:

access	electricity	knowledge	respect
accommodation	equipment	love	research
advice	flour	luggage	rice
age	food	luck	salt
agriculture	freedom	mayonnaise	sand
anger	fun	meat	smoke
art	furniture	milk	soap
baggage	garbage	money	sugar
bread	happiness	music	travel
butter	health	nature	water
beauty	help	oxygen	wind
cheese	ice	paper	wine
chocolate	information	pasta	wood
duty	joy	petrol	work
earth	ketchup	plastic	youth

> Varios sustantivos incontables en inglés son contables en español.
>
> - *Advice* ('consejo/consejos')
>
> | | |
> |---|---|
> | People share their problems, and offer <u>advice</u> and support. | La gente comparte sus problemas, y ofrece consejo y apoyo. |
>
> En inglés, *advice* suele ir acompañado de *a piece of* o *some*.
>
> | | |
> |---|---|
> | May I give you <u>a piece of advice</u>? | ¿Te puedo dar un consejo? |
>
> - *Furniture* ('mueble/muebles')
>
> | | |
> |---|---|
> | There was no <u>furniture</u> in the room other than a sofa in the corner. | No había muebles en la habitación a excepción de un sofá en el rincón. |
>
> Otros sustantivos incontables en inglés, pero que pueden ser contables en español son:
>
> | | | | |
> |---|---|---|---|
> | behaviour | un comportamiento | progress | un progreso |
> | health | una salud | research | una investigación |
> | homework | una tarea | shopping | una compra |
> | knowledge | un conocimiento | traffic | un tráfico |
> | machinery | una maquinaria | travel | un viaje |
> | music | una música | wealth | una riqueza |
> | news | una noticia | weather | un tiempo |

1. Los sustantivos incontables se suelen tratar como si fueran sustantivos en singular, por lo que el verbo, por lo general, va en singular.

This <u>luggage</u> is very heavy.	Este equipaje es muy pesado.

2. Aunque los sustantivos incontables hacen referencia a cosas que no se pueden contar, en ocasiones queremos expresar la cantidad de algo incontable. Para hablar de cantidades en relación a sustantivos incontables en inglés se usan expresiones tales como *a piece of* ('un trozo de'), *a slice of* ('una rebanada de'), *a loaf of* ('una barra de'), *a bit of* ('un poco de'), etc. También se pueden usar determinantes como *some*, *any*, *a little*, *enough*, *all*, entre otros (para el uso de estos determinantes, véase el apartado 3.4.2., página 72).

My mother bought <u>two loaves of</u> bread.	Mi madre compró dos barras de pan.
He wrote my telephone number on <u>a piece of</u> paper.	Escribió mi número de teléfono en un trozo de papel.

3. Por lo general estas expresiones aparecen junto a los sustantivos incontables. Por ejemplo, en inglés *garlic* va acompañado por *a clove of* ('un diente de ajo') y *salt* de *a pinch of* ('una pizca de sal').

Add <u>a pinch of salt</u> and season with fresh thyme.	Añade una pizca de sal y sazónalo con tomillo fresco.

The ingredients are a kilo of potatoes, three onions, a spoonful of olive oil, salt, pepper and a clove of garlic.	Los ingredientes son un kilo de patatas, tres cebollas, una cucharada de aceite de oliva, sal, pimienta y un diente de ajo.

4. También se suelen usar ciertos tipos de contenedores y expresiones de medida como *a cup of* ('una taza de'), *a packet of* ('un paquete de'), *a bottle of* ('una botella de'), *a glass of* ('un vaso de'), *a litre of* ('un litro de'), *a kilo of* ('un kilo de'), etc.

I need a packet of flour to make the cake.	Necesito un paquete de harina para hacer el bizcocho.
I like to drink a glass of orange juice every now and then.	Me gusta beber un vaso de zumo de naranja de vez en cuando.

A continuación se presenta una lista de sustantivos incontables y sus modificadores ordenados alfabéticamente:

advice	a piece of advice
baggage	a piece of baggage
beer	a glass/pint/litre/bottle/can of beer
bread	a slice/loaf of bread
cake	a piece/slice of cake
chalk	a stick/piece of chalk
cheese	a slice/piece of cheese
coffee	a cup of coffee
corn	a grain/ear of corn
chocolate	a bar/piece of chocolate
dust	a speck of dust
equipment	a piece of equipment
fruit	a piece of fruit
furniture	a piece/an item of furniture
garbage	a bag/sack/ton of garbage
garlic	a clove of garlic
grass	a blade of grass
ice	a block/cube of ice
information	a piece of information
iron	a piece of iron
jam	a pot of jam
knowledge	a wealth of knowledge, a fact
land	a plot/hectare of land
lighting	a flash/bolt of lighting
luck	a stroke of luck
luggage	a piece of luggage, a bag, a suitcase
metal	a piece of metal
milk	a drop/glass/carton of milk
meat	a slice/cut of meat
money	a note, a coin
news	a piece/an item of news
paper	a piece/sheet of paper
pasta	a plate/serving of pasta

pepper	a pinch of pepper
petrol	a gallon/litre of petrol
research	a piece of research, a research project
rope	a piece/metre of rope
rubbish	a pile of rubbish
salt	a pinch of salt
sand	a grain of sand
snow	a flake of snow, a snowflake
soap	a bar of soap
sugar	a cube/lump/spoonful of sugar
travel	a journey, a trip
thunder	a clap/roar of thunder
vinegar	a bottle of vinegar
water	a glass/bottle/drop of water
wine	a litre/glass/bottle of wine
wood	a piece of wood
work	a piece of work, a job, a position
yeast	a spoonful/cube/piece of yeast

Recuerda que en lenguaje oral y coloquial a menudo se omiten estos modificadores y los sustantivos incontables se comportan como contables.

May I have a beer, please?	¿Me puede traer una cerveza?
A whisky and two coffees, please.	Un whisky y dos cafés, por favor.

Hay que recordar que en inglés el sustantivo *work* ('trabajo') es incontable. Por tanto, esta palabra no se puede usar con el artículo determinado o indeterminado: *a/the work*. En su lugar hay que utilizar un partitivo como *a piece of*, o sustituirlo por *job* ('puesto de trabajo') que sí es contable en inglés.

Peter has found a good job in Madrid.	Peter ha encontrado un buen trabajo en Madrid.
He took a piece of work with him to finish at home.	Se llevó trabajo para terminarlo en casa.
My husband is looking for a job.	Mi marido está buscando trabajo.
I have been looking for work for ages!	¡Llevo siglos buscando trabajo!

5. Algunos sustantivos pueden tener un significado contable y otro incontable.

- *A chocolate* ('un bombón')

Help yourself to a chocolate from the box!	¡Coge un bombón de la caja!

- *Some chocolate* ('chocolate')

Would you like a cup of hot chocolate? — ¿Quieres una taza de chocolate caliente?

- *A glass* ('un vaso')

We need to buy some glasses for the party. — Necesitamos comprar algunos vasos para la fiesta.

- *Some glass* ('cristal')

There was glass everywhere. — Había cristales por todos lados.

- *A paper* ('un periódico/artículo')

A group of scientists at my university have just published a paper in the journal *Nature*. — Un grupo de científicos de mi universidad acaban de publicar un artículo en la revista *Nature*.

- *Some paper* ('papel')

I would like a pen and some paper, please. — Quisiera un bolígrafo y papel, por favor.

- *A pepper* ('un pimiento')

I need a red pepper for this recipe. — Necesito un pimiento rojo para esta receta.

- *Some pepper* ('pimienta')

I need to add some pepper to the soup. — Necesito añadir un poco de pimienta a la sopa.

Otros ejemplos son:

air	aire (atmosférico)	airs	aires (de grandeza, etc.)
ice	hielo	ice/ices	helado/helados
iron	hierro	iron/irons	plancha/planchas
law	derecho	law/laws	ley/leyes
manner	manera	manners	modales
speech	el habla	speech/speeches	discurso/discursos
wood	madera	wood/woods	bosque/bosques

6. Algunos sustantivos que terminan en *-s* (tipos de juegos, enfermedades y disciplinas en especial) no son, en verdad, sustantivos contables en plural sino sustantivos incontables.

I never talk about politics. — Nunca hablo de política.

He took a master's degree in Linguistics at Cornell University. — Estudió un posgrado en Lingüística en la Universidad de Cornell.

Cuando estos sustantivos funcionan como sujeto de una oración, el verbo deberá ir en singular.

~~Aerobics are fun.~~

Aerobics is fun. — El aerobic es divertido.

Otros ejemplos de este tipo de sustantivos son:

athletics	diabetes	economics	measles
billiards	dominoes	electronics	news
bowls	draughts	mathematics	physics

7. Hay ocasiones en que un sustantivo puede ser contable o incontable. Si se entiende como un objeto concreto es contable, por ejemplo, 'un pollo' (animal), pero si se percibe como una sustancia es incontable, por ejemplo, 'pollo' (alimento).

They had twenty <u>chickens</u> and six hens on the farm.
Tenían veinte pollos y seis gallinas en la granja.

My brother has always liked <u>chicken</u> for dinner.
A mi hermano siempre le ha gustado el pollo para cenar.

Otros ejemplos son:

bone	chocolate	lamb	powder
cabbage	fish	lettuce	pudding
cake	fog	onion	stew
chicken	fruit	pie	stone

1.3.3. Individual nouns (Los sustantivos individuales)

Los sustantivos individuales son aquellos que aluden a personas o cosas que percibimos como entidades únicas como, por ejemplo, *city, forest, fork, knife, plane, plate, pilot*, etc.

The <u>pilot</u> entered the cockpit and greeted the crew.
El piloto entró en la cabina y saludó a la tripulación.

When Peter finished eating, he placed his <u>knife</u> and <u>fork</u> on his <u>plate</u>.
Cuando Peter terminó de comer, colocó el cuchillo y el tenedor en el plato.

1.3.4. Collective nouns (Los sustantivos colectivos)

En inglés, existen algunos sustantivos en singular que hacen referencia a un grupo homogéneo de cosas o personas y se denominan 'colectivos' (*army, bank, bunch, cattle, clergy, crowd, family, fleet, flock, herd, jury, party, people, police, poultry, team*, etc.). Cuando estos sustantivos se consideran como un todo y, además, funcionan como sujeto de una oración, el verbo debe ir en plural. En español suelen ir en singular, y por eso, suele ser un error muy común entre estudiantes de inglés.

~~All the farmers think their cattle is the best.~~

All the farmers think their <u>cattle are</u> the best.
Todos los granjeros piensan que su ganado es el mejor.

~~Many people is extremely concerned about Haitti's problems.~~

Many <u>people are</u> concerned about Haitii's problems.
Mucha gente está preocupada por los problemas en Haití.

Si el grupo se considera como una unidad impersonal, entonces el verbo va en singular.

The <u>crew was</u> very welcoming.	La tripulación fue muy acogedora.

Pero:

Following the accident, the <u>three crew were</u> in hospital for months.	Después del accidente, los tres miembros de la tripulación estuvieron ingresados durante meses.

> **!** Fíjate que la palabra *people* en plural significa 'pueblos, naciones'.
>
> | | |
> |---|---|
> | Of all ancient <u>peoples</u>, I think the Maya were the most interested in the idea of time. | De todos los pueblos antiguos, creo que los Mayas fueron los más interesados en la idea del tiempo. |

1.3.5. Specific nouns (Los sustantivos concretos)

Los sustantivos concretos designan cosas o personas que se pueden ver, oír, oler, etc., es decir, cosas materiales. Algunos ejemplos son: *beds*, *buses*, *dogs*, *flowers*, *hands*, *men*, *shoes*, *trees*.

It was raining so much that my <u>shoes</u> and <u>socks</u> got soaking wet.	Llovía tanto que mis zapatos y calcetines se empaparon.
<u>Tulips</u> are my favourite <u>flowers</u>.	Los tulipanes son mis flores preferidas.

> **!** Un error común entre aprendices hispanohablantes es usar el verbo *prefer* como equivalente del adjetivo *favourite*.
>
> ~~Tulips are my prefer flowers~~.

1.3.6. Abstract nouns (Los sustantivos abstractos)

Los sustantivos abstractos, como su nombre indica, hacen referencia a algo inmaterial o abstracto como, por ejemplo, una sensación o un ideal.

You should treat all animals with <u>compassion</u>.	Deberías tratar a todos los animales con compasión.
There is only time for a few hours' <u>sleep</u> before we leave for India.	Sólo hay tiempo para dormir unas horas antes de marcharnos para la India.

Otros sustantivos abstractos son:

bravery	faith	hate	sadness
compassion	friendship	justice	sleep
curiosity	happiness	peace	trust

1. Algunos sustantivos abstractos se comportan como sustantivos incontables cuando hacen referencia a un estado o proceso en general, y como sustantivos contables cuando se refieren a un estado o proceso en particular.

Her blue eyes turned as cold as stone.
Sus ojos azules se volvieron fríos como piedras.

A spider crawled out from under a stone.
Una araña salió de debajo de una piedra.

Otros sustantivos de este tipo son:

aim	death	hope	recession
ambition	desire	improvement	sound
analysis	difficulty	life	suicide
attack	divorce	marriage	suspicion
change	doubt	murder	theft
conflict	failure	pain	victory
controversy	fear	pregnancy	war

1.4. NOUN FORMATION (LA FORMACIÓN DE LOS SUSTANTIVOS)

En inglés, al igual que en español, se pueden formar nuevos sustantivos por composición o derivación, o a través de préstamos.

1.4.1. Compound nouns (Los sustantivos compuestos)

Los hablantes nativos de inglés, por la propia naturaleza de la lengua, son prolíferos en la formación de sustantivos compuestos como los de reciente creación: *e-mail*, *plastic wrap*, *webpage*, *website*, etc.

1. En inglés, los sustantivos compuestos se forman uniendo:

a Dos sustantivos (*brain cancer*, *credit card*, *government documents*, *sea power*, *troublemaker*, *waterbed*, etc.).

If you pay by credit card, you have to sign the receipt.
Si pagas con tarjeta de crédito, tienes que firmar el recibo.

b Un adjetivo y un sustantivo (*blackboard*, *greenhouse*, *high school*, etc.).

My brother is the head teacher of this high school.
Mi hermano es el director de este instituto.

c Un verbo y un sustantivo (*pay phone*, *storerooms*, *swimming pool*, *training course*, *washbasin*, etc.).

I love swimming in the swimming pool.
Me encanta nadar en la piscina.

d Una preposición más un sustantivo (*overcoat*, *underground*, *undertaker*, *underworld*, etc.).

The underground has become an alternative gallery for painters.		El metro se ha convertido en una galería alternativa para los pintores.

e Un sustantivo más una preposición (*hanger-on*, *computerlike*, etc.).

A hanger-on is someone who depends on another person for support.	Un parásito es una persona que depende del apoyo de otra.

f Un adjetivo más un verbo (*dry-cleaning*, *public speaking*, etc.).

Dry-cleaning uses chemical solvents with little or no water to remove stains.	El lavado en seco usa disolventes químicos con poca o sin agua para quitar manchas.

g Una preposición más un verbo (*input*, *output*, *underwear*, etc.).

Learners acquire a language by receiving comprehensible input.	Los aprendices adquieren una lengua al recibir input comprensible.

h Un verbo más una preposición (*cover-up*, *breakup*, etc.).

The US government was accused of a cover-up over the Watergate case.	El gobierno de EE.UU. fue acusado del encubrimiento del caso Watergate.

Otros sustantivos compuestos en inglés son:

address book	drying-up	makeup
air conditioner	feedback	motorcycle
apple pie	fish tank	output
babysitter	full moon	passer-by
basketball	grandmother	pen friend
bedroom	greenhouse	policeman
blackboard	haircut	press conference
boyfriend	half sister	rainfall
breakdown	health centre	sign language
brother-in-law	horse-riding	sleeping bag
bus stop	human being	summer course
check-in	human race	T-shirt
common sense	ice-skating	takeaway
database	input	take-off
dining room	layout	tea bag
dining-table	letter-box	upbringing

EL GRUPO NOMINAL

> Hay que tener en cuenta que existen diferencias de significado entre expresiones como:
>
> - *A coffee cup* 'una taza de café' (que sirve para tomar café)
> - *A cup of coffee* 'una taza de café' (que contiene café)
>
> | | |
> |---|---|
> | He put his empty <u>coffee cup</u> down on the table. | Puso su taza de café vacía en la mesa. |
> | Would you like to join me for a <u>cup of coffee</u>? | ¿Te gustaría acompañarme a tomar una taza de café? |
>
> - *A milk bottle* 'una botella de leche' (para leche)
> - *A bottle of milk* 'una botella de leche' (llena de leche)
>
> | | |
> |---|---|
> | I put the flowers in a <u>milk bottle</u> on the table. | Puse las flores en una botella de leche encima de la mesa. |
> | There was a half-full <u>bottle of milk</u> in the fridge. | Había media botella de leche en el frigorífico. |

2. En inglés, los distintos elementos de un sustantivo compuesto se pueden escribir juntos (*football*), con guión (*turn-over*), o con un espacio entre ellos (*film star*). En ocasiones, una misma palabra compuesta se puede escribir de distintas formas (*swimming pool/swimming-pool, hanger on/hanger-on*), por lo que se recomienda comprobar la ortografía de las palabras compuestas en un buen diccionario.

Sports facilities include a <u>swimming pool</u>/<u>swimming-pool</u>, three tennis courts and a gym.	Las instalaciones deportivas incluyen una piscina, tres pistas de tenis y un gimnasio.

3. En inglés, el plural de los sustantivos compuestos se suele formar añadiendo una *-s* o *-es* al segundo elemento (*girlfriend/girlfriends, washing-machine/washing-machines, bedroom/bedrooms, trousers-hanger/trousers-hangers, armchair/armchairs, T-shirt/T-shirts*).

They have been saving up for a <u>washing-machine</u>.	Han estado ahorrando para una lavadora.
I do not understand these modern <u>washing-machines</u>.	No entiendo estas lavadoras modernas.
She works as a <u>T-shirt designer</u>.	Trabaja como diseñadora de camisetas.
These <u>T-shirts</u> are made of cotton.	Estas camisetas están hechas de algodón.

4. Sin embargo, cuando el sustantivo lleva una preposición o partícula al final, sólo el nombre se suele poner en plural (*daughter-in-law/daughters-in-law*).

I have just met your <u>daughters-in-law</u>.	Acabo de conocer a tus nueras.

5. Si el primer elemento del compuesto es la palabra *man* o *woman*, entonces ambos elementos se ponen en plural (*man electrician/<u>men</u> electrician<u>s</u>, woman pilot/<u>women</u> pilot<u>s</u>*).

There are more women nurses than men nurses in England.	En Inglaterra hay más enfermeras que enfermeros.

6. En inglés, se pueden formar compuestos a través de lo que se conoce como reduplicación, es decir, el proceso por el cual un morfema o parte de un morfema se repite para crear una nueva palabra. La reduplicación es parcial cuando sólo parte del morfema se repite, mientras que la reduplicación completa repite todo el morfema. Algunos ejemplos de compuestos reduplicativos en inglés son *hotchpotch*, *walkie-talkie*, *tick-tock*, *see-saw* y *nitty-gritty*.

The policeman was talking on his walkie-talkie.	El policía estaba hablando por el walkie-talkie (transmisor-receptor portátil).
The place is a complete hotch-potch of architectural styles.	El lugar es una mezcolanza de estilos arquitectónicos.

1.4.2. Derived nouns (Los sustantivos derivados)

Muchos sustantivos en inglés se forman a través de la prefijación y sufijación.

1.4.2.1. Prefixation (Prefijación)

La prefijación consiste en añadir un prefijo al comienzo de una palabra. La mayoría de los prefijos para la formación de palabras en inglés son de origen latino y griego. A continuación se presenta una lista de algunos prefijos ordenados alfabéticamente, con ejemplos:

bi-: Este prefijo con el sentido de 'dos' se emplea junto a algunos sustantivos para formar otros (*biathlete*, *biplane*, *bicarbonate*, *bicentenary*, *biceps*, *bicycle*, *bigamy*, *binocular*).

An exhibition to mark the bicentenary of the artist's death will be held next month.	Una exposición para celebrar el bicentenario de la muerte del artista se organizará el mes que viene.
One of the most important functions of the biceps is to flex the elbow.	Una de las funciones más importantes del bíceps es flexionar el codo.

bio-: Este prefijo que significa 'vida', se suele combinar con sustantivos para formar otros como: *biochemistry*, *biofuel*, *biogas*, *biography*, *biology*, *biophysics*, *biopsy*, *biosphere*, *biotechnology*.

Humankind is causing irreparable damage to the Earth's biosphere.	La humanidad está causando daños irreparables a la biosfera de la Tierra.
Biotechnology is having an increasingly important impact on industry.	La biotecnología está teniendo un impacto cada vez mayor en la industria.

dis-: El prefijo *dis-* se puede combinar con sustantivos para describir estados opuestos a los de dichos sustantivos (*disadvantage*, *disbelief*, *disorder*).

A possible <u>disadvantage</u> of buying the books via Internet is that you must pay in advance.	Una posible desventaja de comprar los libros a través de Internet es que debes pagar por adelantado.
I read her letter in <u>disbelief</u>.	Leí su carta con incredulidad.

Existen otras palabras derivadas formadas con este prefijo con distintos significados (*discount, discovery, disfigure, disillusion*).

The hotel offers a five percent <u>discount</u> for guests over 60.	El hotel ofrece un descuento de un cinco por ciento para clientes de más de 60 años.
The <u>discovery</u> of penicillin in 1928 changed the world of modern medicine.	El descubrimiento de la penicilina en 1928 cambió el mundo de la medicina moderna.

dys-: Este prefijo de origen griego con el significado de 'dificultad, contrariedad' se suele usar con palabras del campo de la biología y la medicina con el significado de 'anormal, difícil, que funciona mal' (*dyslexia, dysplasia, dystrophy*).

Mary had experienced learning difficulties since she was five, but doctors failed to spot her <u>dyslexia</u> until she was 10.	Mary había experimentado dificultades en el aprendizaje desde que tenía cinco años, pero los médicos no descubrieron su dislexia hasta que cumplió los 10 años.
Their baby had a 50 percent chance of having muscular <u>dystrophy</u>.	Su bebé tenía un 50 por ciento de posibilidades de tener distrofia muscular.

ex-: Al igual que en español, este prefijo de origen latino significa 'cese de un cargo, posición', etc. Se añade principalmente a sustantivos para formar otros nuevos como, por ejemplo, *ex-convict, ex-husband, ex-minister, ex-president*.

She remarried her <u>ex-husband</u> after 20 years.	Después de 20 años, se casó de nuevo con su ex marido.
The <u>ex-president</u> of Manchester United gave a press conference last Friday.	El ex presidente del Manchester United dio una rueda de prensa el viernes pasado.

il-, im-, in-, ir-: Todas estas variantes latinas tienen el sentido de 'negación' o 'lugar en donde' y se pueden combinar con sustantivos para formar otros como *illiteracy, imbalance, influence, influx, inhibition, injustice, irregularity, irrelevance, irresponsibility*.

The <u>illiteracy</u> rate in some parts of Africa is over 50 per cent.	La tasa de analfabetismo en algunas partes de África es más del 50 por ciento.
It was an act of <u>irresponsibility</u> to leave the oven on while she was on holidays.	Fue un acto de irresponsabilidad dejar el horno encendido mientras estaba de vacaciones.
This village has always a large <u>influx</u> of tourists in the summer.	Este pueblo siempre tiene una gran afluencia de turistas en verano.

mis-: Este prefijo se puede combinar con sustantivos y tiene el sentido de 'mal/malo, erróneo'. Algunos ejemplos son: *miscalculation, miscarriage, misconception, misfortune, misinformation, misjudgment, mispronunciation*.

They had less money than they needed for the trip because of his miscalculation.	Por culpa de sus malos cálculos, tenían menos dinero de lo que necesitaban para el viaje.
She had the misfortune of losing her suitcases during her trip.	Ella tuvo la desgracia de perder sus maletas durante el viaje.

post-: Este prefijo de origen latino significa 'con posterioridad, después de'. En inglés, combina con sustantivos para formar otros como *post-budget, post-ceremony, post-election, post-examination, post-graduate, post-independence, post-lunch, post-match, postmodernism, post-race, post-structuralism*. Las palabras formadas con este prefijo suelen ir separadas por guión, aunque las más comunes suelen aparecer sin él.

He is a postgraduate at Yale.	Él es un estudiante de posgrado en Yale.
Postmodernism is a reaction against the rationalism and objectivity of modernism.	El posmodernismo es una reacción contra el racionalismo y la objetividad del modernismo.

pre-: Este prefijo latino combina con sustantivos para formar otros con el sentido de 'anterior en el tiempo o en el espacio' (*preconception, precondition, predestination, predeterminer, pre-game, prehistory, prejudgement, premeditation, pre-school, pre-selection, pre-war*).

The jury felt there had been no premeditation before the robbery.	El jurado creyó que no había habido premeditación antes del robo.
The period of human history before writing is known as prehistory.	El periodo de la historia de la humanidad anterior a la escritura se conoce como prehistoria.

pro-: El prefijo latino *pro-* significa 'hacia adelante'. Algunos sustantivos formados con este prefijo son *pro-form, pronoun, pro-sentence*.

A pronoun is a word that substitutes a noun or noun phrase.	Un pronombre es una palabra que sustituye a un sustantivo o a un sintagma nominal.
Publius Iuventus Celsus became proconsul of Asia in 129 AD.	Publius Iuventus Celsus se convirtió en procónsul de Asia en el año 129 d.C.

re-: El prefijo latino *re-*, con el significado de 'repetición', se combina con sustantivos para formar otros como *reappearance, reconsideration, reconstruction, recreation, redefinition, rediscovery, redistribution, re-examination, regeneration, remarriage, renaming, reopening, reprint*.

EL GRUPO NOMINAL 35

In the earthquake stricken areas, the priority has now shifted from humanitarian needs to <u>reconstruction</u>.	En las zonas afectadas por el terremoto, la prioridad ha pasado de las necesidades humanitarias a la reconstrucción.
The government is committed to a programme of forest <u>regeneration</u> throughout the country.	El gobierno se ha comprometido a llevar a cabo un programa de regeneración forestal por todo el país.

sub-: Este prefijo latino significa 'inferior'. Algunos sustantivos formados con este prefijo son: *sub-agent, sub-branch, sub-centre, sub-chief, sub-class, sub-committee, subcontinent, sub-contractor, subculture, subdepartament, sub-discipline, subdivision, sub-group, sub-paragraph, sub-plot, subsection, sub-species, sub-station, substructure, sub-system, sub-text, subtype, subvariety.*

Historical Linguistics is a <u>sub-discipline</u> of Linguistics which studies language change.	La Lingüística Histórica es una subdisciplina de la Lingüística que estudia el cambio lingüístico.
There are three <u>sub-species</u> of the Spotted Owl.	Existen tres subespecies del búho manchado.

Además, este prefijo puede tener el sentido de 'debajo de'. Algunos ejemplos son: *sub-basement, submarine, subsea, subsoil, sub-surface, subtitle, subway.*

A small <u>submarine</u> went down to explore the wreckage of the English ship.	Un submarino pequeño bajó a explorar los restos del barco inglés.

super-: El prefijo latino *super-* significa 'más grande que'. Algunos sustantivos son: *super-athlete, superbrain, super-computer, super-genius, superhero, super-leader, superman, supermarket, super-organism, superpower, super-especies, superstar, superstate, supertanker, superwoman.*

The book portrays Eva Perón as a kind of <u>superwoman</u>.	El libro retrata a Eva Perón como una especie de supermujer.
She was considered a <u>superstar</u> after her death.	Fue considerada una superestrella después de su muerte.

trans-: Este prefijo latino significa 'situación al otro lado'. Por tanto, los sustantivos formados con él denotan el proceso por el cual se pasa de un lugar a otro o por el cual algo cambia completamente de forma. Algunos ejemplos son: *transcript, transcendence, transcription, transfer, transference, transformation, transfusion, transgression, translation, transliteration, transmigration, transmutation, transparency, transpiration, transplantation, transport, transposition, transvestite.*

Nadia is editing the Russian <u>translation</u> of the book.	Nadia está editando la traducción rusa del libro.
The driver is in intensive care and needs a blood <u>transfusion</u> urgently.	El conductor está en cuidados intensivos y necesita una transfusión de sangre urgentemente.

ultra-: Este prefijo latino significa 'situación más allá' y, en ocasiones, se añade a algunas palabras para formar sustantivos como *ultralight, ultramicroscope, ultrasound, ultrastructure, ultraproduct, ultravacuum.*

The doctor will use <u>ultrasound</u> to monitor the baby.	El médico usará una ecografía para monitorizar al bebé.
An <u>ultramicroscope</u> is a type of microscope used to study particles that are too small to see with an ordinary microscope.	Un ultramicroscopio es un tipo de microscopio utilizado para estudiar partículas que son demasiado pequeñas para verlas con un microscopio corriente.

un-: Este prefijo es de origen anglosajón y tiene el mismo significado que el latino *dis-*. Se usa para formar sustantivos que denotan lo contrario (*unacceptability, unalterability, uncertainty, unfairness, unhappiness, unhelpfulness, unpleasantness, unpredictability, untidiness, unwillingness*).

Some say that <u>unhappiness</u> is a state of mind.	Algunos dicen que la infelicidad es un estado mental.
Do you understand her <u>unwillingness</u> to co-operate with us?	¿Entiendes su poca voluntad para cooperar con nosotros?

under-: Este prefijo se añade a algunas palabras para formar sustantivos con el sentido de 'demasiado poco, insuficiente'. Algunos ejemplos son: *under-production, understatement, under-use*.

To say that he is very intelligent is somewhat of an <u>understatement</u>.	Decir que él es muy inteligente es quedarse corto.
Diabetes is caused by <u>underproduction</u> of insulin.	La diabetes es causada por la producción insuficiente de insulina.

También se pueden formar sustantivos con el significado de 'debajo' (*underbelly, underblanket, undercapacity, underclothes, undercoat, underground, undergrowth, underscore, underwear*).

These walls will probably need two <u>undercoats</u> of paint.	Estas paredes probablemente necesitarán dos capas de pintura.
There were some ancient walls hidden in thick <u>undergrowth</u>.	Había unas murallas antiguas escondidas entre la espesa maleza.

Por último, algunos sustantivos formados con el prefijo *under-* denotan profesiones con el rango más bajo. Algunos de estos son: *under-butler, under-gardener, under-librarian, under-manager, under-secretary, underservant*.

She was <u>under-manager</u> at the firm.	Ella era subadministradora en la empresa.

1.4.2.2. Suffixation (Sufijación)

La sufijación consiste en añadir una letra o grupo de letras al final de una palabra para formar otra nueva. La mayoría de los sufijos para la formación de palabras en inglés son de origen latino y griego. Es interesante recordar que los sufijos suelen cambiar la categoría gramatical de una palabra (*happy* = adjetivo, *happiness* = sustantivo), mientras que los prefijos suelen cambiar el significado (*happy* 'feliz', *unhappy* 'infeliz'). A continuación, se presentan los sufijos más frecuentes en inglés con ejemplos:

-age: Las palabras formadas con el sufijo *-age* suelen hacer referencia a un proceso o al resultado del mismo, por ejemplo, *coverage, linkage, marriage, shortage, storage.*

It is well known that there is a shortage of nurses in Great Britain.	Es bien sabido que hay escasez de enfermeras en Gran Bretaña.
In Spain television coverage of the Champions League will probably be shared between the two main private channels.	En España, la cobertura televisiva de la Liga de Campeones será probablemente compartida por las dos principales cadenas privadas.

-ance: Este sufijo se puede combinar con verbos para formar sustantivos que hacen referencia a la acción o estado indicado por dicho verbo, por ejemplo, *acceptance, allowance, appearance, assistance, attendance, disturbance, entrance, guidance, insurance, performance, resistance.*

Entrance to the zoo is 15 euros and includes a lunch pack.	La entrada al zoo cuesta 15 euros e incluye un almuerzo.
This organisation offers assistance for those looking for career guidance.	Esta organización ofrece ayuda a aquellos que buscan orientación laboral.

También se puede añadir a adjetivos para formar sustantivos que hacen referencia al estado o la cualidad descrita por dicho adjetivo como *abundance, arrogance, elegance, fragrance, ignorance, intolerance, preponderance, reluctance.*

My grandmother used to dress with great elegance.	Mi abuela solía vestir con gran elegancia.
If you feel bad when you drink milk, then you may have lactose intolerance.	Si te sientes mal cuando bebes leche, entonces puede que tengas intolerancia a la lactosa.

-ant: Este sufijo combina con verbos para formar sustantivos que denotan a la persona que realiza la acción del verbo, por ejemplo, *accountant, applicant, assistant, attendant, consultant, defendant, dependant, emigrant, immigrant, inhabitant, servant.*

He belongs to the third generation of Pakistani immigrants in Oslo.	Él pertenece a la tercera generación de inmigrantes pakistaníes en Oslo.

También se puede añadir a verbos para formar sustantivos que hagan referencia a algo que tenga un efecto (*contaminant, defoliant, disinfectant, lubricant*).

This company produces disinfectants that are environmentally friendly and safe to use.	Esta empresa fabrica desinfectantes que no dañan el medio ambiente y cuyo uso es seguro.
Food contaminants, if present above certain levels, can pose a threat to human health.	Los contaminantes alimentarios, si se encuentran por encima de ciertos niveles, pueden suponer una amenaza para la salud.

> Fíjate como muchas palabras inglesas empiezan con *imm-* y sus equivalentes en español con *inm-*:
>
> | | | | |
> |---|---|---|---|
> | immaculate | inmaculado | immersion | inmersión |
> | immature | inmaduro | immigrant | inmigrante |
> | immaturity | inmadurez | immigration | inmigración |
> | immediate | inmediato | immobile | inmóvil |
> | immense | inmenso | immune | inmune |

-ary: El sufijo de origen latino *-ary* cuyo significado es 'relacionado con la acción' se puede usar para formar sustantivos como *adversary, beneficiary, intermediary, missionary, secretary*.

Rafael Nadal was beaten by his old adversary and friend, Roger Federer.	Rafael Nadal fue batido por su viejo adversario y amigo, Roger Federer.
The police negotiated with the kidnapper through an intermediary.	La policía negoció con el secuestrador a través de un intermediario.

-ation: Véase *-ion*, página 42.

-cy: El sufijo *-cy* combina con adjetivos y sustantivos para formar sustantivos como *accuracy, consistency, deficiency, dependency, diplomacy, discrepancy, efficiency, fluency, frequency, illiteracy, infancy, legitimacy, pregnancy, privacy, urgency*.

The accuracy of the images is better than expected.	La precisión de las imágenes es mejor de la que se esperaba.
A new law has been voted to protect people's privacy.	Se ha votado una nueva ley para proteger la privacidad de la gente.

También, se usa con sustantivos para formar otros nuevos que hagan referencia a un rango o posición como *bureaucracy, presidency, regency*.

The Spanish Presidency of the Council of the European Union will focus on economic recovery.	La Presidencia Española del Consejo de la Unión Europea se centrará en la recuperación económica.

-dom: Este sufijo de origen anglosajón combina con sustantivos y adjetivos para formar nuevos sustantivos abstractos como *boredom, earldom, freedom, martyrdom, wisdom*.

If it hadn't been for her, I think we both would have died of boredom.	Si no hubiera sido por ella, creo que ambos nos habríamos muerto del aburrimiento.
The Martyrdom of Saint Matthew is a painting by the Italian master Caravaggio.	El Martirio de San Mateo es un cuadro del maestro italiano Caravaggio.

-ee: Este sufijo combina con verbos para formar sustantivos que hagan referencia a la persona que experimenta la acción de dicho verbo (*addressee, employee, examinee, interviewee, nominee*) o la realiza (*divorcee, returnee*).

According to a report, the average employee spends most of the day using a computer.	Según un informe, el empleado medio pasa la mayoría del día usando un ordenador.
This was the hardest question for all the examinees.	Ésta fue la pregunta más difícil para todos los examinados.

-ence: El sufijo *-ence* ('que tiene la condición de') combina con verbos para formar sustantivos tales como *coherence, defence, dependence, existence, occurrence, preference, reference, transference*.

Their team is known for its hard defence.	Su equipo es conocido por su dura defensa.
I have a preference for savoury food over sweet.	Prefiero la comida salada a la dulce.

Además, pueden usarse con adjetivos para formar sustantivos como *absence, affluence, confidence, convenience, disobedience, impotence, indifference, intelligence, obedience, violence*.

I work with Peter, in whom I have full confidence.	Trabajo con Peter, en quien confío plenamente.
She looked away with an air of indifference.	Miró hacia otro lado con un aire de indiferencia.

-ent: Este sufijo se usa principalmente con verbos para formar sustantivos como *correspondent, movement, student*.

Working as a war correspondent can be very dangerous.	Trabajar como corresponsal de guerra puede ser muy peligroso.
In this course, students are expected to gain competence in reading and writing skills.	En esta asignatura, se espera que los estudiantes desarrollen competencias en las destrezas de lectura y escritura.

-er: Sufijo de origen latino que significa 'el que realiza la acción'. Combina con verbos para formar sustantivos como *baker, commander, driver, employer, farmer, leader, lecturer, manager, observer, painter, photographer, player, producer, reader, reporter, rider, runner, speaker, teacher, waiter, walker, winner, worker, writer*.

Most runners in the New York Marathon do not run to win but to improve their personal record.	La mayoría de los corredores en la Maratón de Nueva York no lo hacen para ganar sino para mejorar su récord personal.
The winner of the show will get over 1,000,000 euros.	El ganador del programa obtendrá más de 1.000.000 de euros.

-ery: Este sufijo se puede usar con verbos para formar sustantivos que hagan referencia a una acción (*butchery, cookery, delivery, discovery, robbery*).

If we order in larger quantities, we will save on delivery costs.	Si pedimos en mayores cantidades, ahorraremos en costes de envío.
Tom's car was used in a robbery.	El coche de Tom fue usado en un robo.

También puede combinarse con adjetivos para formar sustantivos tales como *bravery*, *foolery*, *snobbery*.

| People admire his <u>bravery</u> and his commitment to civil rights. | La gente admira su valentía y su compromiso con los derechos civiles. |

-ess: El sufijo *-ess* combina con sustantivos para formar otros que hacen referencia a mujeres o animales de sexo femenino, por ejemplo, *actress*, *countess*, *empress*, *goddess*, *hostess*, *princess*, *tigress*, *waitress*, etc.

| Freya is the Scandinavian <u>goddess</u> of love and beauty. | Freya es la diosa escandinava del amor y la belleza. |
| My daughter loves tales about <u>princesses</u>, castles and dragons. | A mi hija le encantan los cuentos de princesas, castillos y dragones. |

-ful: Este sufijo se puede añadir a sustantivos para formar otros que hacen referencia a sistemas de medidas (*cupful*, *handful*, *mouthful*, *pocketful*, *spoonful*, etc.).

| Stir rice into the onion, add water, a stock cube and half a <u>spoonful</u> of black pepper. | Sofríe el arroz con la cebolla, añade agua, un cubito de caldo y media cucharada de pimienta negra. |
| Mike had a <u>mouthful</u> of coke from my bottle and ate the whole chocolate cake. | Mike tomó un trago de coca-cola de mi botella y se comió todo el pastel de chocolate. |

> **!** Un error muy común entre aprendices de inglés es escribir el sufijo *-ful* con *ll* en lugar de *l*: ~~cupfull~~, ~~handfull~~. Recuerda que *full* es un adjetivo que significa 'lleno'.
>
> - Would you like some more soup? - ¿Quieres un poco más de sopa?
> - No, thanks. I'm already <u>full</u>. - No, gracias. Ya estoy llena.
>
> Recuerda también que las palabras compuestas con el adjetivo *full* siempre llevan *ll*, por ejemplo, *full moon*, *full-page*, *full-scale*, *full stop*, *full-time*.

-hood: Este sufijo puede usarse con algunos sustantivos para formar otros como *adulthood*, *childhood*, *fatherhood*, *manhood*, *motherhood*, *studenthood*, *womanhood*.

| In many societies, the transition from <u>childhood</u> to <u>adulthood</u> is very quick. | En muchas sociedades la transición de la infancia a la edad adulta es muy rápida. |
| For Jane, coping with her work and with <u>motherhood</u> was simply too much. | Para Jane, lidiar con su trabajo y su maternidad era simplemente demasiado. |

-ian: Este sufijo puede emplearse con sustantivos y adjetivos para formar sustantivos que hacen referencia al trabajo que ocupa la persona, por ejemplo, *comedian*, *electrician*, *historian*, *magician*, *musician*, *obstetrician*, *physician*, *politician*, *technician*.

Electricians install and maintain electrical and power systems.	Los electricistas instalan y mantienen los sistemas eléctricos y de energía.

-ibility: Este sufijo se combina con adjetivos acabados en *-ible* para formar sustantivos como *accessibility, compatibility, credibility, possibility, responsibility, visibility*.

A report made public yesterday warns that the government's credibility is currently at stake.	Un informe hecho público ayer advierte que la credibilidad del gobierno está actualmente en juego.
The visibility was so bad that we could not see the road in front of us.	La visibilidad era tan mala que no podíamos ver la carretera.

-ics: Este sufijo se usa en la formación de sustantivos que hacen referencia a una disciplina científica como, por ejemplo, *acoustics, aerobics, athletics, classics, economics, genetics, linguistics, mathematics, physics, politics*.

Do you know who the spokesperson for the Spanish Athletics Federation is?	¿Sabes quién es el portavoz de la Federación Española de Atletismo?
For those unfamiliar with genetics, this documentary may prove difficult to understand.	Para aquellos que no estén familiarizados con la genética, este documental puede resultar difícil de entender.

-ion: Este sufijo combina con verbos para formar sustantivos que hacen referencia al estado o proceso expresado por el verbo. Existen algunas variantes ortográficas como *-ation, -ition, -sion, ssion, -tion*. A continuación, se presentan ejemplos de todas las variantes: *combination, creation, education, examination, explanation, imagination, information, operation, organization, situation, addition, exhibition, prohibition, collision, conclusion, decision, provision, commission, emission, permission, submission, action, collection, connection, contribution, direction, production, protection*.

You owe me an explanation.	Me debes una explicación.
He was driving in the wrong direction.	Él estaba conduciendo en la dirección equivocada.

-ism: Este sufijo de origen latino significa 'relacionado con la acción'. Combina con sustantivos y adjetivos para formar nuevos sustantivos que hacen referencia a ciertas creencias y/o comportamientos como *alcoholism, anarchism, atheism, Catholicism, Communism, expressionism, fascism, feminism, Hinduism, Impressionism, Judaism, Methodism, nationalism, pacificism, patriotism, Protestantism, realism, terrorism*.

My brother-in-law is currently writing his doctoral dissertation on the collapse of Communism in Eastern Europe.	Mi cuñado está escribiendo su tesis doctoral sobre la caída del comunismo en Europa del Este.
Two men suspected of terrorism have been arrested at the border.	Dos hombres sospechosos de terrorismo han sido arrestados en la frontera.

-ist: Este sufijo combina con sustantivos para formar otros para referirse a personas cuyo trabajo o estudios están relacionados con el sustantivo original. Algunos ejemplos son: *anthropologist, archaeologist, biologist, ecologist, geologist, gynaecologist, meteorologist, neurologist, psychologist, sociologist, zoologist*.

<u>Archaeologists</u> learn about the past by studying remains such as bones and coins.	Los arqueólogos aprenden sobre el pasado estudiando restos tales como huesos y monedas.

-ity: Este sufijo de origen francés se añade a adjetivos para formar sustantivos que denotan un estado, cualidad o comportamiento tales como *abnormality, anonymity, complexity, creativity, diversity, familiarity, generosity, intensity, popularity, productivity, superiority*.

Try to assess the psychological and physical <u>superiority</u> of your opponent.	Intenta evaluar la superioridad psicológica y física de tu adversario.
Thank you for your <u>hospitality</u> and <u>generosity</u>.	Gracias por vuestra hospitalidad y generosidad.

-ive: Este sufijo puede aparecer en sustantivos como *detective, executive, perspective, preservative, representative*.

If I am not mistaken, you are <u>Detective</u> Inspector Brown, aren't you?	Si no me equivoco, usted es el detective inspector Brown, ¿no?
I'd like to get your <u>perspective</u> on this.	Me gustaría saber tu punto de vista sobre esto.

-ment: El sufijo *-ment* suele combinar con verbos para formar sustantivos como *abandonement, achievement, acknowledgement, agreement, argument, assignment, attachment, development, employment, excitement, improvement, movement, payment, replacement, retirement*.

One visible <u>improvement</u> in the appearance of the neighbourhood was the construction of a new park.	Una mejora visible en la calidad de vida del vecindario fue la construcción de un nuevo parque.
I am happy because I have already saved enough for my <u>retirement</u>.	Estoy contenta porque ya he ahorrado suficiente para mi jubilación.

-ness: Este sufijo puede usarse con adjetivos para formar sustantivos tales como *awareness, bitterness, boldness, consciousness, effectiveness, goodness, happiness, illness, madness, sadness, sickness, ugliness, weakness*.

After losing the match, all the players were full of <u>bitterness</u>.	Tras perder el partido, todos los jugadores estaban llenos de amargura.
Few animals, like the naked mole rat, are famous for their <u>ugliness</u>.	Pocos animales, como la rata topo desnuda, son famosos por su fealdad.

-or: Al igual que el sufijo *-er*, *-or* significa 'el que realiza la acción'. Combina con verbos para formar sustantivos que denotan a personas que realizan una acción o profesión. Las palabras más usadas son: *actor, administrator, advisor, collaborator, collector, commentator, competitor, conductor, conspirator, contributor, coordinator, counsellor, director, editor, governor, inspector, instructor, inventor, investigator, manipulator, moderator, narrator, oppressor, sailor, supervisor, visitor*.

About 3,000 <u>visitors</u> visit the cave every year.	Unos 3.000 visitantes visitan la cueva todos los años.

She works as a driving <u>instructor</u>.	Trabaja como profesora de autoescuela.

-ship: Este sufijo se combina con sustantivos para formar otros relacionados con ocupaciones como *authorship, citizenship, directorship, governorship, leadership, membership, ownership, studentship*.

The government will introduce new laws which will restore the right to <u>citizenship</u> for every child born in the country.	El gobierno introducirá nuevas leyes que restaurarán el derecho a la ciudadanía para cada niño que nazca en el país.

También, se puede usar para formar sustantivos que hagan referencia a relaciones entre dos o más personas (*companionship, friendship, kinship, partnership, relationship*, etc.).

They kept their <u>friendship</u> secret for over a decade.	Mantuvieron su amistad en secreto durante más de una década.

-sion, -ssion: Véase *-ion,* página 42.

1.5. POSSESSION (LA POSESIÓN)

1.5.1. Saxon genitive (El genitivo sajón)

Cuando queremos mostrar que algo pertenece a alguien, usamos el caso genitivo o de posesión (también conocido como 'genitivo sajón').

Mrs Smith kissed her <u>child's head</u>.	La señora Smith besó a su hijo en la cabeza.

1. Para formar el caso genitivo se usa *'s* para sustantivos en singular o en plural cuando éstos no terminan en *-s* (*my brother's house, the teacher's backpack, the children's toys*, etc.).

Do you have any ideas for <u>children's birthday cakes</u>?	¿Tienes algunas ideas para tartas de cumpleaños para niños?

2. Si el sustantivo está en plural y termina en *-s*, sólo hay que añadir el apóstrofe (') (*my friends' house, the dogs' legs*, etc.).

I do not like those <u>dogs' eyes</u>.	No me gustan los ojos de esos perros.

3. Otros nombres propios que terminan en *-s* puede usar *'s* o sólo el apóstrofe (*Charles's trousers/Charles' trousers, Mr Jones's car/Mr Jones' car*, etc.).

<u>Princes Charles' visit</u> to Australia coincides with the opening of an exhibition about the British Royal Family in Sydney.	La visita del Príncipe Carlos a Australia coincide con la inauguración de una exposición sobre la familia real británica en Sydney.

4. En el caso de los sustantivos compuestos, sólo la última palabra del compuesto lleva *'s* (*my boyfriend's school, the policeman's car*, etc.).

<u>The shoemaker's son</u> was a gifted guitar player.	El hijo del zapatero era un guitarrista talentoso.

5. Cuando hay dos o más nombres unidos por *and*, entonces pueden ocurrir dos cosas:

a Sólo se añade *'s* o el apóstrofe (') a la última palabra cuando el objeto pertenece a ambos, por ejemplo, *Peter and John's pencils* (los lápices son de ambos).

| This is Mary and Jim's yacht. | Este es el yate de Mary y Jim. |

b Se añade *'s* a ambos sustantivos cuando cada persona tiene sus propios objetos como en *Peter's and John's pencils* (cada uno tiene sus lápices).

| Have you seen Mary's and Jim's yacht? | ¿Has visto el yate de Mary y el de Jim? |

6. Los nombres clásicos que terminan en *-s* usan sólo el apóstrofe (') (*Archimedes' Law*, *Pythagoras' Theorem*, etc.).

| According to Pythagoras' Theorem, in a right angled triangle the square of the hypotenuse is equal to the sum of the squares of the other two sides. | Según el Teorema de Pitágoras, en un triángulo rectángulo, el cuadrado de la hipotenusa es igual a la suma de los cuadrados de los otros dos lados. |

1.5.1.1. Use (Uso)

El genitivo sajón se usa para indicar posesión en los siguientes casos:

a Con personas o animales (*the dog's tail*, *Jane's face*, etc.).

| Jane's hair is curly and long. | El pelo de Jane es rizado y largo. |

b También, se puede usar para cosas cuando especificamos una parte de las mismas o una cualidad (*a motorbike's design*, etc.).

| This car's engine is very noisy. | El motor de este coche es muy ruidoso. |

c Con expresiones temporales como *a month's break*, *a week's holiday*, *in two years' time*, *tomorrow's weather*, etc.

| We are so tired after such a tough year that we need a month's break. | Estamos tan cansados después de un año tan duro que necesitamos un mes de descanso. |

d Con la expresión *for* + sustantivo + *sake*, por ejemplo, *for heaven's sake*.

| We are staying in this neighbourhood for our children's sake. | Nos quedamos en este vecindario por el bien de nuestros hijos. |

e Con las expresiones *a/the butcher's*, *a/the baker's*, *a/the chemist's*, *a/the florist's*, *a/the doctor's*, etc.

| Is the chemist's open on Saturdays? | ¿La farmacia está abierta los sábados? |

f Con nombres de países, ciudades, instituciones, (*New York's population*, *NATO's building* etc.).

| Oslo's new Opera House has been financed by the EU. | El nuevo Teatro de la Ópera de Oslo ha sido financiado por la Unión Europea. |

g Si queremos enfatizar que algo pertenece a alguien y a nadie más, podemos usar *own*.

| She received some presents from Mrs Smith's own two daughters. | Ella recibió unos regalos de las dos hijas de la señora Smith. |

h Si hablamos de diferentes cosas que pertenecen a diferentes personas, podemos omitir el sustantivo.

| Her dress was nicer than Sophia's. | Su vestido era más bonito que el de Sophia. |
| It is your fault rather than your sister's. | Es culpa tuya y no de tu hermana. |

i También se puede usar el posesivo solo para referirnos a la casa de alguien.

| She is at Tania's. | Está en casa de Tania. |

El posesivo se puede usar en un sintagma preposicional con *of* para hablar de una cosa dentro de un grupo.

| María, a friend of Tom's, was at the party. | María, una amiga de Tom, estaba en la fiesta. |

1.5.2. *Of* + noun: possession (*Of* + sustantivo: posesión)

1. Se prefiere el uso de la construcción *of* + sustantivo con poseedores inanimados y sustantivos abstractos tales como *the roof of the house*, *the wheels of the car*, *the progress of technology*. Sin embargo, en ocasiones, también se puede usar el genitivo sajón en casos como *the house's roof*, *the car's wheels*, etc.

| I'll have to call for a tow truck because there's a problem with the wheel of my car. | Tendré que llamar a una grúa, porque tengo un problema con la rueda de mi coche. |

2. También se prefiere esta construcción cuando el sintagma nominal al que modifica es muy largo, por ejemplo, *the departure of the train*.

1.5.3. Double genitive (El doble genitivo)

El doble genitivo es una construcción que combina la preposición *of* y el nombre en genitivo (*a friend of my mother's*, *a CD of Sinatra's*). Se suele usar con sentido indefinido.

| The painting belongs to John Kennedy, a friend of Mrs Smith's, who is a famous art dealer. | El cuadro pertenece a John Kennedy, un amigo de la señora Smith, el cual es un famoso comerciante de arte. |

1. También, se puede usar esta construcción para distinguir expresiones como *a painting of Eve's* (un cuadro propiedad de Eve) y *a painting of Eve* (un cuadro en el que aparece Eve).

| There was a painting of Eve's on the wall. | En la pared había un cuadro que pertenecía a Eve. |
| There was a painting of Eve on the wall. | En la pared había un cuadro de Eve. |

2. PRONOUNS (LOS PRONOMBRES)

Los pronombres se usan cuando hacemos referencia a algo o alguien que ya se ha nombrado y no queremos repetirlo. Sustituyen, por tanto, a un sustantivo o a un grupo nominal.

Mary took the glass and drank from <u>it</u>.   Mary cogió el vaso y bebió de él.

Tim said the book was <u>his</u>.   Tim dijo que el libro era suyo.

Al igual que en español, en inglés existen varios tipos de pronombres:

a Pronombres personales

b Pronombres posesivos

c Pronombres reflexivos

d Pronombres demostrativos

e Pronombres indefinidos

f Pronombres recíprocos

g Pronombres relativos

h Pronombres interrogativos

2.1. PERSONAL PRONOUNS (LOS PRONOMBRES PERSONALES)

En inglés, como en español, existen pronombres personales sujeto y pronombres personales objeto. Los primeros hacen referencia al sujeto de la oración, mientras que los segundos, como su nombre indica, se refieren al objeto.

En inglés, los pronombres personales sujeto son:

	Singular	Plural
1ª persona	I	we
2ª persona	you	you
3ª persona	he she it	they

Do <u>you</u> know that <u>you</u> and your wife have been invited to the Governor's party?   ¿Sabes que tú y tu mujer habéis sido invitados a la fiesta del gobernador?

<u>She</u> is three months pregnant.   Está embarazada de tres meses.

EL GRUPO NOMINAL 47

> ⚠️ Recuerda que el pronombre personal de primera persona siempre va en mayúsculas.
>
> My sister and I are twins. Mi hermana y yo somos gemelas.

1. **El pronombre personal sujeto se usa en los siguientes casos:**

    a Como sujeto de la oración.

    He is my son. Él es mi hijo.

    b En comparaciones detrás de *than* o *as*.

    She's taller than I am. Ella es más alta que yo.

> ⚠️ En lenguaje menos formal se puede usar el pronombre objeto detrás de *than* o *as*.
>
> She's taller than me. Ella es más alta que yo.

    c Detrás del verbo *to be* cuando el sujeto es *it*.

    It was I who sent him the letter. Fui yo quien le mandó la carta.

> ⚠️ En este caso también se puede usar el pronombre objeto en lenguaje coloquial.
>
> It was me who sent him the letter. Fui yo quien le mandó la carta.

1.1. El pronombre personal de primera persona del plural *we* se puede usar:

    a Como plural genérico con el sentido de 'todos nosotros'.

    We have to work together to save our planet. Tenemos que trabajar juntos para salvar nuestro planeta.

    b Se puede usar como plural de modestia.

    We found out that ... Descubrimos que ... (en lugar de 'Descubrí que ...').

    c También se puede usar como plural de majestad (*pluralis maiestatis*), usado por reyes y personas de alto rango.

    We, Juan Carlos I, King of Spain. Nos, Juan Carlos I, Rey de España.

> ⚠️ Observa que el plural de majestad se suele traducir en español por 'nos' en lugar de 'nosotros'.

48   EL GRUPO NOMINAL

1.2. El pronombre de tercera persona del singular *he* se suele utilizar de forma genérica en proverbios.

| He who hesitates is lost. | El que vacila está perdido. |

1.3. El pronombre de tercera persona del singular *it* se usa como sujeto en oraciones en las que se expresan el tiempo atmosférico, la hora, etc.

It's sunny today.	Está soleado hoy.
It's two o'clock.	Son las dos.
What time is it?	¿Qué hora es?
It's raining.	Está lloviendo.
How long does it take from here to Oxford?	¿Cuánto se tarda de aquí a Oxford?

2. En inglés, los pronombres personales objeto son:

	Singular	**Plural**
1ª persona	me	us
2ª persona	you	you
3ª persona	him / her / it	them

| Did you want him to talk to me? | ¿Querías que él hablara conmigo? |
| It is obvious that you like children, listening to them and playing with them. | Es obvio que te gustan los niños, escucharlos y jugar con ellos. |

2.1. Los pronombres objeto pueden funcionar como objeto directo o indirecto.

Didn't you hear her?	¿No la oíste?
She was talking to you.	Te estaba hablando.
I wish I had told her more about my situation before asking her to go out with me.	Ojalá le hubiera contado más sobre mi situación antes de pedirle que saliera conmigo.

2.2. También se utilizan detrás de una preposición.

| Keep the pen. I have a box full of them at home. | Quédate con el bolígrafo. Tengo una caja llena en casa. |
| Keep an eye on him, please. I will be back in a second. | Échale un vistazo, por favor. Volveré en un segundo. |

2.2. POSSESSIVE PRONOUNS (LOS PRONOMBRES POSESIVOS)

Los pronombres posesivos, como su nombre indica, se utilizan para denotar posesión.

I can give you some advice, but the final decision must be yours.

Te puedo aconsejar, pero la decisión final debe ser tuya.

My son has got curly hair like mine.

Mi hijo tiene el pelo rizado como el mío.

Los pronombres posesivos en inglés son:

	Singular	Plural
1ª persona	mine	ours
2ª persona	yours	yours
3ª persona	his hers its	theirs

> *Its* no se suele usar como pronombre posesivo, excepto en la expresión *its own* ('el suyo propio').
>
> The house is set in a quiet neighbourhood with its own terrace and swimming pool.
>
> La casa está situada en un vecindario tranquilo con su propia terraza y piscina.

1. Los pronombres posesivos se pueden usar seguidos de la preposición *of* para indicar que se habla de una cosa dentro de un grupo.

A friend of mine will be lending me his car for a while.

Un amigo mío me dejará su coche por un tiempo.

Although your brothers' problem was no fault of theirs, you blamed them for it.

Aunque el problema de tus hermanos no fue culpa de ellos, tú los culpaste.

2.3. REFLEXIVE PRONOUNS (LOS PRONOMBRES REFLEXIVOS)

Los pronombres reflexivos son aquellos que concuerdan con el antecedente al que se refieren, y se emplean para decir que el objeto directo o indirecto es la misma cosa o persona que el sujeto de la oración.

'Enjoy yourselves,' my mother shouted from the front door.

'Divertíos,' gritó mi madre desde la entrada.

We should take more care of ourselves.

Deberíamos cuidarnos más.

En inglés, los pronombres reflexivos son:

	Singular	Plural
1ª persona	myself	ourselves
2ª persona	yourself	yourselves
3ª persona	himself herself itself	themselves

1. En ocasiones se usa el pronombre reflexivo de tercera persona del plural *themself* para evitar especificar si el sujeto de la oración es masculino o femenino.

   The owner blamed themself
   for the unfortunate mistake.

   El dueño se culpó por el
   desafortunado error.

2. Los pronombres reflexivos se pueden emplear con uso enfático en lugar de reflexivo.

   I myself am not sure if I
   understand what you mean.

   No estoy seguro de entender
   lo que quieres decir.

   His point of view changed
   as he himself changed.

   Su punto de vista cambió
   al cambiar él mismo.

> ❗ Ten en cuenta que un verbo reflexivo en español no tiene por qué serlo en inglés. Por ejemplo, *wake up* ('despertarse'), *get up* ('levantarse'), *sit down* ('sentarse'), *get dressed* ('vestirse'), *get drunk* ('emborracharse').
>
> I have to wake up
> early tomorrow.
>
> Tengo que despertarme
> temprano mañana.
>
> Please, sit down and do
> your homework.
>
> Por favor, siéntate
> y haz tu tarea.

2.4. DEMONSTRATIVE PRONOUNS (LOS PRONOMBRES DEMOSTRATIVOS)

Los pronombres demostrativos tienen la misma forma que los determinantes demostrativos (véase el apartado 3.2., página 68). Los pronombres demostrativos se usan como sujeto u objeto de una oración sustituyendo al sustantivo.

We hope this is useful to you
in sorting out your problems.

Esperamos que esto te sea útil
para resolver tus problemas.

This talk is aimed at both those
affected and unaffected by
the economic crisis.

Esta charla está dirigida tanto
a aquellos afectados como a los
no afectados por la crisis económica.

Los pronombres demostrativos son:

Singular		Plural	
this	that	these	those

EL GRUPO NOMINAL 51

1. Los pronombres demostrativos *this* ('éste, ésta, esto')/*that* ('ése, ésa, eso' y 'aquél, aquélla, aquello') se suelen utilizar para referirse a cosas.

What was that?	¿Qué fue eso?
This is our new home.	Éste es nuestro nuevo hogar.

Sin embargo, también se pueden usar para referirse a una persona o para preguntar quién es.

Who's this in the photo?	¿Quién es éste de la foto?
Who is that dancing on the table?	¿Quién es aquél bailando encima de la mesa?

2. Los pronombres demostrativos *these* y *those* se usan principalmente para cosas, aunque también se pueden usar para referirse a personas.

There are trees on the right, and just behind these, a bench where you can rest.	Hay árboles a la derecha y, justo detrás de ellos, un banco donde puedes descansar.
Admire those who help other people.	Admire a aquellos que ayudan a otra gente.

2.5. INDEFINITE PRONOUNS (LOS PRONOMBRES INDEFINIDOS)

Los pronombres indefinidos se usan cuando queremos hablar de alguien o algo cuya identidad no conocemos. En inglés, los pronombres indefinidos son *anybody, anyone, anything, everybody, everyone, everything, nobody, nothing, no one, somebody, someone, something*.

Everybody is pleased with your work.	Todo el mundo está satisfecho con tu trabajo.
You know I would do anything for you.	Sabes que haría cualquier cosa por ti.
There was no one at the party.	No había nadie en la fiesta.

1. Los pronombres indefinidos compuestos con *-body* y *-one* (*anybody, anyone, everybody, everyone, nobody, no one, somebody, someone*) hacen referencia a personas.

We will offer everyone the same opportunities.	Les ofreceremos a todos las mismas oportunidades.
Nobody wanted to watch the movie so we didn't go to the cinema.	Nadie quería ver la película, así que no fuimos al cine.

2. Los pronombres indefinidos compuestos con *-thing* (*everything, anything, something, nothing*) hacen referencia a cosas.

I've got something for you.	Tengo algo para ti.
We did everything we could to help them.	Hicimos todo lo que pudimos para ayudarles.

3. Los pronombres indefinidos compuestos con *some-* y *every-* se suelen usar en frases afirmativas.

Something must have happened in that bank. The police have just arrived.	Algo debe haber pasado en ese banco. La policía acaba de llegar.
Everybody danced at his wedding.	Todo el mundo bailó en su boda.

4. Los indefinidos compuestos con *any-* se usan como sujeto, objeto directo o indirecto en preguntas y frases en negativa.

Does anybody want a piece of cake?	¿Alguien quiere un trozo de tarta?
I don't understand anything. I should ask the teacher to explain again.	No entiendo nada. Debería pedirle al profesor que lo explicara de nuevo.

5. Los pronombres indefinidos que comienzan con *no-* y funcionan como sujeto se usan siempre con el verbo en forma afirmativa.

Nobody felt as happy as I did.	Nadie se sintió tan feliz como yo.
No one knows why he left so early.	Nadie sabe por qué se fue tan temprano.

6. Cuando el pronombre indefinido funciona como sujeto de la oración siempre se utiliza un verbo en singular.

He lost control of the car and crashed into a tree. No one was hurt, however.	Perdió el control del coche y chocó contra un árbol. Sin embargo, nadie resultó herido.
Everything was so clean in the hotel.	Todo estaba muy limpio en el hotel.

7. Para referirnos a un pronombre indefinido con otro pronombre, se usa siempre uno en plural.

Everybody remembers where they were when the President died.	Todo el mundo recuerda dónde estaba cuando murió el presidente.

8. Para el caso genitivo o de posesión, añadimos 's a los pronombres indefinidos de persona.

Are you trying to catch someone's attention?	¿Estás intentando llamar la atención de alguien?

> ❗ Recuerda que no se suele usar el genitivo sajón con los pronombres indefinidos que hacen referencia a cosas. En su lugar, se emplea la estructura con *of*.
>
> ~~Something's design.~~
> The design of something.   El diseño de algo.

9. Si queremos utilizar un adjetivo que modifique al pronombre deberá ir detrás de éste.

There is nothing strange in that story.	No hay nada extraño en esa historia.
What I need is someone reliable.	Lo que necesito es alguien fiable.

10. Podemos usar la palabra *else* detrás de un pronombre indefinido para referirnos a otra persona o cosa distinta.

| She is so in love with him that she cannot think of <u>anyone else</u>. | Está tan enamorada de él que no puede pensar en otra persona. |
| I thought I saw Pete, but it was <u>somebody else</u>. | Creí ver a Pete, pero era otra persona. |

2.6. RECIPROCAL PRONOUNS (LOS PRONOMBRES RECÍPROCOS)

Los pronombres recíprocos, como en español, se utilizan para expresar una acción realizada entre dos o más personas.

1. *Each other* 'el uno al otro' se utiliza cuando la acción se realiza entre dos personas.

| They sat and talked for hours, as if they had known <u>each other</u> for years. | Se sentaron y hablaron durante horas como si se conocieran desde hace años. |
| My sister and my friend James are suited for <u>each other</u>. | Mi hermana y mi amigo James están hechos el uno para el otro. |

1.1. *Each other* no se usa como sujeto de una oración, sino como objeto directo o indirecto, o después de una preposición.

| My husband and I help <u>each other</u> a lot. | Mi marido y yo nos ayudamos mucho el uno al otro. |
| They kept on writing letters to <u>each other</u> for over 20 years. | Se siguieron escribiendo cartas durante más de 20 años. |

1.2. Para el caso genitivo se añade *'s* a *other* (*each other's*).

| They often enjoy <u>each other's</u> company. | A menudo disfrutan de la compañía del otro. |

2. *One another*, que significa 'unos a los otros', se utiliza cuando la acción se realiza entre más de dos personas.

| They stared at <u>one another</u> for a few seconds before they spoke. | Se miraron los unos a los otros durante unos segundos antes de hablar. |
| The teacher divided the students into four groups so they could learn more about <u>one another</u>. | El profesor dividió a los estudiantes en cuatro grupos para que pudieran conocerse mejor. |

2.7. RELATIVE PRONOUNS (LOS PRONOMBRES RELATIVOS)

Los pronombres relativos en inglés son:

who	which	that	what
whom	where	whose	

1. El pronombre relativo *who* se utiliza para personas en función de sujeto y es invariable en género y número.

There were, of course, people who didn't think it was a good idea.	Había, por supuesto, gente que no creía que fuera buena idea.
De Bekker will replace López, who broke his arm last week.	De Bekker sustituirá a López, quien se rompió el brazo la semana pasada.

2. El pronombre relativo *whom* se usa para personas en función de objeto directo o indirecto y detrás de preposición.

My father had no idea whom to ask, or whom to see.	Mi padre no tenía idea de a quién preguntar, o a quién ver.
Jane arrived at the airport with her husband, whom she had married two weeks before.	Jane llegó al aeropuerto con su marido con quien se había casado hacía dos semanas.
To whom in the group are they referring?	¿A quién del grupo se refieren?

3. *Whom* se suele usar en lenguaje formal. En contextos más informales se pueden usar distintas estructuras.

She is the girl whom we saw in the park not long ago.	
She is the girl who we saw in the park not long ago.	Ella es la chica que vimos en el parque no hace mucho.
She is the girl that we saw in the park not long ago.	
She is the girl we saw in the park not long ago.	
None of the people to whom I talked in Paris agreed with the idea.	
None of the people who I talked to in Paris agreed with the idea.	Ninguna de las personas con las que hablé en París estaba de acuerdo con la idea.
None of the people that I talked to in Paris agreed with the idea.	
None of the people I talked to in Paris agreed with the idea.	

4. El pronombre relativo *whose* se usa para el caso posesivo/genitivo, tanto para personas como para cosas, en singular y plural.

That is John, whose wife and children come to our house regularly.	Él es John, cuya esposa e hijos vienen a nuestra casa a menudo.

There are some words whose meaning changes depending on the context.	Hay algunas palabras cuyo significado cambia dependiendo del contexto.

5. El pronombre relativo *which* es invariable en género y número y, a diferencia de *who*, tiene la misma forma para todos los casos (sujeto, objeto) y detrás de preposición.

For years we worked on a project which had road safety as its main theme.	Durante años trabajamos en un proyecto cuyo tema principal era la seguridad vial.
You need the kind of help which my company offers.	Necesitas el tipo de ayuda que mi compañía ofrece.
The local Trekking Association, of which my husband is a member, publishes a monthly journal.	La Asociación de Senderismo local, de la cual mi marido es miembro, publica una revista mensual.

6. El pronombre relativo *that* también es invariable en género, número y caso. Se puede usar cuando el antecedente es persona, cosa o animal.

The teacher that taught us Science is now retired.	El profesor que nos enseñó ciencias está ya jubilado.
What was in the bottle that you dropped?	¿Qué había en la botella que se te cayó?
The monkeys that we saw in the zoo were funny.	Los monos que vimos en el zoo eran graciosos.

7. A diferencia de *who* y *which*, *that* no se usa detrás de preposiciones. En este caso se omite *that* si no funciona como sujeto, aunque también se puede usar este relativo colocando la preposición al final de la frase.

Who is the person that you are looking at?	
Who is the person you are looking at?	¿Quién es la persona a la que miras?

8. *That* puede sustituir tanto a *who* como a *which*.

Those who/that earn less than 40 euros a week can apply for a supplementary allowance.	Aquellos que ganan menos de 40 euros a la semana, pueden solicitar una ayuda complementaria.
When I go to New York, I will visit the museums which/that you suggested.	Cuando vaya a Nueva York visitaré los museos que me has sugerido.

9. *That* se prefiere a *who* o *which* en oraciones en las que el antecedente va acompañado de un adjetivo en grado comparativo o superlativo.

It's the strangest thing that I have ever heard.	Es la cosa más extraña que he oído nunca.

EL GRUPO NOMINAL

10. El pronombre relativo *what* significa 'lo que'.

| What she loves is cycling in the countryside. | Lo que le encanta es pasear con la bici por el campo. |
| If you want to know what she wants for her birthday, ask her. | Si quieres saber lo que quiere por su cumpleaños, pregúntale. |

11. El adverbio *where* ('donde') se puede usar en ocasiones como pronombre relativo.

| That's the school where my daughter studies. | Ése es el colegio donde estudia mi hija. |

12. El adverbio *when* ('cuando') también se puede usar como pronombre relativo.

| That was the day when we got married. | Ése fue el día en que nos casamos. |

13. El adverbio *why* ('por lo que') también pude usarse como pronombre relativo.

| That's why she loves him. | Es por eso por lo que lo quiere. |

2.7.1. Omission of relative pronouns (La omisión de los pronombres relativos)

Los pronombres relativos se pueden omitir en los siguientes casos:

a Cuando funcionan como objeto directo o indirecto dentro de una oración.

| The shoes (which/that) I bought yesterday are very comfortable. | Los zapatos que compré ayer son muy cómodos. |

b Cuando van precedidos por una preposición regida por el verbo. En esos casos la preposición se coloca detrás del verbo de la oración de relativo.

| The woman with whom you were talking is my mother-in-law. | |
| The woman you were talking with is my mother-in-law. | La mujer con la que estabas hablando es mi suegra. |

c Cuando funcionan como sujeto de una oración cuyo verbo tiene una forma continua o cuando el verbo es *to be*.

| The children (who/that are) playing in the park are my students. | Los niños que están jugando en el parque son mis alumnos. |
| The park (which is) in front of the church is the biggest one in the city. | El parque que está en frente de la iglesia es el más grande de la ciudad. |

2.7.2. Compound relative pronouns (Los pronombres relativos compuestos)

La mayoría de los pronombres relativos se pueden combinar con *ever* para formar pronombres compuestos.

1. *Whoever* significa 'quienquiera que' y *whomever* 'a quienquiera que'.

	She can invite <u>whoever/whomever</u> she pleases.	Ella puede invitar a quien quiera.
	<u>Whoever</u> leaves last should turn off the computers.	Quienquiera que se marche el último, que apague los ordenadores.

2. *Whatever* significa 'cualquier cosa que' y *whichever* 'cualquiera que'.

	Do <u>whatever</u> you want, but be careful.	Haz lo que quieras, pero ten cuidado.
	Don't worry! I will feel comfortable with <u>whatever</u> you decide.	¡No te preocupes! Me sentiré cómoda con cualquier cosa que decidas.
	Choose <u>whichever</u> you like.	Elige el que te guste.

2.1. Los pronombres *whatever/whatsoever* se pueden usar:

a Después de un sustantivo que sigue a una negación para enfatizar.

	The story made no sense <u>whatever/whatsoever</u>.	La historia no tenía ningún sentido.

b En una frase sin verbo.

	<u>Whatever</u> their differences, they had something in common; they were both good-hearted people.	Cualesquiera que fueran sus diferencias, tenían algo en común; ambos eran buenas personas.

3. *Whenever* significa 'siempre que'.

	You can visit us <u>whenever</u> you want.	Nos puedes visitar siempre que quieras.
	Come <u>whenever</u> it suits you.	Ven siempre que/cuando te venga bien.

4. *Wherever* significa 'dondequiera que'.

	They are always cheerful <u>wherever</u> we go.	Siempre están alegres dondequiera que vayamos.
	I am going to find them <u>wherever</u> they are.	Voy a encontrarlos dondequiera que estén.

2.8. INTERROGATIVE PRONOUNS (LOS PRONOMBRES INTERROGATIVOS)

Los pronombres interrogativos en inglés son *who* ('quién'), *whom* ('a quién'), *whose* ('de quién'), *what* ('qué'), *which* ('cuál, cuáles'). Su forma y uso son los mismos que para los pronombres relativos (véase el apartado anterior, página 54).

1. El pronombre interrogativo *who* se usa para personas con función de sujeto.

	<u>Who</u> would like to read the example?	¿Quién quiere leer el ejemplo?

Who bought you ¿Quién te compró
that bunch of roses? ese ramo de rosas?

> Recuerda que si *who* funciona como sujeto de la oración interrogativa, ésta no se construye de la misma forma que cuando funciona como objeto.
>
> Who called you yesterday? ¿Quién te llamó ayer?
>
> Who did you call yesterday? ¿A quién llamaste ayer?

2. El pronombre interrogativo *what* se usa para animales o cosas.

What did you fish? ¿Qué has pescado?

What do you mean? ¿Qué quieres decir?

3. El pronombre interrogativo *whom* se usa para personas con función de objeto directo o indirecto.

Whom did you speak to in the party? ¿Con quién hablaste en la fiesta?

3.1. *Whom* se suele sustituir por *who* en los siguientes casos.

a Cuando funciona como objeto.

Who did you meet? ¿A quién conociste?

b Cuando va seguido de preposición. Ésta se coloca al final de la oración.

Who were you talking to? ¿Con quién estabas hablando?

4. *Whose* ('de quién') se usa para personas y cosas en caso genitivo.

Whose are those keys? ¿De quién son esas llaves?

> Ten cuidado a la hora de traducir '¿de quién?' en inglés. Un error muy común entre hispanohablantes es decir ~~Of who?~~ Se debe utilizar *whose*.

5. *Which* significa 'cuál' y se usa tanto para personas como para cosas.

Which of these actors stars ¿Cuál de estos actores protagoniza
in the movie *Casablanca*? la película *Casablanca*?

Which do you think is ¿Cuál crees que es
the easiest exercise? el ejercicio más fácil?

> Recuerda la diferencia entre *which* y *what*; *which* hace referencia a algo dentro de un grupo que el oyente o lector conoce mientras que *what* se utiliza para pedir información sobre las personas o cosas.
>
> Which do you prefer? ¿Cuál prefieres?
>
> What do you prefer? ¿Qué prefieres?

EL GRUPO NOMINAL 59

2.9. NUMERALS (LOS NUMERALES)

Los numerales pueden funcionar en ocasiones como pronombres.

- How many brothers has he got?
- He's got <u>four</u>.

- ¿Cuántos hermanos tiene?
- Tiene cuatro.

- Which track did you like the best on the CD?
- <u>The third</u>.

- ¿Qué canción te gustó más del CD?
- La tercera.

2.10. ONE/ONES (CÓMO EVITAR LA REPETICIÓN DE UN SUSTANTIVO CONTABLE)

Estos pronombres se utilizan cuando no queremos repetir un sustantivo contable. Pueden aparecer precedidos por un determinante como *a, an, the, this, that*, etc. y por adjetivos.

I have several jackets, so choose <u>the one</u> that suits you best.	Tengo varias chaquetas, por tanto elige la que te venga mejor.
There are several models of this car. <u>The ones</u> with four doors are better for you.	Hay varios modelos de este coche. Los que tienen cuatro puertas te convienen más.
The Japanese film was <u>the best one</u>.	La película japonesa fue la mejor.

1. Estos pronombres no se usan para sustituir a sustantivos incontables. En estos casos se puede usar *some*.

If you need any more sugar, I'll bring you <u>some</u>.

Si necesitas más azúcar, te la traeré.

2. Los pronombres *one/ones* pueden omitirse en los siguientes casos:

a Después de <u>which</u>.

I know you have visited St. Petersburg and Prague. <u>Which (one)</u> did you like the best?

Sé que has visitado San Petersburgo y Praga. ¿Cuál te gustó más?

b Después de adjetivos en grado superlativo.

Look at those shoes. They are the most elegant (<u>ones</u>) I've ever seen!

Mira esos zapatos. Son los más elegantes que he visto nunca.

c Después de *this, that, these* y *those*.

Is there a sweater that is bigger than this (<u>one</u>)?

¿Habrá un jersey que sea más grande que éste?

d Después de *either, neither, another, each, the first, the second, the last*, etc.

All the dresses are comfortable. Wear <u>either</u> for the journey.

Todos los vestidos son cómodos. Ponte cualquiera de ellos para el viaje.

60 EL GRUPO NOMINAL

3. DETERMINERS AND ARTICLES (LOS DETERMINANTES Y ARTÍCULOS)

Los determinantes se usan delante de sustantivos y pueden ser de distintos tipos: el artículo definido *the*, los determinantes demostrativos *this*, *that*, *these*, *those*, y los determinantes posesivos *my*, *your*, *his*, *her*, *its*, *our*, *your*, *their*. Existen, además, otros determinantes generales que se usan para hablar de personas o cosas sin especificar quiénes son: el artículo indeterminado *a/an*, *a few*, *a little*, *all*, *another*, *any*, *both*, *each*, *either*, *enough*, *every*, *few*, *less*, *little*, *many*, *more*, *most*, *much*, *neither*, *no*, *one*, *other*, *several*, *some*, *various*.

Los determinantes están entre las palabras más frecuentes en inglés, por lo que es importante conocer su forma y uso. Aparecen en el grupo nominal delante de un sustantivo y llevan información sobre lo que el hablante está diciendo. Se suele hacer una distinción entre determinantes definidos e indefinidos. Entre los determinantes definidos se encuentran el artículo determinado y los determinantes posesivos que se usan cuando el hablante sabe/conoce de qué se está hablando.

The doctors expressed their scepticism about the usefulness of the new vaccine against the flu.	Los médicos mostraron su escepticismo sobre la utilidad de la nueva vacuna contra la gripe.
She received a few presents this Christmas.	Recibió unos pocos regalos estas Navidades.

En el caso de los determinantes indefinidos no se conoce la cosa o persona de la que se habla.

Hawaii is a volcanic island in the North Pacific Ocean.	Hawai es una isla volcánica en el Océano Pacífico del Norte.

3.1. ARTICLE (EL ARTÍCULO)

Los artículos son palabras que acompañan a un sustantivo dentro de un sintagma nominal. Son, por tanto, determinantes y como tales se colocan delante del sustantivo. Existen dos tipos de artículos; el artículo indeterminado y el determinado.

3.1.1. Indefinite article (El artículo indeterminado)

El artículo indeterminado se usa para hablar de algo o de alguien por primera vez y que el oyente o lector desconoce, o cuando no se hace referencia a algo o a alguien en particular.

I have been reading an interesting book about politics.	He estado leyendo un libro muy interesante sobre política.
I have never owned a dog.	Nunca he tenido un perro.

1. El artículo indeterminado *a/an* ('un, una') es invariable en género, es decir, se usa la misma forma tanto para el masculino como para el femenino. No existe artículo indeterminado para el plural. En su lugar se suele usar *some* ('algunos, algunas').

> In this book you will find <u>a</u> complete account of the history of Spain.
>
> En este libro encontrarás un relato completo de la historia de España.

2. El artículo indeterminado *a* se usa delante de palabras que comienzan por consonante.

> He was talking to <u>a</u> neighbour when I arrived.
>
> Estaba hablando con un vecino cuando llegué.

> In Anglo-Saxon England, the scramasax was employed as <u>a</u> weapon.
>
> En la Inglaterra anglosajona el scramasax se usó como arma.

3. También se usa delante de palabras que empiezan por la vocal *u* cuando ésta se pronuncia como una semiconsonante /ju:/: *a university, a uniform, a union, a unit, a user, a utensil*.

> It's the first time I have studied at <u>a university</u>.
>
> Es la primera vez que estudio en una universidad.

> They seem to be working really well as <u>a unit</u>.
>
> Parece que están trabajando realmente bien como grupo.

4. *An* se usa delante de palabras que comienzan por vocal.

> Their baby looks like <u>an angel</u>.
>
> Su bebé parece un ángel.

> Someone ought to keep <u>an eye</u> on her because she is not feeling well.
>
> Alguien debería estar pendiente de ella porque no se encuentra bien.

> 💬 Recuerda que a la hora de elegir *a* o *an* lo importante es la pronunciación de la primera letra del sustantivo y no la ortografía de la palabra. Algunas palabras que comienzan por 'h' tienen sonido vocálico (*hour, heir, honest, honour*) en lugar de consonántico.
>
> <u>An honest</u> person always tells the truth.
>
> Una persona honesta siempre dice la verdad.

5. *A/an* se usa para acompañar a sustantivos contables en singular.

> He wants to buy <u>a motorbike</u>.
>
> Quiere comprar una moto.

> She's eating <u>an orange</u>.
>
> Está comiendo una naranja.

6. *A/an* se usa delante de profesiones.

> My brother has worked as <u>a pilot</u> for many years.
>
> Mi hermano ha trabajado como piloto durante muchos años.

> He dreamed of becoming <u>an engineer</u>.
>
> Soñaba con llegar a ser ingeniero.

7. *A/an* también se puede usar en oraciones exclamativas delante de *what*.

> <u>What a</u> funny story!
>
> ¡Qué historia más graciosa!

> <u>What an</u> interesting idea!
>
> ¡Qué idea tan interesante!

8. También se usa *a/an* delante de *hundred*, *thousand*, *million*, *fourth*, *half*, etc.

Each year, over a million people visit the museum.	Cada año, más de un millón de personas visita el museo.
It is a year and a half since I met Dora in Madrid.	Hace un año y medio que conocí a Dora en Madrid.

9. Los artículos indeterminados se utilizan en expresiones tales como *twice a week*, *10 miles an hour*, *3 euros a kilo*.

I usually drive at 40 kilometres an hour.	Suelo conducir a 40 kilómetros por hora.
You can buy oranges for a few cents a kilo.	Puedes comprar naranjas a unos pocos céntimos el kilo.

10. *A/an* también se puede usar con el significado de 'un tal'.

This restaurant belonged to a Mr Pompozzi, who migrated to the US with his parents.	Este restaurante pertenecía a un tal señor Pompozzi, que había emigrado a EE.UU. con sus padres.

11. El artículo indeterminado se puede usar con sustantivos abstractos que vayan precedidos por un adjetivo.

There is a certain charm in the way she speaks.	Hay un cierto encanto en la forma en la que habla.
There was a scared look in his eyes.	Había una mirada asustada en sus ojos.

3.1.2. Definite article (El artículo determinado)

El artículo determinado se usa para hablar de algo o alguien que ya se conoce o dar información sobre algo o alguien que ya se ha mencionado antes.

I am drawing the apple tree that is in my parents' garden.	Estoy dibujando el manzano que hay en el jardín de mis padres.
It will be interesting to see how the discussion develops.	Será interesante ver cómo se desarrolla el debate.

1. En inglés, el artículo determinado *the* es invariable en género y número. Por tanto, se usa con sustantivos en singular o plural, y de género femenino o masculino.

It was a beautiful day; the sea was calm and the sun was shining.	Era un día precioso; el mar estaba en calma y el sol brillaba.
The old men were sitting on the bench reading their newspaper.	Los ancianos estaban sentados en el banco leyendo el periódico.

> Recuerda que el artículo *the* tiene tres posibles pronunciaciones: /ðə/ delante de un sonido consonántico (*the table*); /ði/ delante de un sonido vocálico (*the apple*); y /ðiː/ cuando queremos enfatizarlo.
>
> | | |
> |---|---|
> | Do you mean the (/ðiː/) Tom I know? | ¿Quieres decir el Tom que yo conozco? |

EL GRUPO NOMINAL 63

2. El artículo determinado *the* se usa delante de nombres y lugares geográficos como grupos de islas (*the Hawaiian Islands*), cordilleras (*the Alps, the Himalayas*), regiones geográficas (*the South of Spain, the Midlands*), desiertos (*the Sahara*), ríos y canales (*the Suez Canal, the River Guadalquivir*), océanos y mares (*the Baltic Sea, the Pacific Ocean*), estrechos, canales, golfos (*the English Channel, the Gulf of Mexico*), etc.

Many new monasteries were built during this period, particularly in the South of Greece.	Muchos monasterios nuevos se construyeron durante este periodo, particularmente en el sur de Grecia.
The river Po runs from the Western Alps to the Adriatic Sea.	El río Po fluye desde los Alpes occidentales hasta el Mar Adriático.
The Gulf of Thailand, also known as the Gulf of Siam, is bordered by Cambodia, Thailand and Vietnam.	El Golfo de Tailandia, también conocido como Golfo de Siam, está rodeado por Camboya, Tailandia y Vietnam.

2.1. *The* también se utiliza con instrumentos musicales.

My mother plays the piano every day.	Mi madre toca el piano todos los días.
I want to be good at playing the guitar.	Quiero ser bueno tocando la guitarra.

2.2. También se puede usar el artículo determinado para acompañar a adjetivos sustantivados como *the blind, the brave, the dead, the educated, the handicapped, the hungry, the living, the old, the powerful, the rich, the sick, the unemployed, the weak, the wealthy, the wounded, the young*, etc.

The nuns take care of the sick.	Las monjas cuidan a los enfermos.
The Costa del Sol is a popular destination for the rich and famous.	La Costa del Sol es un destino popular para los ricos y famosos.

2.3. El artículo *the* se emplea delante de nacionalidades.

We could learn much from the Norwegians.	Podríamos aprender mucho de los noruegos.
The Vikings landed in England in the 5th century.	Los vikingos llegaron a Inglaterra en el siglo V.

2.4. También aparece en la construcción de comparativo *the … the …*

The sooner you get him to the doctor, the better.	Cuanto antes lo lleves al médico, mejor.
The longer the problem goes on, the worse it is likely to get.	Cuanto más dure el problema, peor se pondrá.

2.5. El artículo determinado se usa delante de adjetivos en grado superlativo.

She is the most intelligent person I know.	Es la persona más inteligente que conozco.
He sounds like the luckiest man in the world!	¡Parece el hombre más afortunado del mundo!

2.6. También se emplea delante de países con nombre en plural, reinos, etc. (*the United States, the United Kingdom*).

The United Kingdom has urged the United States to join the peace process.	El Reino Unido ha instado a los Estados Unidos a unirse al proceso de paz.

2.7. El artículo determinado se usa delante de algunos adjetivos que describen cosas o personas que son únicas como, por ejemplo, *the first, the following, the last, the next, the only, the right, the same*, etc.

He was the only person who knew the whole story.	Él era la única persona que conocía toda la historia.
The next stage is the actual publication of the book.	El siguiente paso es la publicación propiamente dicha del libro.

2.8. El artículo determinado *the* se usa también delante de nombres de hoteles (*The Ritz*), teatros (*The Globe*), cines (*The Colliseum*), museos (*The Prado Museum*) o galerías (*The National Gallery*).

On 24th May, 1906, The Ritz opened its doors to the public for the first time.	El 24 de mayo de 1906, El Ritz abrió sus puertas al público por primera vez.
The Globe Theatre was in use until 1613, when a fire broke out and the theatre burnt to the ground.	El teatro The Globe estuvo en uso hasta 1613, año en que se originó un incendio y se quemó.

2.9. También se emplea delante de nombres de barcos (*The Titanic*) y trenes (*The Orient Express*).

The Orient Express, which connects the English Channel with the Black Sea, is one of the most famous trains in Europe.	El Oriente Express, que conecta el Canal de la Mancha con el Mar Negro, es uno de los trenes más famosos de Europa.
The Titanic struck an iceberg and sank a few hours later.	El Titanic chocó con un iceberg y se hundió unas horas después.

2.10. *The* también se utiliza delante de nombres de eventos deportivos (*The Champions League, the Olympic Games*).

The Champions League is an annual football competition.	La Liga de Campeones es una competición anual de fútbol.
Do you remember where the Olympic Games were held in 2000?	¿Te acuerdas dónde se celebraron los Juegos Olímpicos de 2000?

2.11. El artículo determinado se usa con determinantes como *all, both, half, few, many, other, little, one, several*.

She is one of the few students that passed all her exams.	Ella es una de los pocos estudiantes que aprobó todos sus exámenes.
In this booklet, you can find all the information you will need.	En este folleto encontrarás toda la información que puedes necesitar.

2.12. Recuerda que el artículo determinado no se utiliza en algunas ocasiones. Presta especial atención a aquellos casos en los que sí se utiliza en español.

a A diferencia del español, el artículo determinado no se utiliza cuando hacemos referencia a personas o cosas en sentido general.

Tim said that he hates spiders.	Tim dijo que odia a las arañas.
They are carrying out a study of how children learn words.	Están llevando a cabo un estudio sobre cómo los niños aprenden palabras.

b Tampoco se utiliza cuando hacemos referencia a las comidas principales del día (*have breakfast*, *have lunch*, *at lunch*, *at dinner*, etc.).

We'll have breakfast on the train on our way to London.	Tomaremos el desayuno en el tren de camino a Londres.
Mr Smith isn't here right now; he's at lunch.	El señor Smith no está aquí ahora mismo; está almorzando.

Por el contrario, sí se puede usar el artículo indeterminado para hablar de una comida en concreto.

We talked over a relaxed breakfast.	Hablamos durante un desayuno relajado.

c Al contrario que en español, el artículo determinado no se usa delante de nombres de deportes y de idiomas.

When I was pregnant, I could not play tennis.	Cuando estaba embarazada, no podía jugar al tenis.
I think Japanese is easier than Chinese.	Creo que el japonés es más fácil que el chino.

d En inglés, delante de las partes del cuerpo se usa el posesivo en lugar del artículo determinado.

Jim turned round and shook his head.	Jim se volvió y movió la cabeza.
Eve took her hand out of her pocket and waved.	Eve sacó la mano del bolsillo y saludó.

e *The* también se omite delante de títulos o cargos sostenidos por personas dentro del gobierno, de un negocio, etc. como *Mr*, *Mrs*, *Dr*, *head*, *queen*, *king*, *president*, *prime minister*, *director*, *leader*, etc.

Mr Kirk said: 'The exam will start in 20 minutes!'	El señor Kirk dijo: '¡El examen empezará en 20 minutos!'
Mrs Mary O'Brien left her position as Minister of Education.	La señora Mary O'Brien dejó su puesto como Ministra de Educación.

Sí se utiliza, sin embargo, cuando nos referimos a la persona en lugar de al título o al cargo.

Magrette II is the queen of Denmark.	Magrette II es la reina de Dinamarca.

f *The* no se usa delante de lugares vistos como instituciones en lugar de edificios o lugares específicos (*church*, *college*, *court*, *hospital*, *jail*, *prison*, *school*).

Last Saturday my grandmother had to go to <u>hospital</u> for a check-up.	El sábado pasado mi abuela tuvo que ir al hospital para una revisión médica.
He left <u>school</u> at 16.	Dejó el colegio a los 16.
This is the dress I usually wear to go to <u>church</u> on Sunday.	Este es el vestido que me suelo poner para ir a la iglesia los domingos.

g En expresiones temporales con *last* y *next* (*last year*, *last summer*, *next month*, etc.) se omite el artículo determinado.

<u>Last month</u> they travelled to Europe to promote their new album.	El mes pasado viajaron a Europa para promocionar su nuevo álbum.
Are any of your children going to school <u>next year</u>?	¿Alguno de tus hijos irá al colegio el año que viene?

h A diferencia del español, en inglés no se usa el artículo determinado delante de los días de la semana o los meses del año: *on Friday*, *on Wednesday*, *in May*, etc.

The talk will be <u>on</u> Thursday, 2nd May at the Faculty of Philology.	La charla será el jueves dos de mayo en la Facultad de Filología.
Did you see Stephany <u>on</u> Friday? You told me you planned to have lunch together.	¿Viste a Stephany el viernes? Me dijiste que almorzaríais juntos.

Sin embargo, se puede usar el artículo indeterminado delante de los días de la semana cuando queremos especificar un día concreto dentro de la semana.

I wonder why things always happen <u>on a Friday</u>.	Me pregunto por qué las cosas siempre ocurren los viernes.
I was born <u>on a Sunday</u>.	Nací un domingo.

También se puede usar el artículo determinado para sugerir un día de la semana sobre el que estamos hablando.

The summit started on May 3rd, commencing <u>on the Friday</u> and finishing on Saturday morning.	La cumbre empezó el 3 de mayo, viernes, y terminó el sábado por la mañana.

i El artículo no se usa delante de direcciones que contienen un número o letra.

I live at <u>29 New York Avenue</u>.	Vivo en el 29 de la avenida Nueva York.
Write to him at <u>58 Rosemary Street, London</u>.	Escríbele al 58 de la calle Rosemary, Londres.

j Se omite el artículo con los siguientes lugares geográficos: continentes (*Africa*, *America*, *Asia*, *Europe*, etc.), países (*Britain*, *France*, *Germany*, *India*, *Spain*), regiones administrativas (*Andalucía*, *Wessex*), ciudades y pueblos (*London*, *New York*), bahías (*San Francisco Bay*), lagos (*Lake Michigan*, *Loch Ness*), islas individuales (*Ireland*, *Sicily*) y montañas individuales (*Everest*, *Mont Blanc*).

<u>Mont Blanc</u> is the highest mountain in <u>Europe</u>.	El Mont Blanc es la montaña más alta de Europa.

EL GRUPO NOMINAL

San Francisco Bay was navigable as far south as San Jose until the 1850s.	La Bahía de San Francisco fue navegable hasta la década 1850 en lugares tan al sur como San José.

k No se utiliza con estaciones y aeropuertos (*Heathrow*), colegios y universidades (*Cornell*, *Harvard*), iglesias, catedrales y abadías (*St Paul Cathedral*, *Westminster Abbey*), nombres de calles y avenidas (*Oxford Street*, *Fifth Avenue*).

Fifth Avenue is one of the most important shopping streets in the world.	La Quinta Avenida es una de las calles de compras más importantes del mundo.
St Paul's Cathedral in London has stood on the same site since 604 AD.	La Catedral de San Pablo en Londres ha estado en el mismo lugar desde el año 604 d.C.

l No se utiliza en nombres de eventos deportivos con el nombre del lugar.

Wimbledon is acknowledged to be the premier tennis tournament in the world.	Wimbledon es reconocido como el primer torneo de tenis del mundo.

m Tampoco se utiliza con nombres de festividades religiosas o culturales (*Christmas, Easter, Corpus Christi, Ramadan, Mother's Day*).

People in different countries celebrate Easter in different ways.	La gente en diferentes países celebra la Pascua de distintas maneras.
Mother's Day is celebrated in May in many parts of the world.	El Día de la Madre se celebra en mayo en muchas partes del mundo.

3.2. DEMONSTRATIVE DETERMINERS (LOS DETERMINANTES DEMOSTRATIVOS)

Los determinantes demostrativos en inglés son:

Singular		Plural	
this	that	these	those

Al igual que en español, los demostrativos *this* ('este, esta, esto') y *these* ('estos, estas') se usan para referirnos a cosas o personas que están cerca de nosotros, mientras que *that* ('ese, esa, eso') y *those* ('esos, esas') se usan cuando las personas o cosas de las que hablamos están lejos.

Every Sunday morning, we used to come to this river with my father.	Cada domingo por la mañana solíamos venir a este río con mi padre.
The chancellor will open up these facilities not only to students but also to local people.	El rector abrirá estas instalaciones no sólo a los estudiantes sino también a vecinos.
That poor cat is starving.	Ese pobre gato está muerto de hambre.
'Don't spoil those trousers, they are brand-new,' my mother said.	'No estropees esos pantalones, son completamente nuevos,' dijo mi madre.

1. En inglés informal, se pueden usar *that* y *those* para hablar de alguien o algo que conocemos.

   | That clever dog has managed to open the door by itself. | El listillo del perro ha conseguido abrir la puerta él solo. |

2. En inglés informal, también se pueden usar *this* y *these* para hablar de alguien o de algo que no se conoce o de lo que se habla por primera vez.

   | And suddenly this man shouted at me and said that we were disturbing him! | Y de repente el hombre me gritó y me dijo que lo estábamos molestando. |

> Recuerda la pronunciación de los demostrativos *this* /ðɪs/ y *these* /ðiːz/.

3.3. POSSESSIVE DETERMINERS (LOS DETERMINANTES POSESIVOS)

Al igual que en español, los determinantes posesivos se usan para indicar a quién pertenece algo. En inglés, los determinantes posesivos son:

	Singular	Plural
1ª persona	my	our
2ª persona	your	your
3ª persona	his her its	their

| When he found out his exam results, he collapsed. | Cuando supo del resultado de sus exámenes, se desmayó. |
| What they all have in common is their interest in foreign languages. | Lo que todos tienen en común es su interés por las lenguas extranjeras. |

Es importante tener en cuenta que en inglés el posesivo de tercera persona de singular varía según el sexo del poseedor, a diferencia del español que utiliza sólo 'su'.

Katie takes her dog for a walk in her neighbourhood.	Katie pasea a su perro por su barrio.
Jason finished his proyect before his holiday.	Jason terminó su proyecto antes de sus vacaciones.
The shark opened its mouth and showed its teeth.	El tiburón abrió la boca y enseñó los dientes.

> ⚠ A diferencia del español, en inglés cuando se habla de partes del cuerpo se usa el posesivo y no el artículo.
>
> Last week, my mother tripped and sprained <u>her</u> foot.
>
> La semana pasada mi madre tropezó y se torció el pie.
>
> Hay algunas excepciones a esta regla como, por ejemplo, cuando el determinante posesivo va precedido de una preposición. En estos casos, el determinante se sustituye por el artículo determinado.
>
> He got shot in <u>the head</u>, but he survived.
>
> Le dispararon en la cabeza, pero sobrevivió.

1. En ocasiones se puede añadir *own* a los determinantes posesivos para enfatizarlos.

    How dare you talk to me like this in <u>my own</u> house?

    ¿Cómo te atreves a hablarme así en mi propia casa?

3.4. INDEFINITE DETERMINERS, DISTRIBUTIVE AND QUANTIFIERS (LOS DETERMINANTES INDEFINIDOS, DISTRIBUTIVOS Y DE CANTIDAD)

Los determinantes indefinidos pueden ser distributivos o de cantidad. En inglés, ciertos determinantes indefinidos pueden aparecer como determinantes o como pronombres. Como pronombres hacen referencia a algo o alguien sobre lo que ya se ha hablado.

3.4.1. Indefinite distributive determiners (Los determinantes indefinidos distributivos)

Los determinantes indefinidos distributivos en inglés son *each*, *every*, *either*, *neither*, *another*, *other*.

1. *Each* y *every* significan 'cada'. *Each* hace referencia a personas o cosas separadas y *every* a cosas o personas vistas como un conjunto.

    You should judge <u>each</u> person on their own merits.

    Deberías juzgar a cada persona por sus propios méritos.

    She knows the names of <u>every</u> river in Spain.

    Ella sabe los nombres de cada uno de los ríos de España.

    • *Every* puede ir modificado por palabras como *almost* y *not*.

    <u>Almost every</u> animal in this zoo comes from Africa.

    Casi todos los animales del zoo vienen de África.

    <u>Not every</u> country is in need of educational reform.

    No todos los países necesitan una reforma educativa.

    • *Each* también puede funcionar como pronombre.

    The oranges cost 25 cents <u>each</u>.

    Las naranjas cuestan 25 céntimos cada una.

2. El determinante *either* puede tener el significado de 'cualquiera de los/las dos'. Si aparece dentro de un sintagma que funciona como sujeto, entonces el verbo va en singular.

Either person is ideal for the position.	Cualquiera de las dos personas es ideal para el puesto.
You can wear either dress.	Puedes ponerte cualquiera de los dos vestidos.

• *Either* también puede tener el significado de 'ni uno ni otro'.

Tea or coffee? Well, I don't like either very much.	¿Té o café? Bueno, no me gusta mucho ni lo uno ni lo otro.

• El determinante *neither* significa 'ninguno de los dos, ninguna de las dos'. Cuando *neither* forma parte del sujeto de la oración, el verbo suele ir en singular.

It was a war which neither side won.	Fue una guerra que ninguno de los dos bandos ganó.
Neither answer seems to be correct.	Ninguna de las dos respuestas parece ser correcta.

3. El determinante indefinido *another* significa 'otro, otra' y se utiliza con sustantivos en singular.

I stayed at her place for another fortnight.	Me quedé en su casa otros 15 días.
Could I have another glass of water, please?	¿Me podría tomar otro vaso de agua, por favor?
Please, do not shut down that computer; it is being used by another person.	Por favor, no apagues el ordenador; lo está usando otra persona.

• También se puede usar con sustantivos en plural si va seguido de un numeral o de la palabra *few*.

The doctors think he is going to miss another three matches due to injury.	Los médicos creen que se va a perder otros tres partidos a causa de su lesión.
You can stay in my house for another few weeks.	Te puedes quedar en mi casa unas cuantas semanas más.

• *Another* puede funcionar también como pronombre y en estos casos puede ir seguido de *one*.

I like this hat a lot. I think I will buy another (one) for my mother.	Me gusta mucho este sombrero. Creo que compraré otro para mi madre.
That ice-cream was delicious. Shall we have another (one)?	Ese helado estaba delicioso. ¿Tomamos otro?

4. El determinante *other* ('otros, otras') puede ser determinante o pronombre. Cuando funciona como determinante va seguido de un sustantivo en plural.

EL GRUPO NOMINAL 71

Do you speak <u>other</u> languages apart from German?	¿Hablas otras lenguas además de alemán?
Do you need <u>other</u> ingredients for the soup?	¿Necesitas otros ingredientes para la sopa?

• También puede ir seguido de un sustantivo en singular o plural cuando va precedido del artículo *the*.

You can buy <u>the other</u> dress.	Te puedes comprar el otro vestido.
You can buy <u>the other</u> dresses.	Te puedes comprar los otros vestidos.
Are <u>the other</u> shops closed, too?	¿Están también cerradas las otras tiendas?

• Como pronombre, *other* significa 'otro, otra' y se usa precedido principalmente de *any*.

Thanks, but I don't like this T-shirt. Have you got <u>any other</u> I can borrow?	Gracias, pero no me gusta esta camiseta. ¿Tienes otra que pueda coger prestada?

• *The other* ('el otro, la otra') y *the others* ('los otros, las otras') también pueden aparecer como pronombres.

- Would you like this pair of shoes? - No, I prefer <u>the other</u>.	- ¿Quieres este par de zapatos? - No, prefiero el otro.
Ask <u>the others</u> whether they are coming or not.	Pregúntale a los otros si van a venir o no.

3.4.2. Indefinite quantifiers (Los determinantes indefinidos de cantidad)

Existe un gran número de determinates indefinidos de cantidad en inglés. Algunos son: *all, both, some, any, little, much, many, much, several, enough, a lot of, lots of, plenty of, (a) few, (a) little, no*.

1. *All* significa 'todo, toda, todos, todas' y se utiliza para referirnos tanto a personas como a cosas.

I cannot say that <u>all</u> people are the same.	No puedo decir que todas las personas sean iguales.

• *All* también puede funcionar como pronombre. En los casos en los que funciona como aposición su colocación dentro de la oración depende del tipo de verbo. Cuando el verbo es un verbo léxico se coloca entre el sujeto y el verbo, mientras que cuando el verbo es un verbo auxiliar o modal, *all* se coloca detrás de éste.

We <u>all</u> enjoyed the performance.	Todos disfrutamos de la representación.
They <u>all</u> came to the park.	Todos vinieron al parque.
They can <u>all</u> speak English.	Todos saben hablar inglés.

2. *Both* significa 'ambos' y se coloca delante del sustantivo al que modifica.

Keep <u>both</u> hands up.	Mantenga ambas manos arriba.

| Both teachers were worried about the pupil's situation. | Ambos profesores estaban preocupados por la situación del alumno. |

• *Both* también se puede usar como pronombre.

| Both live in the outskirts of the city. | Ambos viven en las afueras de la ciudad. |
| Both were happy with the news. | Los dos estaban contentos con la noticia. |

• Como pronombre *both* puede aparecer como aposición y en estos casos, como ocurre con *all*, su colocación dentro de la oración depende del tipo de verbo. Cuando es un verbo léxico *all* se coloca entre el sujeto y el verbo, mientras que cuando el verbo es un verbo auxiliar o modal, *both* se coloca detrás de éste.

| We both live in Madrid. | Ambos vivimos en Madrid. |
| They are both sad. | Ambos están tristes. |

• Cuando detrás de *both* aparecen los pronombres *them* o *us*, hay que usar *of*.

| He liked both of them. | Le gustaron ambos. |

3. *Some* y *any* ('algo de, algunos, algunas') son determinantes que se usan para hablar de una cierta cantidad sin especificar el número. Se emplean con sustantivos incontables y contables en plural. *Some* se usa generalmente en frases afirmativas y *any* en frases negativas e interrogativas.

Some doctors recommend yearly check-ups after the age of 35.	Algunos médicos recomiendan revisiones médicas anuales después de los 35.
I have some knowledge of English and French.	Tengo algún conocimiento de inglés y francés.
Do you need any help with your homework?	¿Necesitas ayuda con tu tarea?
I haven't got any questions.	No tengo ninguna pregunta.

• Sin embargo, cuando hacemos una pregunta u ofrecemos algo y esperamos que la respuesta sea afirmativa, utilizamos *some*.

| Would you like some chocolate? | ¿Te apetece un poco de chocolate? |

• *Some* se puede utilizar también delante de números para indicar que no sabemos la cantidad exacta.

| There were some 80 guests at the wedding. | Había unos 80 invitados en la boda. |

• *Any* se puede usar en frases afirmativas con el sentido de 'cualquier, cualquiera'.

| Take any book you like. | Coge cualquier libro que te guste. |
| You can choose any DVD you would like to watch at home. | Elige cualquier DVD que te gustaría ver en casa. |

• *Some* también puede funcionar como pronombre.

How much milk do we have
in the fridge? I need some
to prepare the milkshake.

¿Cuánta leche tenemos
en la nevera? Necesito un poco
para preparar el batido.

- *Any* también se puede usar como pronombre.

There were a lot of nice dresses
at the shop, any of which would
be fine for the party.

Había muchos vestidos bonitos
en la tienda; cualquiera de ellos
me vendría bien para la fiesta.

Take any you like.

Coge cualquiera que te guste.

4. El determinante *little* ('poco') se utiliza con sustantivos incontables.

I have little hope
of passing the exam.

Tengo poca esperanza
de aprobar el examen.

There is little jam in the fridge.

Hay poca mermelada en el frigorífico.

5. El determinante *many* ('muchos, muchas') se usa con sustantivos contables en plural mientras que *much* ('mucho, mucha') se usa con sustantivos incontables.

I feel lucky because.
I have many friends.

Me siento afortunado por
tener muchos amigos.

I haven't got much time
to talk to you now.

No tengo mucho tiempo
para hablar contigo ahora.

I left my job because I wasn't
earning much money.

Dejé mi trabajo porque no estaba
ganando mucho dinero.

6. *Much* no se suele utilizar en oraciones afirmativas. En su lugar se emplea *a lot of*.

~~My uncle has got much money~~.

My uncle has got a lot of money.

Mi tío tiene mucho dinero.

> ⓘ Recuerda que *much* puede ir modificado por *very* en frases negativas pero no en frases afirmativas.
>
> ~~He paid very much attention to what the teacher was saying.~~
>
> He didn't pay very much attention
> to what the teacher was saying.
>
> No estaba prestando mucha atención
> a lo que decía el profesor.

7. El determinante *several* significa 'varios, varias' y se utiliza con sustantivos contables.

I saw her several times
while I was in Oxford.

La vi varias veces mientras
estuve en Oxford.

It took us several days
to get to Denmark by car.

Nos llevó varios días llegar
a Dinamarca en coche.

8. El determinante *enough* ('suficiente') se usa delante de sustantivos tanto contables en plural como incontables para decir que hay suficiente cantidad.

| There is <u>enough space</u> for you in the car. | Hay suficiente espacio para ti en el coche. |

9. *A lot of*, *lots of* y *plenty of* significan 'mucho, mucha, muchos, muchas'. Se pueden usar seguidos de sustantivos contables e incontables. Por lo general, se usan únicamente en oraciones afirmativas. El verbo concuerda con el sustantivo que sigue a *of*.

There is <u>a lot of</u> bread on the table.	Hay mucho pan en la mesa.
There are <u>a lot of</u> boats in the marina.	Hay muchos barcos en el puerto deportivo.
There were <u>lots of</u> people in the cinema today.	Había mucha gente en el cine hoy.
There is <u>lots of</u> fresh fruit in this market.	Hay mucha fruta fresca en este mercado.
There is <u>plenty of</u> food in the fridge.	Hay mucha comida en la nevera.
Freda has <u>plenty of</u> good friends.	Freda tiene muchos buenos amigos.

• *Plenty of* suele sustituirse por *enough* en las oraciones negativas e interrogativas.

There is <u>plenty of</u> meat for the barbecue.	Hay carne de sobra para la barbacoa.
Is there <u>enough</u> meat for the barbecue?	¿Hay suficiente carne para la barbacoa?
There isn't <u>enough</u> meat for the barbecue.	No hay suficiente carne para la barbacoa.

• (*A*) *few* se utiliza con sustantivos contables en plural, mientras que (*a*) *little* se usa con sustantivos incontables.

| There is <u>a little</u> water left. | Queda un poco de agua. |
| There were <u>a few</u> beautiful paintings in the exhibition. | Había algunos cuadros bonitos en la exposición. |

• Los adjetivos *a little* ('un poco') y *a few* ('unos pocos, unas pocas') tienen un significado positivo, mientras que *little* ('poco, poca') y *few* ('pocos, pocas') tienen un significado más negativo.

| There is <u>little</u> water left. | Queda poca agua. |
| There were <u>few</u> beautiful paintings in the exhibition. | Había pocos cuadros bonitos en la exposición. |

• (*A*) *few* puede ir premodificado con palabras como *quite* o *very*.

| <u>Quite a few</u> people attended the concert. | Bastantes personas asistieron al concierto. |
| <u>Very few</u> European teams have won the final. | Muy pocos equipos europeos han ganado la final. |

• (*A*) *few* y (*a*) *little* pueden funcionar también como pronombres.

| Many friends were invited to the party, but <u>few</u> went. | Muchos amigos estaban invitados a la fiesta, pero pocos fueron. |
| We can leave now. There is very <u>little</u> to do here. | Podemos irnos ahora. Hay muy poco que hacer aquí. |

10. *No* se emplea como determinante con el significado de 'ningún, ninguna, ningunos, ningunas'.

| <u>No</u> help was needed. | No hizo falta ninguna ayuda. |
| There is <u>no</u> orange juice left. | No queda zumo de naranja. |

• Detrás del determinante *no* se puede usar un sustantivo tanto en singular como en plural, aunque la forma en singular es más formal.

There are <u>no buses</u> to take us to that little village. (más informal)

| There is <u>no bus</u> to take us to that little village. (más formal) | No hay ningún autobús que nos lleve a ese pueblecito. |

11. Otros determinantes de cantidad son:

- *A large/small number of* ('un gran/pequeño número de')

| <u>A large number of</u> people attend the FIFA World Cup final. | Un gran número de personas asiste a la final de la Copa del Mundo de fútbol. |

- *A large/small quantity of* ('una cantidad grande/pequeña de')

| <u>Large quantities of</u> fuel were dumped in the Gulf of Mexico. | Grandes cantidades de petróleo fueron vertidas en el Golfo de México. |

- *A great deal of* ('una gran cantidad de')

| We wasted <u>a great deal of</u> time arguing. | Perdimos mucho tiempo discutiendo. |

- *The majority of* ('la mayoría de')

| In Africa, <u>the majority of</u> the population is starving. | En África la mayoría de la población se está muriendo de hambre. |

- *The rest of* ('el resto de')

| I think I will take <u>the rest of</u> the month off. | Creo que me tomaré el resto del mes de vacaciones. |

- *The whole of* ('la totalidad de')

| I spent <u>the whole of</u> Saturday studying for the Maths exam. | Me pasé todo el sábado estudiando para el examen de matemáticas. |

- *A load of/loads of* ('un montón de/montones de')

| She usually wears <u>loads of</u> makeup. | Suele llevar un kilo de maquillaje. |

- *A mass of /masses of* ('un montón de/montones de')

The beach was just a mass of stones.	La playa no era más que un montón de piedras.

- *Tons of* ('toneladas de')

My friend has tons of pairs of shoes.	Mi amiga tiene toneladas de zapatos.

3.5. NUMERALS (LOS NUMERALES)

Los numerales funcionan como determinantes cuando acompañan a un sustantivo para indicar la cantidad exacta de algo.

I have only two questions to ask you.	Sólo tengo dos preguntas que hacerte.

Existen distintos tipos de determinantes numerales:

a Números cardinales

b Números ordinales

c Multiplicativos

d Fracciones

3.5.1. Cardinal numbers (Los números cardinales)

Los números cardinales son: *one, two, three, four, five*, etc. (véase el Apéndice I, página 303).

That language family can be divided into four branches.	Esa familia de lenguas puede dividirse en cuatro ramas.
Cost of reconstruction was over three thousand euros.	El coste de la reconstrucción ascendió a más de tres mil euros.

1. Es necesario usar *a* o *one* u otro número delante de *hundred*, *thousand* y *million*.

He has just won a platinum disc for sales exceeding two million copies of his single *Alive*.	Acaba de ganar un disco de platino por las ventas de más de dos millones de copias de su single *Alive*.

2. Sin embargo, sólo se puede usar *one* en mitad de un número.

Two thousand, one hundred and forty.	Dos mil ciento cuarenta.

3. No se usa el plural con *hundred*, *thousand* y *million*, excepto cuando se emplean como cantidades imprecisas.

It's been a hundred years since the poet died.	Han pasado cien años desde la muerte del poeta.
Hundreds of thousands of people watched the match.	Cientos de miles de personas vieron el partido.

3.5.2. Ordinal numbers (Los números ordinales)

Los números ordinales son *first*, *second*, *third*, etc. (véase el Apéndice I, página 303). Se utilizan para mostrar la posición de algo o alguien dentro de un orden.

I met my boyfriend when I was in my third year at university.	Conocí a mi novio cuando estaba en mi tercer año de la universidad.
The second year of his university course was the most difficult.	El segundo año de su carrera universitaria fue el más difícil.

1. Los números ordinales se forman añadiendo *-th* a los números cardinales (*sixth*, *seventh*, *fourteenth*, *hundredth*, etc.).

This is the seventh in a series of articles analysing problems in higher education and their possible solutions.	Este es el séptimo de una serie de artículos que analizan los problemas en la educación superior y sus posibles soluciones.

2. Existen algunas excepciones como *first* (*one*), *second* (*two*), *third* (*three*), *fifth* (*five*), *eighth* (*eight*), *ninth* (*nine*), *twelfth* (*twelve*), y los números compuestos de éstos, como, *twenty-first*, *thirty-eighth*, *sixty-ninth*, etc.

The European governments call for third world aid.	Los gobiernos europeos hacen un llamamiento a la ayuda al tercer mundo.
The earliest inscriptions date from the second century AD.	Las inscripciones más tempranas datan del siglo II d.C.

3. Los números ordinales se pueden abreviar usando el número seguido de las dos últimas letras del mismo (*first* - 1st, *second* - 2nd, *third* - 3rd, *twentieth* - 20th, etc.).

We celebrate our wedding anniversary on August 4th.	Celebramos nuestro aniversario de boda el 4 de agosto.

4. Cuando un número cardinal se usa junto a otro ordinal, el ordinal se coloca delante.

The first two chapters of the PhD thesis are mainly concerned with the birth of linguistics.	Los dos primeros capítulos de la tesis doctoral tienen que ver principalmente con el nacimiento de la lingüística.

5. Los números ordinales se usan en inglés para expresar los días del mes. En inglés británico, se puede colocar el numeral delante del mes o al revés: *May the second* o *the second of May*. Sin embargo, en inglés americano es más común decir *May the second*.

   I was born on June the third.

I was born on the third of June.	Nací el tres de junio.

> Fíjate en la frase anterior y recuerda que en inglés se usa la preposición *on* delante del número ordinal y del mes.

78 EL GRUPO NOMINAL

3.5.3. Multiplicatives (Los multiplicativos)

Los multiplicativos se usan para decir en términos numéricos que algo es mayor que aquello con lo que se está comparando. A excepción de *twice* ('dos veces'), se forman añadiendo la palabra *times* ('veces') a un número (*three times*, *four times*, *twenty times*, etc.).

In this zoo the tigers are fed <u>three times</u> a day with fresh meat.	En este zoo los tigres son alimentados tres veces al día con carne fresca.
I've seen this movie <u>twice</u>.	He visto esta película dos veces.

> ❗ Recuerda que la palabra *thrice* ('tres veces') es arcaica y se suele sustituir por *three times*.
>
> He travelled to London <u>thrice</u> this year.
>
> He travelled to London <u>three times</u> this year.   Viajó a Londres tres veces este año.

3.5.4. Fractions (Las fracciones)

Las fracciones, al igual que en español, se usan para expresar un número inferior a uno o una parte de algo. Van precedidos del artículo indeterminado o de un número cardinal.

Almost <u>a third of</u> the population was evacuated due to the volcano eruption.	Casi un tercio de la población se evacuó a causa de la erupción del volcán.
They are saving <u>one third</u> of their earnings each month to buy a new house.	Están ahorrando un tercio de su sueldo cada mes para comprar una casa nueva.

4. ADJECTIVES (LOS ADJETIVOS)

El adjetivo es una clase de palabras que modifica al sustantivo y que lo determina o califica (*new house*, *old people*, *beautiful landscape*, *dirty clothes*, etc.).

I like to wear <u>bright</u> colours.	Me gusta ponerme colores vivos.
A <u>stressful</u> lifestyle can lead to health problems.	Un estilo de vida estresante puede causar problemas de salud.

En inglés, a diferencia del español, los adjetivos son invariables en género y número (*a tall boy*, *a tall girl*, *tall boys*, *tall girls*).

A <u>tall man</u> was staring at her.	Un hombre alto la estaba mirando fijamente.
A <u>tall woman</u> was staring at her.	Una mujer alta la estaba mirando fijamente.

Two tall men were staring at her.	Dos hombres altos la estaban mirando fijamente.
Two tall women were staring at her.	Dos mujeres altas la estaban mirando fijamente.

4.1. USE (USO)

Los adjetivos pueden ir dentro de un grupo nominal en función atributiva. En este caso, se colocan siempre delante del sustantivo.

I don't like classical music, but I have to admit that he is a brilliant pianist.	No me gusta la música clásica, pero debo reconocer que es un pianista brillante.

> **!** Un error muy común entre hispanohablantes es colocar el adjetivo detrás del sustantivo (*a house new*, *the clothes dirty*, etc.)

1. Si hay más de un adjetivo en función atributiva, éstos pueden ir unidos por comas o por la conjunción *and*.

Louise has a beautiful, expressive face.	
Louise has a beautiful and expressive face.	Louise tiene una cara bonita y expresiva.

2. También pueden ir unidos sin coma. En estos casos los adjetivos se colocan en un orden concreto. La regla general es:

a Adjetivos que indican opinión como *beautiful*, *ugly*, etc.

b Adjetivos que indican tamaño como *big*, *large*, *narrow*, *wide*, etc.

c Adjetivos que indican peso como *light*, *heavy*, etc.

d Participios como *bored*, *boring*, *exciting*, *interesting*, etc.

e Adjetivos que hacen referencia a temperatura como *cold*, *hot*, *warm*, etc.

f Adjetivos que hacen referencia a la edad como *new*, *old*, *ten-year-old*, *young*, etc.

g Adjetivos que indican forma como *round*, *square*, etc.

h Adjetivos que indican color como *green*, *yellow*, *white*, etc.

i Adjetivos que hacen referencia al material como *metal*, *wooden*, etc.

j Nacionalidades como *British*, *French*, etc.

k Adjetivos que indican finalidad como *bathing suit*, *cooling lotion*, etc.

Opinión	beautiful	ugly			
Tamaño	big				
Peso		heavy			
Participio					boring
Temperatura			warm		
Edad		old			
Forma		square			
Color				pale	brown
Material	china				
Nacionalidad				Scottish	French
Finalidad			relaxing		
Sustantivo	teapot	table	infusion	whisky	play

I have just visited the exhibition, where I saw a beautiful big 900-year-old silver Viking sword.

Acabo de visitar la exposición donde vi una bonita espada vikinga grande, de plata y de 900 años de antigüedad.

3. En algunas ocasiones los adjetivos calificativos también se pueden colocar detrás del sustantivo.

3.1 Con algunas expresiones hechas (*from time immemorial, court martial, prince consort, poet laureate, attorney general, sum total, notary public*).

The court martial found him guilty of manslaughter.

El tribunal militar lo encontró culpable de homicidio.

3.2. Cuando acompaña a los distintos compuestos de *thing, one* y *body* (*something old, somebody tall*, etc.).

You learn something new every day.

Se aprende algo nuevo todos los días.

3.3 Cuando el adjetivo va poscomplementado, por ejemplo, por una frase preposicional.

He is perhaps the only person capable of providing the leadership the country needs.

Él es quizás la única persona capaz de proporcionar el liderazgo que el país necesita.

3.4. Los adjetivos que se forman con el sufijo *-able* o *-ible* y que van acompañados de otro adjetivo en grado superlativo pueden ir delante o detrás del sustantivo.

Unfortunately, Tara had the worst possible start to her new job.

Unfortunately, Tara had the worst start possible to her new job.

Desafortunadamente, Tara tuvo el peor comienzo posible en su nuevo trabajo.

EL GRUPO NOMINAL

3.5. En las preguntas el adjetivo se coloca detrás del sustantivo o detrás del sujeto si aparece en función predicativa.

Is your book <u>interesting</u>?   ¿Es interesante tu libro?

Are you <u>happy</u>?   ¿Eres/estás feliz?

4 Algunos adjetivos sólo se pueden usar en función de atributo, por ejemplo:

atomic	existing	latter	outdoor
adoring	fateful	lesser	outer
commanding	forensic	lone	punishing
countless	former	maximum	scant
digital	inner	neighbouring	smokeless
east	joining	north	thankless
eventual	judicial	occasional	upper

<u>Forensic</u> Linguistics is a field of Applied Linguistics.   La Lingüística Forense es un campo de la Lingüística Aplicada.

The United Nations Security Council has the primary responsibility for security in <u>former</u> Yugoslavia.   El Consejo de Seguridad de las Naciones Unidas es el principal responsable de la seguridad en la ex Yugoslavia.

5. Hay adjetivos que no se pueden usar con función atributiva como, por ejemplo, *afraid, alike, alone, awake*. Por tanto, no se puede decir *He is an afraid person*; *They are awake people*; *I am an alive person*; *She is an alone person*; etc. Sí se puede decir, sin embargo, *He is afraid*. ('Está asustado.'); *They're very alike*. ('Se parecen mucho.'); *She is alone*. ('Está sola.'); *They are awake*. ('Están despiertos.').

Otros adjetivos que no se pueden usar con función atributiva son:

accustomed	aware	fond	ready	sorry
alive	close	glad	related	susceptible
allergic	content	ill	reminiscent	sure
alone	devoid	integral	representative	unable
apart	devoted	likely	safe	unlikely
asleep	due	prone	similar	well

6. Muchos adjetivos también se pueden usar en función predicativa **detrás** de verbos como *be, become, fall, feel, grow, look, prove, seem, sound, smell, taste* o *turn*.

If you swim every day, your legs will <u>become stronger</u>.   Si nadas todos los días, tus piernas se fortalecerán.

'That <u>is</u> very <u>sad</u>,' I said.   'Eso es muy triste,' dije.

The heat made me <u>feel dizzy</u>.   El calor me hizo sentirme mareado.

You can make the meat <u>taste bitter</u> by dipping it in vinegar.   Puedes hacer que la carne sepa amarga metiéndola en vinagre.

6.1. Algunos adjetivos sólo se pueden usar en función predicativa, por ejemplo, *afraid, alike, alive, alone, asleep, awake, aware, content* (véase el apartado 3.5., página 82).

	Her brothers are twins and they look so alike I can't tell which is which.	Sus hermanos son gemelos y se parecen tanto que no sé distinguir cuál es cuál.
	I would be content to see my parents in good health.	Estaría contento con ver a mis padres con buena salud.

6.2. En algunas ocasiones los adjetivos pueden funcionar como complemento del objeto directo haciendo referencia a la acción del verbo. En estos casos, el adjetivo se coloca **detrás** del sustantivo o pronombre.

Do I make myself clear?	¿Me explico?
The doctors considered Fred insane.	Los médicos consideraron a Fred loco.

7. Algunos adjetivos se usan como adjetivos sustantivados.

a Con sentido genérico, como por ejemplo, *the poor* ('los pobres'), *the rich* ('los ricos'), *the wealthy* ('los adinerados'), etc.

According to a recent report, the income gap between the rich and the poor in South America is one of the largest in the world.	Según un informe reciente, la diferencia de los ingresos entre ricos y pobres en Sudamérica es una de las mayores del mundo.

b Con significado neutro en singular, por ejemplo, *the unreal* ('lo irreal'), *the unknown* ('lo desconocido'), etc. Este uso es poco frecuente en inglés.

Overcoming the fear of the unknown is a challenge, but it can be done.	Vencer el miedo a lo desconocido es un reto, pero se puede lograr.

4.2. TYPES OF ADJECTIVES (TIPOS DE ADJETIVOS)

En inglés, existen dos tipos principales de adjetivos: los adjetivos calificativos (*qualifying adjectives*) y los adjetivos clasificativos (*classifying adjectives*).

4.2.1. Qualifying adjectives (Los adjetivos calificativos)

Los adjetivos calificativos identifican una cualidad que alguien o algo tiene como, por ejemplo, *beautiful, happy, sad*, etc.

Everyone knows we are a happy couple!	¡Todos saben que somos una pareja feliz!
She always felt sad at the end of the summer.	Siempre se sentía triste al final del verano.

Otros adjetivos calificativos son:

active	cool	happy	patient	sure
angry	curious	hard	poor	tall
appropriate	dangerous	heavy	pretty	terrible
attractive	dark	high	quick	thick
bad	deep	hot	quite	thin
beautiful	different	important	rich	tired
big	difficult	interesting	sad	useful
brief	dirty	kind	safe	violent
bright	dry	late	serious	warm
broad	easy	light	short	weak
busy	efficient	long	sick	wet
calm	expensive	loud	silly	wide
careful	familiar	lucky	slow	wild
cheap	famous	narrow	small	worried
clean	fat	nervous	soft	young
clear	free	new	strange	
close	friendly	nice	strong	
cold	funny	old	stupid	
comfortable	good	pale	successful	

1. Para denotar el grado de intensidad de una cualidad expresada por el adjetivo podemos usar adverbios como:

amazingly	extremely	horribly	remarkably	rather
dangerously	fantastically	impossibly	seriously	slightly
deeply	greatly	incredibly	surprisingly	reasonably
disturbingly	heavily	notably	terribly	quite
especially	highly	particularly	very	pretty
extraordinarily	hopelessly	really	wonderfully	fairly

The situation is <u>very dangerous</u>, isn't it?

La situación es muy peligrosa, ¿verdad?

Doctors are using <u>remarkably successful</u> therapies to treat cancer.

Los médicos están usando terapias notablemente exitosas para tratar el cáncer.

I think this guy is <u>extraordinarily funny</u>, don't you agree?

Creo que este chico es extraordinariamente gracioso, ¿no crees?

My friends were <u>extremely lucky</u> to have caught their flight.

Mis amigos fueron extremadamente afortunados por haber cogido el vuelo.

2. Los adjetivos calificativos también se pueden usar en grado comparativo y superlativo (véase el apartado 4.3., página 86).

4.2.2. Classifying adjectives (Los adjetivos clasificativos)

Los adjetivos clasificativos se utilizan para identificar a qué clase pertenece algo o alguien. Algunos adjetivos clasificativos son:

absolute	democratic	golden	official	rural
active	direct	human	open	scientific
actual	domestic	independent	original	sexual
agricultural	double	industrial	physical	social
annual	eastern	intellectual	political	south
available	economic	legal	possible	standard
basic	educational	magic	private	sufficient
central	empty	male	public	theoretical
chemical	female	mental	real	traditional
civil	foreign	national	religious	western
communist	free	negative	right	wooden
conservative	full	north	royal	wrong

Barajas Airport handles more than 100,000 <u>domestic</u> flights a year.

El Aeropuerto de Barajas gestiona más de 100.000 vuelos nacionales al año.

Time will tell if Peter is <u>right</u> or <u>wrong</u> on that matter.

El tiempo nos dirá si Peter tiene o no razón en ese asunto.

1. Los adjetivos clasificativos no suelen tener comparativos ni superlativos ni suelen ir acompañados de los premodificadores *very* o *rather*. No se suele decir, por tanto, ~~more available~~, ~~more full~~, ~~more possible~~.

2. Algunos adjetivos pueden ser tanto calificativos como clasificativos, dependiendo del significado que queramos transmitir. Por ejemplo, en la frase *In this job they will be required to analyse scientific data.* ('En este trabajo se les exigirá que analicen datos científicos.'), el adjetivo *scientific* es clasificativo, mientras que en la frase *Runology has become a more scientific discipline in recent decades.* ('La runología se ha convertido en una disciplina más científica en las últimas décadas.') el adjetivo *scientific* es de cantidad.

Algunos adjetivos que se pueden usar como cualitativos o como clasificativos son:

academic	effective	moral	revolutionary
conscious	emotional	objective	rural
dry	extreme	ordinary	secret
educational	modern	religious	similar

This technique is very <u>effective</u> for combating stress.

Esta técnica es muy efectiva para combatir el estrés.

4.2.3. Colour adjectives (Los adjetivos de color)

También existen adjetivos de color como:

almond	black	fuchsia	lilac	pink	salmon
amber	blue	green	olive	platinum	violet
apricot	brown	grey	orange	purple	white
beige	cream	lemon	pearl	red	yellow

My skin has got an <u>olive</u> tone.

Mi piel tiene un tono aceituna.

She looked beautiful
in her <u>fuchsia</u> sweater.

Estaba guapa
con su jersey fucsia.

1. Si queremos especificar un color de forma más precisa, se pueden usar premodificadores como *light*, *pale*, *dark*, *deep*, *bright* (*pale blue*, *light appricot*, etc.).

    The leaves of that tree are <u>pale green</u>
    at the base and <u>emerald green</u>
    at the tips.

    Las hojas de este árbol son de un verde pálido en la base y de un verde esmeralda en las puntas.

2. Para indicar un color que no tiene un nombre específico añadimos el sufijo *-ish* al adjetivo, por ejemplo, *greenish* ('verdoso'), *yellowish* ('amarillento'), *blueish* ('azulado'), etc.

    Her eyes are <u>greyish</u>-blue.

    Sus ojos son de un azul grisáceo.

4.2.4. Emphasising adjectives (Los adjetivos enfáticos)

También existen los adjetivos enfáticos. En inglés, para enfatizar nuestra sensación de alguna cualidad podemos usar adjetivos como *absolute*, *complete*, *perfect*, *pure*, *real*, *total* o *true* delante del adjetivo.

He is a <u>perfect</u> idiot.

Es un perfecto idiota.

You are a <u>real</u> gentleman.

Eres un auténtico caballero.

4.3. ADJECTIVES: COMPARATIVE AND SUPERLATIVE FORM (LOS ADJETIVOS: FORMA COMPARATIVA Y SUPERLATIVA)

En inglés, igual que en español, cuando queremos comparar dos o más cosas o personas podemos usar el adjetivo en grado comparativo o superlativo. Existen tres tipos de comparativos en inglés, el comparativo de igualdad, el comparativo de inferioridad y el comparativo de superioridad.

4.3.1. Comparative of equality (El comparativo de igualdad)

Cuando queremos decir que algo o alguien es igual o similar a otra persona o cosa, usamos el comparativo de igualdad.

4.3.1.1. Form (Forma)

El comparativo de igualdad se forma en inglés con *as* + adjetivo + *as* para las oraciones afirmativas.

My grandfather was <u>as strong as</u> a horse.

Mi abuelo era tan fuerte como un caballo.

She is <u>as intelligent as</u> her father was.

Es tan inteligente como lo era su padre.

Para las oraciones negativas se usa *not as* + adjetivo + *as*.

The information is <u>not as straightforward as</u> it may seem.	La información no es tan sencilla como parece.
'I am <u>not as young as</u> I used to be,' he said.	'No soy tan joven como antes,' dijo él.

4.3.1.2 Use (Uso)

1. Detrás del comparativo de igualdad se puede usar:

    a un sintagma nominal

My dog is as big as <u>a horse</u>!	¡Mi perro es tan grande como un caballo!

    b una frase

He is not as tall as <u>I thought</u>.	Él no es tan alto como pensaba.

2. Si lo que va detrás es un pronombre, éste puede ir:

    a en caso nominativo

She is as quiet <u>as he</u>.	Es tan callada como él.

    b en caso objeto

She is as quiet <u>as him</u>.	Es tan callada como él.

    c en caso nominativo seguido de un verbo auxiliar

She is as quiet <u>as he is</u>.	Es tan callada como él.

    d Cuando *as* va seguido de un pronombre que funciona como sujeto de una frase, entonces éste debe ser un pronombre sujeto.

Susan was not <u>as intelligent as she</u> appeared to be.	Susan no era tan inteligente como parecía.

3. Podemos usar expresiones como *twice*, *three times*, *four times*, *a hundred times*, *half*, etc. delante de un comparativo de igualdad para indicar que algo o alguien tiene mucho más o mucho menos de una cualidad que otra persona o cosa.

Without your help, this would be <u>10 times as difficult as</u> it is.	Sin tu ayuda, esto sería 10 veces más difícil de lo que es.

4. Se pueden usar algunos premodificadores como *just*, *quite*, *nearly*, *almost* para modificar la comparación.

Women doctors are <u>just as good as</u> men doctors.	Las doctoras son tan buenas como los doctores.
He was <u>almost as hard-working as</u> Peter.	Él era casi tan trabajador como Peter.

5. En ocasiones se puede colocar un sustantivo precedido por el artículo indeterminado *a/an* detrás del adjetivo.

I haven't always been <u>as good a friend as</u> I should have been.	No siempre he sido tan buena amiga como debiera.
I'm in just <u>as good a shape as</u> I have always been.	Me encuentro en el mismo buen estado físico en el que he estado siempre.

6. En lugar de la estructura *as* + adjetivo + *as*, se pueden usar expresiones como *the size of*, *the length of*, *the height of*, etc.

The meteorite was <u>the size of</u> a small rock.	El meteorito tenía el tamaño de una roca pequeña.
The World Expo in Shanghai is <u>twice the size of</u> Monaco.	La Expo Universal de Shangai es dos veces mayor que Mónaco.
This palm tree is over <u>twice the height of</u> the average palm tree.	Esta palmera es el doble de alta de lo normal.

7. En inglés, existen, además, otras formas de comparar cosas y personas.

7.1. Like

Cuando algo o alguien tiene cualidades similares a otra cosa o persona, en lugar de usar el comparativo de igualdad (*as ... as*) se puede usar *like* con verbos como *be*, *feel*, *look*, *seem*, *smell*, *sound*, *taste*, etc.

She <u>looked like</u> a professional.	Ella parecía una profesional.
It <u>sounded like</u> a fantastic idea.	Parecía una idea fantástica.
Sometimes I <u>feel like</u> a stranger in this place.	Algunas veces me siento como un extraño en este lugar.

Se pueden usar premodificadores como *just*, *exactly* delante de *like*.

He looks <u>exactly like</u> an actor.	Se parece a un actor.
I feel <u>just like</u> a child.	Me siento igual que un niño.

7.2. The same as

Si queremos decir que algo es igual a otra cosa podemos utilizar la expresión *the same as*.

The prices in China are <u>the same as</u> in Korea.	Los precios en China son los mismos que en Corea.

The same as puede ir seguido de un sintagma nominal (a), un pronombre (b) o una frase (c).

a My friends say I look <u>the same as my sister</u>.	Mis amigas dicen que me parezco a mi hermana.
b He has <u>the same car as you</u>.	Tiene el mismo coche que tú.
c The procedure in the study carried out in Germany was <u>the same as that employed in the US</u>, with the exception of phase three.	El procedimiento en el estudio llevado a cabo en Alemania fue el mismo que el usado en EE.UU., con la excepción de la fase tres.

También se pueden usar algunos premodificadores junto con *the same as* como, por ejemplo, *exactly, just, much, nearly, virtually*.

| He said that I look just the same as my father. | Me dijo que me parecía muchísimo a mi padre. |

4.3.2. Comparative of inferiority (El comparativo de inferioridad)

Cuando queremos decir que algo o alguien tiene una cualidad inferior a la de otra persona o cosa usamos el comparativo de inferioridad.

4.3.2.1. Form (Forma)

El comparativo de inferioridad se forma en inglés con la partícula *less* + adjetivo + *than*.

| Michael was less dramatic about the exam than his brother. | Michael fue menos dramático sobre el examen que su hermano. |

| In some countries, political power is less important than religious power. | En algunos países el poder político es menos importante que el poder religioso. |

| Unfortunately, I am less optimistic than you. | Desafortunadamente, soy menos optimista que tú. |

4.3.3. Comparative of superiority and superlative (El comparativo de superioridad y el superlativo)

Cuando queremos expresar que la cualidad de algo o alguien es superior a la de otra persona o cosa usamos el comparativo de superioridad, y cuando queremos expresar que algo o alguien tiene una cualidad en su más alto grado, entonces se usa el grado superlativo.

| About 2.5 million people make the annual Hajj to Mecca, Saudi Arabia which is one of the most popular pilgrimages in the world. | Unos 2.5 millones de personas hacen el Hajj anual a la Meca en Arabia Saudí, que es una de las peregrinaciones más populares en todo el mundo. |

4.3.3.1. Form (Forma)

En inglés, existen dos formas de construir el comparativo de superioridad y el superlativo.

a Se añade el sufijo *-er* al adjetivo + *than* para el comparativo y *the* + adjetivo + *-est* para el superlativo.

| Costa Rican coffee tends to be sweeter in flavour than Colombian coffee. | El café costarricense tiende a ser de sabor más dulce que el café colombiano. |

| Colombian coffee is the strongest in flavour. | El café colombiano es el más fuerte de sabor. |

Los adjetivos que construyen los grados comparativo y superlativo de este modo son los siguientes:

EL GRUPO NOMINAL 89

• Adjetivos monosílabos.

Adjetivo	Comparativo	Superlativo
bright	brighter	brightest
clear	clearer	clearest
dark	darker	darkest
fast	faster	fastest
long	longer	longest
new	newer	newest
old	older	oldest
tall	taller	tallest
sharp	sharper	sharpest
short	shorter	shortest
young	younger	youngest

His sister is 3,5 years younger than him.   Su hermana es 3,5 más joven que él.

The newest building in the city centre was built in 1940.   El edificio más nuevo en el centro de la ciudad se construyó en 1940.

• Algunos adjetivos monosílabos tienden a formar el grado comparativo con *more ... than* y el superlativo con *most*.

Adjetivo	Comparativo	Superlativo
real	more real	most real
right	more right	most right
wrong	more wrong	most wrong

It is strange, but the painting seems more real than the photograph.   Es extraño, pero el cuadro parece más real que la fotografía.

• Los adjetivos de dos sílabas que terminan en *-er, -le, -ow* o *-y*.

Adjetivo	Comparativo	Superlativo
clever	cleverer	cleverest
crazy	crazier	craziest
dirty	dirtier	dirtiest
idle	idler	idlest
easy	easier	easiest
gentle	gentler	gentlest
happy	happier	happiest
narrow	narrower	narrowest
heavy	heavier	heaviest
noisy	noisier	noisiest
pretty	prettier	prettiest
tender	tenderer	tenderest
humble	humbler	humblest
shallow	shallower	shallowest
friendly	friendlier	friendliest
simple	simpler	simplest

Harry's dog is <u>noisier than</u> usual!	El perro de Harry está más ruidoso de lo normal.
My grandmother thinks Jim is <u>the noisiest</u> of all her grandchildren.	Mi abuela cree que Jim es el más ruidoso de todos sus nietos.

• Algunos adjetivos bisílabos tienen también la forma con *more … than* en comparativo y la forma con *most* en superlativo.

Adjetivo	Comparativo	Superlativo
clever	cleverer/more clever	cleverest/most clever
common	commoner/more common	commonest/most common
friendly	friendlier/more friendly	friendliest/most friendly
handsome	handsomer/more handsome	handsomest/most handsome
likely	likelier/more likely	likeliest/most likely
pleasant	pleasanter/more pleasant	pleasantest/most pleasant
polite	politer/more polite	politest/most polite
profound	profounder/more profound	profoundest/most profound
quiet	quieter/more quiet	quietest/most quiet
simple	simpler/more simple	simplest/most simple
sincere	sincerer/more sincere	sincerest/most sincere
sure	surer/more sure	surest/most surer

The company has created a new version of the web browser with a <u>more simple/simpler</u> design.	La compañía ha creado una nueva versión del navegador web con un diseño más sencillo.
Here's a recipe for <u>the most simple/simplest</u> bread in terms of ingredients.	Aquí tienes una receta para el pan más sencilla en cuanto a ingredientes.

• Sin embargo, algunos adjetivos bisílabos sólo pueden construir el comparativo con *more … than* y el superlativo con *most*.

Adjetivo	Comparativo	Superlativo
eager	more eager	most eager
fragile	more fragile	most fragile
proper	more proper	most proper
subtle	more subtle	most subtle

She was sick and appeared <u>more fragile</u> than usual.	Estaba enferma y parecía más frágil que de costumbre.
What is <u>the most fragile</u> bone in the human body?	¿Cuál es el hueso más frágil en el cuerpo humano?

1. Hay que tener en cuenta las siguientes reglas ortográficas a la hora de añadir los sufijos *-er* y *-est*.

• Los adjetivos terminados en *-e* añaden únicamente *-r*.

EL GRUPO NOMINAL 91

Adjetivo	Comparativo	Superlativo
brave	braver	bravest
fine	finer	finest
nice	nicer	nicest
noble	nobler	noblest
ripe	riper	ripest

If you want to make banana muffins, you need to buy riper bananas.

Si quieres hacer magdalenas de plátano, necesitas comprar plátanos más maduros.

We need to pick the ripest apples on the tree.

Necesitamos coger las manzanas más maduras del árbol.

• Los adjetivos terminados en *-y* precedida de consonante cambian *-y* por *-i*.

Adjetivo	Comparativo	Superlativo
angry	angrier	angriest
dry	drier	driest
easy	easier	easiest
happy	happier	happiest

Skin becomes drier as we grow older.

La piel se vuelve más seca al hacernos mayores.

July and August are the driest months in the South of Spain.

Julio y agosto son los meses más secos en el sur de España.

Algunas excepciones a esta regla son los adjetivos *sly* y *spry*.

Adjetivo	Comparativo	Superlativo
sly	slyer	slyest
spry	spryer	spryest

He is now spryer than when he was 50.

Está más ágil ahora que cuando tenía 50 años.

My grandfather is the spryest 90-year-old man I have ever met.

Mi abuelo es el hombre de 90 años más activo que he conocido nunca.

Algunos adjetivos tienen las dos formas.

Adjetivo	Comparativo	Superlativo
shy	shier/shyer	shiest/shyest
wry	wrier/wryer	wriest/wryest

When I finally met her, I realized that she was shier/shyer than I had thought.

Cuando finalmente la conocí, me dí cuenta de que era más tímida de lo que pensaba.

He is one of the shiest/shyest people I've ever known.

Él es una de las personas más tímidas que he conocido nunca.

• Los adjetivos que terminan en una sola consonante precedida de vocal doblan la consonante final.

Adjetivo	Comparativo	Superlativo
big	bigger	biggest
flat	flatter	flattest
hot	hotter	hottest
sad	sadder	saddest
slim	slimmer	slimmest
thin	thinner	thinner
wet	wetter	wettest

In general, the north-west of Spain is wetter than the north-east.	En general, el noroeste de España es más húmedo que el noreste.
This must have been the wettest winter on record.	Éste debe de haber sido el invierno más lluvioso registrado.

b La otra forma de construir el comparativo y el superlativo en inglés es colocando la palabra *more* delante del adjetivo (*more* + adjetivo + *than*) para el comparativo y *the most* + adjetivo para el superlativo.

She is more generous with people she doesn't know than with her own friends.	Ella es más generosa con gente a la que no conoce que con sus propias amigas.
My brother is one of the most generous people in my family.	Mi hermano es una de las personas más generosas en mi familia.

Los adjetivos que construyen los grados comparativo y superlativo de esta forma son principalmente los adjetivos polisílabos, es decir, de más de dos sílabas.

Adjetivo	Comparativo	Superlativo
beautiful	more beautiful	most beautiful
dangerous	more dangerous	most dangerous
elegant	more elegant	most elegant
expensive	more expensive	most expensive
generous	more generous	most generous
intelligent	more intelligent	most intelligent
interesting	more interesting	most interesting

También usan esta estructura otros adjetivos bisílabos.

Adjetivo	Comparativo	Superlativo
boring	more boring	most boring
famous	more famous	most famous
thankful	more thankful	most thankful

I'm more thankful for that than anything else.	Estoy más agradecido por eso que por cualquier otra cosa.
That's the most thankful gesture I've ever seen.	Es el mayor gesto de agradecimiento que yo haya visto.

c En inglés, existen también adjetivos irregulares.

Adjetivo	Comparativo	Superlativo
bad	worse	worst
good	better	best
little	less	least
much	more	most

The weather in winter is worse than in summer.	El tiempo en invierno es peor que en verano.
The worst thing about getting old is that we cannot do things as quickly as before.	Lo peor de envejecer es que no podemos hacer las cosas tan rápido como antes.

Algunos adjetivos tienen una forma regular y otra irregular, cada una con significados distintos.

• late   later/latter   the latest/lattest

Later/the latest significa 'tardío, últimos' (en el tiempo), mientras que *latter/the lattest* significa 'el segundo dentro de un grupo'.

Don't worry! You can catch a later train.	¡No te preocupes! Puedes coger un tren más tarde.
During his latter years, he lived in the countryside.	Durante sus últimos años, vivió en el campo.
She offered me either a biscuit or a cake and I chose the latter.	Me ofreció una galleta o un pastel y elegí lo segundo.

• old   older/elder   the oldest/eldest

Ambas formas significan 'más viejo', pero las formas *older/oldest* son las más usadas, mientras que *elder/eldest* se emplean para denotar parentesco y sólo se usan en posición atributiva. No podemos decir, por tanto, *My sister is elder than me*.

My elder sister is working as a nurse in a public hospital.	Mi hermana mayor está trabajando como enfermera en un hospital público.
She is a year or two older than me.	Ella es un año o dos mayor que yo.

• far   farther/further   the farthest/furthest

Ambas formas significan 'más lejos'. Sin embargo, *farther* se usa cuando nos referimos al tiempo o al espacio, mientras que *further* se usa más con el sentido de 'adicional'.

The lake was farther than I remembered.	El lago estaba más lejos de lo que recordaba.
If you require any further information about any of the courses available, please, do not hesitate to contact us.	Si necesita cualquier otra información sobre los cursos disponibles, por favor, no dude en contactar con nosotros.

2. Cuando queremos expresar que alguien o algo tiene menos de una cualidad que nada o nadie más, usamos *the least* seguido de un adjetivo.

In Japan, beer is among <u>the least favourite</u> drinks.	En Japón la cerveza está entre las bebidas menos preferidas.
He is considered <u>the least important</u> man in government.	Está considerado como el hombre menos importante del gobierno.

3. Se pueden usar modificadores como *much, far, a lot more* con comparativos para indicar que la cualidad es mayor o menor.

The book is <u>much better than</u> the movie.	El libro es mucho mejor que la película.
Brussels is <u>a lot more interesting than</u> many other places in Belgium.	Bruselas es mucho más interesante que muchos otros lugares de Bélgica.

4. También se pueden usar modificadores como *even* o *still* para indicar que algo tiene más de una cualidad que otra cosa, y que tiene de por sí mucho de ella.

Prices are likely to become <u>even more prohibitive</u> in the coming months.	Es probable que los precios sean incluso más prohibitivos en los próximos meses.
Perhaps <u>still more impressive</u> is Hagia Sophia in Istanbul.	Quizás más impresionante aún sea Santa Sofía en Estambul.

> ❗ Observa que en las dos oraciones anteriores traducimos los verbos en subjuntivo.

5. Cuando queremos expresar que algo tiene un poco más o un poco menos de la cualidad usamos *rather, a little bit, slightly, a little*.

He seemed <u>rather happier than</u> usual.	Parecía bastante más feliz que de costumbre.
This is a <u>slightly more complicated situation</u> now that she is unemployed.	Ésta es una situación un poco más complicada ahora que ella está en paro.

4.3.3.2. Use (Uso)

1. Los adjetivos en grado comparativo se pueden usar modificando a un sustantivo.

We have just moved to a <u>bigger</u> house.	Acabamos de mudarnos a una casa más grande.
If you smoke, there is a <u>higher</u> risk of getting lung cancer.	Si fumas, hay mayor riesgo de tener cáncer de pulmón.

2. También se pueden usar detrás de los conocidos como *linking verbs* (*appear, be, become, feel, get, grow, keep, look, prove, remain, seem, smell, sound, stay, taste,* etc.).

Do not worry, I am <u>feeling</u> much <u>better</u> now.	No te preocupes, me encuentro mucho mejor ahora.

I don't like saccharin because it <u>tastes sweeter</u> than sugar.	No me gusta el edulcorante porque sabe más dulce que el azúcar.

3. El adjetivo en grado superlativo se puede usar como premodificador de un sustantivo.

I bought <u>the thinnest</u> laptop they had in the shop.	Compré el portátil más fino que tenían en la tienda.
<u>The</u> world's <u>heaviest</u> diamond was found in South Africa in 1909.	El diamante más pesado del mundo fue descubierto en Sudáfrica en 1909.

4. Como complemento detrás de un *linking verb*.

They had six children and Anna was <u>the eldest</u>.	Tenían seis hijos y Anna era la mayor.
We are all tall, but my brother is <u>the tallest</u>.	Todos somos altos, pero mi hermano es el más alto.

> **!** Observa los ejemplos anteriores. En estos casos los superlativos aparecen solos porque se conoce a las personas con las que se comparan.

5. Si necesitamos expresar con qué estamos comparando algo, entonces podemos usar:

a Un sintagma preposicional comenzando generalmente con *in* o *of*.

This beach is probably <u>the best in the world</u>.	Esta playa es probablemente la mejor del mundo.
Peter is <u>the strongest of the group</u>.	Peter es el más fuerte del grupo.

b Una oración de relativo.

This is the <u>worst novel</u> <u>I have ever read</u>.	Esta es la peor novela que he leído nunca.

6. El artículo *the* delante del adjetivo en grado superlativo se puede omitir en algunos casos, principalmente en el lenguaje coloquial y siempre y cuando no aparezca el objeto de la comparación.

Wooden houses tend to be <u>cheapest</u>.	Las casas de madera suelen ser las más baratas.

7. En ocasiones se puede usar un posesivo en lugar del artículo *the*.

Amanda is <u>my eldest</u> sister.	Amanda es mi hermana mayor.

8. Los numerales se usan delante de los superlativos para indicar que algo tiene una cualidad en mayor medida que otros de su especie.

Birmingham is <u>the second largest</u> city in England.	Birmingham es la segunda ciudad más grande de Inglaterra.

The Indian Ocean is <u>the third largest</u> ocean in the world.	El Océano Índico es el tercero más extenso del mundo.

9. Si queremos expresar que algo o alguien tiene mucho más de una cualidad que nadie más, podemos usar palabras como *quite, much, by far, very*, etc.

Of all the men I know, he is <u>by far the most successful</u> in his career.	De los hombres que conozco, él es con diferencia el que tiene más éxito en su trabajo.
It was <u>quite the most gorgeous</u> and elegant dress worn at the party.	Fue el vestido más bonito y elegante que se llevó en la fiesta.

4.3.4. Some fixed structures (Algunas estructuras hechas)

4.3.4.1. Se puede usar la estructura *the* + dos adjetivos en grado comparativo (*the sooner … the better, the simpler … the better*, etc.).

<u>The riper</u> the tomatoes, <u>the better</u>.	Cuanto más maduros estén los tomates, mejor.
<u>The smaller</u> the perfume bottles, <u>the better</u>.	Cuanto más pequeños sean los botes de perfume, mejor.

> ⚠ Fíjate bien en la traducción de 'Cuanto más …' en las frases anteriores.

4.3.4.2. También se pueden usar dos adjetivos en grado comparativo unidos por la conjunción *and* (*smaller and smaller, nicer and nicer*, etc.).

I saw the yacht getting <u>smaller and smaller</u> as it sailed out to sea.	Vi que el yate se hacía cada vez más pequeño a medida que se alejaba hacia el mar.
As we looked behind us, the queue to buy the concert tickets was getting <u>bigger and bigger</u>.	Cuando miramos hacia atrás, la cola para comprar las entradas del concierto se hacía cada vez más grande.

4.4. ADJECTIVE FORMATION (LA FORMACIÓN DE LOS ADJETIVOS)

Al igual que con el sustantivo, en inglés se pueden formar adjetivos a través de la prefijación y la sufijación.

4.4.1. Prefixation (Prefijación)

a-: Este prefijo de origen griego tiene sentido de negación, privación, y se suele combinar con adjetivos para formar otros con el significado de 'no, sin, lo contrario' (*amoral, apolitical, aseptic, asexual, asocial, atypical*, etc.).

She shares her father's <u>amoral</u> values.	Ella comparte los valores amorales de su padre.
20 patients had <u>atypical</u> pneumonia caused by a strange virus.	20 pacientes tuvieron una neumonía atípica causada por un extraño virus.

> Compara las palabras *amoral* que significa 'amoral' (desprovisto de sentido moral) e *immoral* con el significado 'inmoral' (que se opone a la moral o a las buenas costumbres) tanto en español como en inglés.

anti-: Al igual que en español, este prefijo de origen griego se utiliza con adjetivos para designar a alguien que se opone a algo o a alguna cosa que se utiliza para prevenir (*anti-abortion, anti-alcohol, anti-American, antibacterial, antibiotic, anti-cancer, anti-cholesterol, anti-drug, anti-government, anti-missile, anti-racist, anti-war*).

I recommend you to use <u>antibacterial</u> soap.	Te recomiendo usar jabón antibacteriano.
Omega-3 has been proved to be a natural <u>anti-cholesterol</u> agent.	Se ha comprobado que el omega-3 es un agente natural contra el colesterol.

> Recuerda que el prefijo *anti-* se puede pronunciar de dos formas distintas según sea inglés americano o británico. En inglés británico *anti-* se pronuncia como /ˈænti/, mientras que en inglés americano se suele pronunciar tanto /ˈænti/ como /ˈæntaɪ/. Por ejemplo, *anti-nuclear* en inglés británico /ˌæn.tɪˈnjuː.klɪə/; en inglés americano /ˌæntɪˈnuː.klɪr/ o /ˌæntaɪˈnuː.klɪr/; *anti-fungal* en inglés británico /ˌæntɪˈfʌŋ.ɡəl/; en inglés americano /ˌæntɪˈfʌŋ.ɡəl/ o /ˌæntaɪˈfʌŋ.ɡəl/.

bi-: Este prefijo con el sentido de 'dos' se emplea en combinación con algunos adjetivos para formar otros como *bilateral, bilingual, bifocal*.

The company needs <u>bilingual</u> people on the staff.	La empresa necesita gente bilingüe en su personal.
Spain and France have signed a <u>bilateral</u> agreement to help prevent terrorism.	España y Francia han firmado un acuerdo bilateral para ayudar a evitar el terrorismo.

bio-: Este prefijo que significa 'vida' se suele combinar con algunos adjetivos para formar otros como *biodegradable, biochemical, biological, biographical*.

The exhibition shows the <u>biochemical</u> evolution of the Earth.	La exhibición muestra la evolución bioquímica de la Tierra.
<u>Biochemical</u> researchers are developing <u>biodegradable</u> plastics that are made from renewable resources.	Los investigadores bioquímicos están desarrollando plásticos biodegradables que están hechos de recursos renovables.

> Fíjate en la pronunciación del prefijo *bio-* /ˌbaɪ.əʊ-/. Por ejemplo, *biochemical* (/ˌbaɪ.əʊˈkem.ɪ.kəl/), *biodegradable* (/ˌbaɪ.əʊ.dɪˈɡreɪ.dɪ.bl/)

dis-: El prefijo de origen latino *dis-* combina con adjetivos para formar otros que denotan cualidades opuestas (*discontent, dishonest, disinterested, disloyal, disobedient, dissimilar*, etc.).

Did you feel you were being disloyal to your boss?	¿Sentiste que estabas siendo desleal a tu jefe?
The new building is not dissimilar to the old one except that it is larger.	El nuevo edificio no es distinto al viejo excepto en que es más grande.

dys-: Al igual que en español, el prefijo de origen griego *dys-* ('dificultad, contrariedad') se usa con adjetivos del campo de la biología y la medicina con el significado de 'anormal, difícil, que funciona mal' (*dyslexic, dysfunctional*, etc.).

Dyslexic children can have difficulties with reading and writing.	Los niños disléxicos pueden tener dificultades con la lectura y la escritura.
He is an expert on dysfunctional adolescent behaviour.	Él es un experto en el comportamiento disfuncional de los adolescentes.

il-, im-, in-, ir-: Las variantes *il-, im-, in-, ir-* se pueden combinar con adjetivos para formar otros que indican lo contrario.

il-: El prefijo *il-* combina con palabras que comienzan con *l-* (*legal/illegal, legible/illegible, legitimate/illegitimate, literate/illiterate, logical/illogical*).

The number of illiterate people stayed close to 900 million throughout the 90s.	El número de analfabetos permaneció cercano a los 900 millones en los 90.
Her handwriting is totally illegible.	Su escritura es totalmente ilegible.

im-: el prefijo *im-* combina con palabras que comienzan por *m-* y *p-* (*mature/immature, moral/immoral, possible/imposible, patient/impatient, perceptible/imperceptible, perfect/imperfect, possible/impossible, practical/impractical, probable/improbable*).

Immature teenagers are vulnerable.	Los adolescentes inmaduros son vulnerables.
The sound she made was almost imperceptible to my ears.	El sonido que ella produjo fue casi imperceptible a mis oídos.

in-: El prefijo *in-* combina con palabras que comienzan con otras letras (*adequate/inadequate, audible/inaudible, capable/incapable, comprehensible/incomprehensible, decent/indecent, dependent/independent, formal/informal, offensive/inoffensive*).

She was incapable of singing the song without laughing.	Fue incapaz de cantar la canción sin reírse.
Brazil is an independent sovereign nation.	Brasil es una nación independiente y soberana.

ir-: el prefijo *ir-* combina con palabras que empiezan por *r-* (*rational/irrational, regular/irregular, relevant/irrelevant, resistible/irresistible, responsible/irresponsible*).

She refused to answer the question because it was irrelevant.	Ella rechazó responder a la pregunta porque era irrelevante.

pre-: Este prefijo de origen latino tiene el significado de 'antes de, anterior' y combina con adjetivos para formar otros como *pre-adolescent*, *pre-Christian*.

| He's a lovely person, even though his pre-adolescent behaviour was dreadful! | ¡Es una persona maravillosa, aunque su comportamiento pre-adolescente fue horrible! |

También se puede combinar con participios de pasado para formar adjetivos con el sentido de 'ya': *pre-arranged, pre-booked, pre-cooked, prefabricated, pre-paid, pre-selected*.

| All the meals during the conference had been pre-arranged. | Todas las comidas durante la conferencia fueron programadas de antemano. |

un-: El prefijo anglosajón *un-* (como el equivalente latino *in-*) se combina con adjetivos para formar otros que denotan la cualidad contraria (*unable, unacceptable, unaware, unbelievable, uncertain, unclean, uncomfortable, unconscious, unemotional, unemployed, unfair, unfaithful, unhappy, unhelpful, unintelligent, unkind, unlucky, unnatural, unofficial, unpleasant, unrealistic, unsafe, untidy, unusual, unwilling*, etc.).

| That's the most unbelievable story I've ever heard! | ¡Es la historia más increíble que he escuchado en mi vida! |
| They argued that it was an unacceptable price to pay for visiting the zoo. | Argumentaron que era un precio inaceptable por una visita al zoo. |

Este prefijo también se puede combinar con participios para denotar que algo no ha tenido lugar o es incierto (*unaltered, unbeaten, undisturbed, unfinished, unloved, unread, untested, unwritten*, etc.).

| There are some unwritten rules of behaviour that everybody should follow. | Existen algunas reglas de comportamiento no escritas que todos deberían seguir. |
| Real Madrid, unbeaten at home, have won in Barcelona and Seville. | El Real Madrid, invicto en casa, ha ganado en Barcelona y Sevilla. |

4.4.2. Suffixation (Sufijación)

-able: Este sufijo de origen latino significa 'capaz de ser', y se suele añadir a verbos para formar adjetivos (*acceptable, admirable, adorable, advisable, comparable, dependable, desirable, enjoyable, imaginable, irritable, manageable, noticeable, predictable, preferable, recognisable, remarkable, understandable, variable, washable*, etc.).

The ending of the film was very predictable.	El final de la película era muy predecible.
After a year in her new position, she became an irritable and unhappy person.	Después de un año en su nuevo puesto, se volvió una persona irritable e infeliz.
Noticeable advances are being made in nanotechnology research.	Se están llevando a cabo notables avances en la investigación sobre nanotecnología.

This bag is so handy because it's <u>washable</u>.	Este bolso es muy práctico porque es lavable.

-al: Este sufijo significa 'adecuado, conveniente' y se puede combinar con sustantivos para formar adjetivos que tienen relación con el sustantivo original (*accidental, additional, classical, continental, conventional, cynical, departmental, educational, emotional, environmental, experimental, fanatical, geographical, global, governmental, historical, institutional, logical, mechanical, musical, national, occasional, oriental, original, political, professional, regional, sceptical, sentimental, traditional, vocational,* etc.).

He runs a business that involves exporting electric power equipment to <u>continental</u> Europe.	Dirige un negocio que implica la exportación de equipos electrónicos a la Europa continental.
If I was a <u>cynical</u> person, which I am not, I would have said her main intention was to cause trouble.	Si fuera una persona cínica, que no lo soy, habría dicho que su intención principal era causar problemas.
The presidents discussed possible responses to <u>global</u> climate changes.	Los presidentes debatieron posibles respuestas a los cambios climáticos globales.
Some of the greatest discoveries in history were <u>accidental</u>.	Algunos de los descubrimientos más importantes de la historia fueron accidentales.

-arian: Este sufijo se puede añadir a sustantivos para formar adjetivos (*authoritarian, humanitarian, librarian, parliamentarian, totalitarian, vegetarian,* etc.).

His book deals with the history of <u>authoritarian</u> regimes around the world.	Su libro trata de la historia de los regímenes autoritarios en el mundo.
My mother teaches <u>Humanitarian Law</u> at Cornell University.	Mi madre enseña Derecho Humanitario en la Universidad de Cornell.

-ary: Este sufijo latino significa 'relacionado con la acción', y puede combinarse con sustantivos y verbos para formar adjetivos (*complementary, customary, disciplinary, fragmentary, imaginary, legendary, monetary, secondary,* etc.).

The school is going to take <u>disciplinary</u> measures against the students who misbehaved so badly.	El colegio va a tomar medidas disciplinarias contra los estudiantes que se comportaron tan mal.
Her husband was the <u>legendary</u> pianist Dove Williams.	Su marido era el legendario pianista Dove Williams.

-ed: Los participios de pasado de los verbos regulares transitivos suelen emplearse como adjetivos (*alarmed, amused, appalled, astonished, blocked, confused, delighted, depressed, deprived, disappointed, distressed, dried, embarrassed, established, excited, frightened, interested, pleased, preoccupied, puzzled, satisfied, shocked, surprised, tired, troubled, wasted, worried,* etc.).

The President admitted that he was <u>puzzled</u> by the opposition to his proposal.	El Presidente admitió que estaba perplejo ante la oposición a su propuesta.

| He was very disappointed when he failed his driving licence. | Se decepcionó mucho cuando no aprobó su carnet de conducir. |

Algunos participios también pueden combinarse con otras palabras para formar adjetivos compuestos, por ejemplo, *blue-eyed*.

| Most new-born babies are blue-eyed. | La mayoría de los recién nacidos tienen los ojos azules. |

El sufijo *-ed* puede también añadirse a algunos sustantivos para formar adjetivos como *armoured, bearded, detailed, flowered, gifted, hooded, mannered, pointed, principled, skilled, spotted, walled*.

| Flowered skirts are in fashion this summer. | Las faldas floreadas están de moda este verano. |

Por último, existen otros adjetivos terminados en *-ed* como *ashamed, assorted, beloved, deceased, doomed, sophisticated, tinned*.

| You should be ashamed of your behaviour. | Deberías avergonzarte de tu comportamiento. |
| Despite the preservation techniques for tinned food, there are concerns about the metal used for the tins. | A pesar de las técnicas de conservación de la comida enlatada, preocupan los metales de los que están hechas las mismas. |

-en: Este sufijo de origen anglosajón ('hecho de') combina con sustantivos para formar adjetivos como *ashen, earthen, golden, leaden, silken, waxen, wooden, woollen*.

| He is a handsome man with his mother's silken skin. | Él es un hombre guapo con la piel de seda de su madre. |
| The Golden Horn is an inlet of the Bosphorus. | El Cuerno de Oro es un estuario del Bósforo. |

-ent: Este sufijo se usa con verbos para formar adjetivos tales como *ascendent, dependent, existent, transcendent, disobedient*.

| This interesting article discusses how parents can deal with a disobedient child. | Este interesante artículo habla de cómo pueden tratar los padres a un niño desobediente. |
| My sister is still financially dependent on my parents. | Mi hermana todavía depende económicamente de mis padres. |

-ful: Este sufijo con el significado de 'que tiene una cualidad particular' se añade a algunos sustantivos para formar adjetivos (*beautiful, cheerful, deceitful, delightful, forceful, graceful, harmful, helpful, hopeful, joyful, painful, peaceful, playful, powerful, shameful, successful, thankful, useful, youthful,* etc.).

| It was a deceitful and irresponsible act. | Fue un acto engañoso e irresponsable. |
| After such a hard term, we were thankful when the holidays started and we could relax. | Después de un semestre tan duro, agradecimos cuando llegaron las vacaciones y pudimos relajarnos. |

-ian: El sufijo *-ian* se añade a nombres de personajes famosos para formar adjetivos que denotan algo o alguien que está conectado de algún modo a dichos personajes como *Chaucerian, Darwinian, Dickensian, Freudian, Victorian, Wordsworthian*, etc. Los sustantivos que terminan en *-e* suelen añadir la variante *-an* en lugar de *-ian* (*Shakespearean*). Otras palabras como *Elizabethan, metropolitan, republican* también añaden únicamente *-an*.

In this book, there are pictures of costumes and masks worn during the <u>Elizabethan</u> period.	En este libro, hay fotos de trajes y máscaras empleados en el período isabelino.

Otros adjetivos formados a partir del sufijo *-ian* son *amphibian, bohemian, Christian, civilian, equestrian, guardian, pedestrian, reptilian, utopian*.

<u>Amphibian</u> animals live both on land and in water.	Los animales anfibios viven tanto en la tierra como en el agua.

-ible: Este sufijo de origen latino se puede combinar con verbos para formar adjetivos que indican que la acción se puede realizar (*accessible, comprensible, convertible, defendible, discernible, divisible*, etc.).

Learners acquire a particular language by receiving <u>comprehensible</u> input.	Los aprendices adquieren una lengua al recibir input comprensible.
The poem is <u>divisible</u> into two parts.	El poema se puede dividir en dos partes.

-ic: Este sufijo se combina con sustantivos para formar adjetivos como *acrobatic, alcoholic, angelic, atomic, autocratic, bureaucratic, cubic, democratic, diplomatic, enthusiastic, gymnastic, heroic, idiotic, idyllic, ironic, linguistic, magnetic, mythic, patriotic, pedantic, photographic, poetic, rhythmic, symbolic*.

<u>Rhythmic</u> gymnastics is a sport in which competitors have to manipulate one or several of the following apparatus: ropes, balls, hoops, clubs and ribbons.	La gimnasia rítmica es un deporte en el que los competidores tienen que manipular uno o varios de los siguientes instrumentos: la cuerda, la pelota, el aro, las mazas y la cinta.
These colourful <u>magnetic</u> stickers will stick to your fridge.	Estas coloridas pegatinas magnéticas se pegarán en tu nevera.

-ing: El sufijo *-ing* se añade a verbos para formar participios de presente usados como adjetivos (*alarming, amazing, amusing, annoying, appalling, astonishing, astounding, bewildering, boring, challenging, charming, compelling, confusing, convincing, depressing, devastating, disappointing, disgusting, distressing, disturbing, embarrassing, encouraging, entertaining, exciting, frightening, humiliating, inspiring, interesting, intriguing, misleading, pleasing, refreshing, relaxing, satisfying, sickening, surprising, tempting, terrifying, threatening, thrilling, tiring, welcoming, worrying*, etc.).

Thanks for your <u>loving</u> words.	Gracias por tus palabras tan cariñosas.
I have no <u>compelling</u> reason to keep on working for this firm.	No tengo ninguna buena razón para seguir trabajando en esta empresa.

La mayoría de los verbos intransitivos se pueden usar como adjetivos en función atributiva con -ing (recurring, prevailing, ageing, etc.).

An ageing population is a burden for any country.	Una población envejecida es una carga para cualquier país.
This book refutes the prevailing view that capitalism can lead to democracy.	Este libro rebate la opinión imperante de que el capitalismo puede conducir a la democracia.

> Un error muy común entre hispanohablantes que aprenden inglés es confundir el significado de algunos participios de presente y de pasado usados como adjetivos. Recuerda:
>
> | | |
> |---|---|
> | A boring person. | Una persona aburrida (Que aburre a los demás.) |
> | A bored person. | Una persona aburrida. (Que está aburrida.) |
> | A tiring person. | Una persona que cansa. |
> | A tired person. | Una persona que está cansada. |

-ish: El sufijo -ish se usa en inglés para formar nacionalidades como *British, Irish, Polish, Turkish*, etc.

Stanislaw Lem was a Polish science fiction writer.	Stanislaw Lem fue un escritor de ciencia ficción polaco.

> Recuerda que un error muy común entre hispanohablantes es escribir las nacionalidades en minúsculas: ~~british~~.

Además, se puede añadir a ciertos adjetivos para formar otros que hacen referencia a una pequeña cantidad de algo (*brownish, greenish, goodish, oldish, reddish, smallish, wettish, warmish, youngish*, etc.).

Yesterday I could not use the tap water at home because it suddenly turned brownish.	Ayer no pude usar el agua del grifo porque de repente se puso marrón.
Peter was holding a bottle with some darkish liquid in the bottom.	Peter sostenía una botella con un líquido oscuro en el fondo.
'You look feverish and ill,' my mother said as soon as she saw me.	'Parece que estás febril y enfermo,' dijo mi madre tan pronto como me vio.

Por último, el sufijo -ish se puede usar con sustantivos para formar adjetivos que describen a personas que se asemejan a otras como, por ejemplo, *babyish, boyish, childish, foolish, girlish, mannish, snobbish*.

Sit down and don't be so childish.	Siéntate y no seas tan infantil.

She felt <u>foolish</u> and guilty about her remark.	Ella se sintió ridícula y culpable por su comentario.
We tend to tell our children that it is <u>babyish</u> to cry.	Solemos decirles a nuestros hijos que llorar es de bebés.

-ive: El sufijo de origen latino *-ive* ('que tiene la cualidad de') se emplea en adjetivos como *active, aggressive, alternative, competitive, comprehensive, decisive, destructive, effective, expensive, intensive, negative*.

The result was less <u>effective</u> than expected.	El resultado fue menos efectivo de lo esperado.
I received a <u>negative</u> answer to my request.	Obtuve una respuesta negativa a mi petición.

-less: Este sufijo se usa con sustantivos para formar adjetivos que indican que una persona o cosa carece de algo o que alguien no ha realizado la acción (*childless, endless, flawless, heartless, helpless, hopeless, lifeless, powerless, speechless, useless*, etc.).

The Great Gatsby, a novel by F. Scott Fitzgerald, is a <u>timeless</u> classic.	*El Gran Gatsby*, una novela de F. Scott Fitzgerald, es un eterno clásico.
I was so surprised to see him that I was <u>speechless</u> for a moment.	Me sorprendió tanto verle que me quedé sin habla por un momento.

Este sufijo también se puede añadir a algunos verbos para formar adjetivos (*countless, aimless, endless, hopeless*, etc.).

The range of possibilities is <u>endless</u>, and with this travel agency you have plenty of accommodation options.	El abanico de posibilidades es infinito, y con esta agencia de viajes tienes muchas opciones de alojamiento.
My lawyer just wanted to warn me how <u>hopeless</u> my case was.	Mi abogado sólo quería advertirme de lo poco esperanzador que era mi caso.

-like: Este sufijo anglosajón ('que se parece a, característico de') se añade a algunos sustantivos para formar adjetivos tales como *animal-like, baby-like, bird-like, cat-like, childlike, clock-like, dog-like, doll-like, dreamlike, flower-like*.

He had such a <u>childlike</u> curiosity.	Tenía una curiosidad de niño.
Plácido Domingo is known for his strong and <u>dreamlike</u> voice.	Plácido Domingo es conocido por su voz potente y de ensueño.

-ly: Este sufijo se puede combinar con sustantivos y adjetivos para formar adjetivos como *brotherly, costly, daily, deadly, earthly, elderly, fatherly, friendly, heavenly, hourly, kindly, lively, lonely, lovely, lowly, manly, motherly, orderly, saintly, sickly, weekly, womanly, worldly, yearly*.

<u>Saintly</u> Mother Teresa of Calcutta was born on August 27th, 1910.	Santa Madre Teresa de Calcuta nació el 27 de agosto de 1910.
All my <u>motherly</u> instincts returned when I saw my little niece.	Todos mis instintos maternales brotaron cuando vi a mi sobrina pequeña.

Unfortunately, the treatment was too costly and we could not afford it.	Desgraciadamente, el tratamiento era demasiado costoso y no nos lo pudimos permitir.

Por último, el sufijo *-ly* se puede usar con sustantivos para formar adjetivos que indican frecuencia como *daily, hourly, monthly, weekly, yearly*.

Students may hire the campus sport facilities hourly or daily.	Los estudiantes pueden alquilar las instalaciones deportivas del campus por horas o días.

-ous: Este sufijo denota una cualidad en particular. Tiene variantes ortográficas como *-eous, -ious, -uous* (*adventurous, anonymous, dangerous, enormous, famous, marvellous, nervous, tremendous, courageous, simultaneous, spontaneous, ambitious, anxious, cautious, conscious, curious, furious, gracious, mysterious, obvious, previous, religious, serious, spacious, superstitious, various, ambiguous, arduous, continuous, sensuous, virtuous*, etc.).

My husband is very superstitious and he keeps a horseshoe hanging on our front door.	Mi marido es muy supersticioso y tiene una herradura colgada en la puerta principal.
The hotel bedrooms are well-furnished, spacious, and all have a private bathroom.	Las habitaciones del hotel están bien amuebladas, son espaciosas, y todas tienen baño privado.
Did you see or hear anything which may have been suspicious?	¿Viste u oíste algo que pudiera haber sido sospechoso?
His actions were planned. They weren't spontaneous.	Sus acciones fueron calculadas. No fueron espontáneas.

-some: Este sufijo de origen anglosajón ('que se caracteriza por una cualidad específica') combina con sustantivos y verbos para formar adjetivos como *awesome, bothersome, burdensome, fearsome, handsome, lonesome, quarrelsome, tiresome, wearisome*.

From the top of the Cliffs of Moher, the views are awesome.	Desde lo alto de los Acantilados de Moher las vistas son impresionantes.
I must confess, I find working in the afternoons very tiresome.	Debo confesar que trabajar por las tardes me parece muy pesado.

-y: Este sufijo indica cualidad y combina con sustantivos para formar adjetivos como *bloody, bulky, bushy, cloudy, dusty, fatty, flowery, foggy, hairy, itchy, leafy, mighty, muddy, rainy, smoky, snowy, stony, sunny, thirsty, tinny, worthy, dirty*.

Listen! Can you hear the sound of the sea crashing over the stony beach?	¡Escucha! ¿Oyes el sonido del mar golpeando en la playa pedregosa?
Leafy vegetables are low in calories and high in protein, fibre, iron and calcium.	Las verduras de hoja verde son bajas en calorías y altas en proteína, fibra, hierro y calcio.
My room is so dirty! I need to clean it.	¡Mi habitación está tan sucia! Tengo que limpiarla.

Además, se puede usar para formar adjetivos que tienen un tono familiar o afectuoso como *cheeky*, *handy*, *hearty*, *musty*, *steady*, *tiny*, *weary*.

Don't be cheeky to your father! ¡No seas un fresco con tu padre!

4.4.3. Compound adjectives (Los adjetivos compuestos)

Aunque algunos adjetivos en inglés no se derivan de ninguna otra palabra (*warm*, *cold*, *tall*, etc.), la mayoría son adjetivos compuestos.

Workers are considered to be part-time if they work fewer than 30 or 35 hours a week.	Cuando los trabajadores trabajan menos de 30 ó 35 horas a la semana, se los considera empleados de media jornada.
I hope you have a long-lasting career as a dancer.	Espero que tengas una larga carrera como bailarina.

4.4.3.1. Las estructuras de adjetivos compuestos más comunes son:

a sustantivo + adjetivo: *homesick*, *ice-cold*, *tax-free*

b adjetivo + adjetivo: *light blue*

c sustantivo + participio pasado: *self-taught*

d adjetivo + participio presente: *long-suffering*, *hard-working*, *easy-going*, *time-consuming*

e adverbio + participio presente: *far-reaching*, *never-ending*

f sustantivo + participio presente: *self-revealing*, *law-abiding*

I am feeling homesick, but I have found a new job which is keeping me busy.	Echo de menos mi casa, pero he encontrado un nuevo trabajo que me mantiene ocupado.
He was always hard-working at university.	Él siempre fue muy trabajador en la universidad.
They are law-abiding citizens.	Son ciudadanos respetuosos con la ley.

Se presenta a continuación una lista con algunos de los adjetivos compuestos más frecuentes en inglés:

absent-minded	clear-cut	first-class	ice-cold
air-conditioned	cold-blooded	front-page	iron-grey
audio-visual	cross-country	full-grown	laid-back
big-headed	cut-price	full-scale	last-minute
bottle-green	duty-free	good-looking	lead-free
brand-new	easy-going	grey-haired	left-handed
breast-fed	electric-blue	half-price	light-hearted
broken-hearted	empty-handed	high-heeled	long-distance
built-up	face-saving	home-made	long-lasting
burnt-out	far-fetched	ice-blue	long-standing

EL GRUPO NOMINAL 107

low-paid	north-east	ready-made	short-sighted
made-up	off-guard	remote-controlled	soft-hearted
man-eating	old-fashioned	right-angled	snow-white
mass-produced	one-sided	right-handed	sun-tanned
middle-aged	one-way	royal-blue	thick-skinned
middle-class	open-ended	second-class	tongue-tied
narrow-minded	part-time	second-hand	well-behaved
never-ending	pearl-grey	silver-plated	wide-awake
nice-looking	present-day	short-handed	year-long

4.4.3.2. Algunos adjetivos compuestos están formados por más de dos palabras, por ejemplo, *out-of-date*, *day-to-day*, *out-of-the-way*, etc.

A study revealed that eight out of ten companies are publishing out-of-date information on their web sites.

Un estudio ha revelado que ocho de cada diez compañías están publicando información no actualizada en sus páginas web.

4.4.3.3. Otros adjetivos compuestos son préstamos de otras lenguas.

à la mode	ad hoc	de facto	laissez-faire
a posteriori	avant-garde	de luxe	per capita
a priori	cordon bleu	ex gratia	sub judice

A de facto government is one which has seized power by force or by any other unconstitutional method.

Un gobierno de facto es aquel que ha tomado el poder a la fuerza o con cualquier otro método inconstitucional.

Cases which are sub judice cannot be published.

Los casos que están pendientes de resolución judicial no pueden ser publicados.

> En inglés, se usa el guión para unir palabras compuestas (*air-conditioned*, *short-sighted*, etc.) y, en ocasiones, también para unir una palabra a un prefijo determinado (*ex-policeman*, *pre-Christian*). Por lo general no existe una regla para el uso del guión, aunque las palabras de uso frecuente tienden a omitirlo. Se recomienda, por tanto, comprobar su uso en un buen diccionario.

4.5. ADJECTIVES + INFINITIVE (ADJETIVOS + INFINITIVO)

En inglés, es frecuente el uso de adjetivos seguidos del verbo en infinitivo + *to*.

It is easy to blame others for our mistakes.

Es fácil culpar a otros de nuestros errores.

It is difficult to make predictions about the future.

Es difícil hacer predicciones sobre el futuro.

It is interesting to compare and contrast different points of view.

Es interesante comparar y contrastar diferentes puntos de vista.

Si queremos especificar la persona para la que algo es fácil, difícil, interesante, etc., usamos la estructura adjetivo + *for* + nombre de la persona/pronombre objeto + *to* + infinitivo.

It is easy for parents to identify their children's physical needs.	Es fácil para los padres identificar las necesidades físicas de sus hijos.
It was hard for me to breathe.	Tenía dificultades para respirar.

4.6. ADJECTIVES + PREPOSITIONS (ADJETIVOS + PREPOSICIONES)

Algunos adjetivos en inglés pueden ir seguidos de una preposición. Por regla general, hay que aprenderse qué preposición va con qué adjetivo. Si no se está seguro, recomendamos comprobar qué preposición rige un adjetivo determinado en un diccionario. A continuación se presentan algunas preposiciones y los adjetivos que los preceden:

At: Varios adjetivos que denotan habilidades suelen ir seguidos de la preposición *at*. Algunos de estos adjetivos son *bad, brilliant, excellent, good, hopeless, quick, slow*.

I am pretty bad at playing chess.	Soy muy malo jugando al ajedrez.
My sister is brilliant at music.	Mi hermana es brillante para la música.

> ❗ Observa el primer ejemplo y recuerda que si una preposición va seguida de un verbo, éste debe ir con *-ing*.
>
> | | |
> |---|---|
> | She is very good at teaching children. | A ella se le da muy bien enseñar a niños. |

At/By: Algunos adjetivos de sentimiento pueden ir acompañados de las preposiciones *at* o *by*. Algunos ejemplos son *amazed, astonished, amused, shocked, surprised*.

I was surprised at my own courage.	Me sorprendió mi propia valentía.
I was quite surprised by how they met.	Me sorprendió mucho cómo se conocieron.

About: Varios adjetivos que denotan sentimientos van seguidos de la preposición *about*. Algunos ejemplos son *anxious, certain, concerned, displeased, excited, glad, happy, pleased, sorry, unhappy, worried, wrong*.

I am anxious about my father's health.	Estoy inquieto/preocupado por la salud de mi padre.
I am worried about the possible toxic effects of pollution.	Estoy preocupado por los posibles efectos tóxicos de la contaminación.

For: Los siguientes adjetivos suelen ir seguidos de la preposición *for*: *early, late, qualified, suitable, ready, famous, sorry, responsible*.

Sorry I'm late for dinner.	Perdón por haber llegado tarde para la cena.

EL GRUPO NOMINAL

The Madrid Zoo is famous for its pandas.	El Zoo de Madrid es famoso por sus osos panda.

Of: Algunos adjetivos que van seguidos de la preposición *of* son: *afraid, ashamed, aware, capable, conscious, characteristic, envious, fond, frightened, full, guilty, illustrative, incapable, indicative, jealous, mindful, proud, reminiscent, representative, scared, tired, typical.*

I would have never thought he was capable of giving a speech in public.	Nunca hubiera pensado que sería capaz de dar un discurso en público.
My elder son is fond of all types of pets.	A mi hijo mayor le encantan todo tipo de mascotas.

To: Algunos adjetivos seguidos de la preposición *to* son: *accustomed, adjacent, allergic, close, conductive, devoted, engaged, friendly, integral, kind, married, polite, proportional, related, resistant, sensitive, similar, susceptible, unaccustomed.*

Nowadays, many children are allergic to cow's milk.	Hoy en día, muchos niños son alérgicos a la leche de vaca.
This variety of vegetable is resistant to cold weather conditions.	Esta variedad de verduras es resistente a condiciones climáticas frías.

With: Algunos adjetivos que denotan sentimientos van acompañados de la preposición *with*. Algunos son: *angry, annoyed, busy, compatible, disappointed, disgusted, displeased, fill, riddled, satisfied, unhappy.*

I am satisfied with the decision I have made.	Estoy satisfecha con la decisión que he tomado.
He's very busy with moving to London.	Está muy ocupado con la mudanza a Londres.

II EL SINTAGMA VERBAL

1. MOOD (EL MODO VERBAL)

Al igual que en español, en inglés los modos verbales son tres: el indicativo, el imperativo y el subjuntivo.

El modo **indicativo** describe una acción como un hecho real y constatado, aunque pueda ir en una oración afirmativa, interrogativa o negativa.

I <u>enjoy</u> reading.	Me gusta leer.
What <u>is</u> your favourite book?	¿Cuál es tu libro favorito?
I <u>do not like</u> horror films.	No me gustan las películas de terror.

En la sección 2, página 115 se pueden estudiar con mayor detenimiento los tiempos verbales que se suelen expresar con el indicativo.

El modo **imperativo** se utiliza generalmente para expresar una orden y, en ocasiones, para hacer un ruego o disuadir al oyente (véase el apartado 1.1. a continuación).

<u>Shut up</u>!	¡Cállate!
<u>Listen</u> to me!	¡Escúchame!
Please, <u>sit down</u>!	¡Siéntate!, por favor.

El modo **subjuntivo** expresa lo que no es real, es decir, hechos esperados, deseados, posibles aunque hipotéticos, etc., y se utiliza generalmente para indicar incertidumbre, posibilidad o subjetividad (véase el apartado 1.2., página 114).

The doctor insisted that Jenny <u>receive</u> proper medical attention.	El doctor insistió en que Jenny recibiera atención médica adecuada.
If I <u>were</u> rich, I would travel all over the world.	Si fuera rico, viajaría por todo el mundo.
Ecologists have requested that new trees <u>be</u> planted.	Los ecologistas han pedido que se planten nuevos árboles.

1.1. IMPERATIVE (EL MODO IMPERATIVO)

1.1.1. Form (Forma)

El imperativo tiene sólo dos personas, la segunda (tanto para el singular como para el plural) y la primera (del plural). La segunda persona en afirmativa se construye en inglés con la forma base del verbo sin conjugar.

<u>Eat</u> the sandwich!	¡Cómete/Comeos el sandwich!

La primera persona del plural en afirmativa se forma con el verbo *let* seguido de *us* (pronombre personal correspondiente a la primera persona del plural en caso objeto). Se suele usar la forma contraída *Let's* más la forma base del verbo.

Let's dance.   Bailemos.

1. La negación de la segunda persona, tanto en singular como en plural, se forma con el auxiliar *do* seguido de la partícula negativa *not* y la forma base del verbo.

Don't eat the sandwich!   ¡No te comas/No os comáis el sandwich!

2. En el caso de la primera persona del plural, el imperativo en negativa se construye con el verbo *let* seguido de *us* más la partícula negativa *not* y la forma base del verbo.

Let's not dance.   No bailemos.

Afirmativa	Forma sin contraer	Forma contraída
2ª singular	Go!	
1ª plural	Let us go!	Let's go!
2ª plural	Go!	

Negativa	Forma sin contraer	Forma contraída
2ª singular	Do not go!	Don't go!
1ª plural	Let us not go! [1]	Let's not go!
2ª plural	Do not go!	Don't go!

Dado que el imperativo suele usarse en el lenguaje oral, normalmente se prefieren las formas contraídas (*Let's go*, *Don't go*, etc.).

Las órdenes en tercera persona (singular y plural), que en español se expresan mediante el subjuntivo, se manifiestan en inglés con *let* seguido del pronombre personal correspondiente a la tercera persona (singular o plural), en caso objeto (*him*, *her*, *it*, *them*).

Let him help her.	Deja que la ayude.
If the dog is thirsty, let it drink.	Si el perro tiene sed, que beba.
If she wants to join the team, let her join it.	Si ella quiere unirse al equipo, que lo haga.
Let them sing their song!	¡Que canten su canción!

3. En inglés, se puede usar una forma enfática del imperativo en segunda persona (singular y plural) que en la forma afirmativa contiene el auxiliar *do*. En la forma negativa es preciso insertar el pronombre sujeto *you*.

---

[1] Uso anticuado

Do tell her!	¡Díselo!
Don't (you) tell her!	¡No se lo digas!

4. El imperativo normalmente se pronuncia con entonación ascendente que viene indicada por la presencia de un signo de admiración al final de la frase en el lenguaje escrito en inglés (!). En cualquier caso, la pronunciación del imperativo está sujeta a la intención del hablante y al grado de énfasis deseado. Otros usos del imperativo como la invitación, el ruego o la súplica, no suelen mostrar entonación ascendente.

1.1.2. Use (Uso)

1. Se usa el imperativo para dar una orden o indicar una prohibición si se pone en negativa. Este uso es similar en inglés y español.

Leave!	¡Vete!
Do not touch it!	¡No lo toques!

2. Para expresar un ruego (a) o súplica (b).

a Please, don't go.	No te vayas, por favor.
Please, tell me the truth.	Dime la verdad, por favor.

    > ❗ Para expresar un ruego con el imperativo normalmente se usa la palabra *please* para mitigar el imperativo y convertirlo en ruego o petición.

b Help!	¡Ayuda!
Don't leave me alone!	¡No me dejes solo!

3. Para hacer una sugerencia (a) o una invitación (b).

a Make a complaint!	¡Reclama!/¡Quéjate!
Fire your attorney!	¡Despide a tu abogado!
b Come and see me whenever you want.	Ven a verme siempre que quieras.
Take another biscuit. They're really good.	Coge otra galleta. Están muy buenas.

4. Para dar instrucciones de cómo hacer algo.

Mix the eggs, two tablespoons of oil and the flour in a large bowl.	En un cuenco grande, mezcla los huevos, dos cucharadas soperas de aceite y la harina.
Go out of the front door and then turn left.	Salga por la puerta principal y luego gire a la izquierda.

5. Para dar consejos (a) o expresar buenos o malos deseos (b).

a Turn off the lights before you go to bed.	Apaga las luces antes de irte a la cama.

EL SINTAGMA VERBAL 113

Give up TV and do some sport!	¡Deja de ver tanta televisión y haz un poco de deporte!
b Have a good night!	¡Que pases una buena noche!
Enjoy your meal!	¡Que aproveche!

6. Se puede usar el imperativo como primer término de una condición.

Tidy your room now or I'll tell your father!	¡Ordena tu habitación ahora o se lo digo a tu padre!
Go out without permission and you're asking for trouble.	Vete sin pedir permiso y te meterás en líos.

1.2. SUBJUNCTIVE (EL MODO SUBJUNTIVO)

1.2.1. Form (Forma)

El subjuntivo en inglés no tiene una forma diferente del indicativo y coincide con la forma base del verbo, es decir, todas las personas son iguales.

Subjuntivo		
I develop you develop	he develop she develop it develop	we develop you develop they develop

> ❗ Fíjate que la tercera persona del singular no contiene la *-s* final propia de la tercera persona del singular del presente de indicativo.

1.2.2. Use (Uso)

El subjuntivo en inglés tiene actualmente un uso muy limitado, generalmente en oraciones subordinadas introducidas por *that*.

The company requires that computer programmers develop new antivirus software.	La compañía necesita que los programadores desarrollen un nuevo software antivirus.
The situation demands that he publicly apologise for his mistake.	La situación requiere que él se disculpe públicamente por su error.

En inglés británico se utiliza el verbo modal *should* también como subjuntivo.

The company requires that computer programmers should develop new antivirus software.	La compañía necesita que los programadores desarrollen un nuevo software antivirus.

1. El subjuntivo también se usa en expresiones hechas como:

God save the Queen!	¡Dios salve a la Reina!
God help us all.	¡Que Dios nos ayude a todos!

2. En condicionales de segundo tipo que expresan una hipótesis o deseo se usa el subjuntivo con *I wish*, *if only*, *if I were*, que se corresponden con el imperfecto de subjuntivo en español.

I wish she had the same feelings for me as I have for her.	Ojalá ella sintiera por mí lo mismo que yo siento por ella.
If only I hadn't had that last cup of hot chocolate.	Si al menos no me hubiera tomado esa última taza de chocolate.
If I were you, I would buy her some flowers.	Yo que tú, le compraría unas flores.

> En el lenguaje oral, cada vez con más frecuencia, se prefiere la forma *If I was …* en vez de *If I were …*
>
> If I was in your position, I wouldn't know what to say either. — Si yo estuviera en tu lugar, tampoco sabría qué decir.

2. TENSE (EL TIEMPO VERBAL)

Cuando hablamos sobre una acción, proceso o estado debemos expresar si ocurrió en el pasado, si está ocurriendo en el presente o si ocurrirá en el futuro. Generalmente, esto lo expresamos con el uso de tiempos verbales.

En inglés, al igual que en español, encontramos tiempos simples. Sin embargo, sólo en inglés encontramos tiempos continuos para expresar que una acción se está realizando de forma continua. Esta continuidad en español se expresa con los verbos 'estar' y/o 'haber' y el verbo principal que siempre aparecerá en gerundio.

Simple present I read.	Presente Yo leo.
Present Continuous I am reading.	Presente 'estar' + gerundio Yo estoy leyendo.
Simple past She cooked.	Pretérito perfecto simple Ella cocinó.
Past continuous She was cooking.	Pretérito imperfecto 'estar' + gerundio Ella estaba cocinando.

2.1. SIMPLE PRESENT (PRESENTE)

2.1.1. Form (Forma)

El *simple present* se construye con la forma base del verbo que se conjuga.

sujeto + verbo en forma base

These flowers smell good. — Estas flores huelen bien.

EL SINTAGMA VERBAL

I think she is very pretty.	Creo que ella es muy guapa.
He eats a lot of cereals in the morning.	Él toma muchos cereals por la mañana.

Nótese que en la tercera persona del singular se añade una -s al final del verbo.

he/she/it eats

Tom usually <u>eats</u> a lot of fresh fruit.	Tom suele comer mucha fruta fresca.
Perhaps he <u>works</u> for the BBC.	Quizás trabaje para la BBC.

En algunos casos, en lugar de -s se añade -es al verbo:

a Verbos cuyo infinitivo acaba en sonidos sibilantes como /tʃ, ʃ, s, ks, z/ que pueden corresponderse con las grafías -ch, -sh, -ss, -x, -z.

I watch	he/she watches	I miss	he/she misses
I catch	he/she catches	I kiss	he/she kisses
I finish	he/she finishes	I fix	he/she fixes
I brush	he/she brushes	I fizz	he/she fizzes

b Verbos que acaban con la vocal -o precedida de consonante.

I go	he/she goes
I do	he/she does

c Los verbos acabados en -y precedida de una consonante añaden -es y cambian -y por -i-.

I fly	it flies
I try	he/she tries

A continuación se presentan varios ejemplos de *simple present*.

My son never <u>watches</u> TV at night.	Mi hijo nunca ve la televisión por la noche.
I <u>think</u> she is very pretty.	Creo que ella es muy guapa.
I <u>hate</u> horror films.	Odio las películas de terror.
Dan always <u>goes</u> to work on foot.	Dan siempre va al trabajo andando.

1. Para expresar en inglés una negación en *simple present*, el verbo principal necesita ir acompañado del auxiliar *do* (*does* para la tercera persona del singular) y la partícula *not*, quedando la siguiente estructura:

sujeto +	do/does +	not +	verbo en forma base +	objeto
I	do	not	walk.	
She	does	not	eat	sandwiches.

2. Para formular una pregunta en inglés es necesario invertir el orden de la oración colocando en primer lugar el auxiliar (*do/does*), seguido del sujeto y después el verbo en forma base. Véase la siguiente estructura:

Do/Does +	sujeto +	verbo en forma base +	objeto?
Do	you	drink	coffee?
Does	she	watch	TV?

No se debe olvidar que la tercera persona lleva el auxiliar *does*.

3. A continuación se presenta el verbo *to walk* conjugado en afirmativa, negativa e interrogativa:

Afirmativa		
I walk	he walks	you walk
you walk	she walks	we walk
	it walks	they walk

Negativa	
Forma sin contraer	Forma contraída
I do not walk	I don't walk
you do not walk	you don't walk
he does not walk	he doesn't walk
she does not walk	she doesn't walk
it does not walk	it doesn't walk
we do not walk	we don't walk
you do not walk	you don't walk
they do not walk	they don't walk

Interrogativa		
do I walk?	does he walk?	do you walk?
do you walk?	does she walk?	do we walk?
	does it walk?	do they walk?

4. El verbo *to be* es muy común en inglés y además se usa para la formación de otros tiempos verbales. Por ello, es necesario prestar especial atención a su forma irregular.

Afirmativa	Negativa		Interrogativa
I am	I am not	I'm not	am I?
you are	you are not	you aren't	are you?
he is	he is not	he isn't	is he?
she is	she is not	she isn't	is she?
it is	it is not	it isn't	is it?
we are	we are not	we aren't	are we?
you are	you are not	you aren't	are you?
they are	they are not	they aren't	are they?

5. A continuación se explica la pronunciación de los sufijos *-s* y *-es* de tercera persona del singular:

a La -s final se pronuncia con el sonido sordo /s/ cuando va precedida de los siguientes sonidos sordos /p, t, k, f, θ/.

laugh	laughs	/lɑːfs/
look	looks	/lʊks/
sit	sits	/sɪts/
sniff	sniffs	/snɪfs/
stop	stops	/stɒps/

b La -s final se pronuncia con el sonido sonoro /z/ cuando va precedida de vocal o cualquier sonido sonoro que no sea sibilante como /b, d, l, m, n, ŋ, v/, que pueden corresponderse con las grafías -b, -d, -l, -m, -n, -g, -v.

begin	begins	/bɪˈgɪnz/
bring	brings	/brɪŋz/
build	builds	/bɪldz/
come	comes	/kʌmz/
love	loves	/lʌvz/
stab	stabs	/stæbz/
stay	stays	/steɪz/
travel	travels	/ˈtræv.əlz/

c La -s /-es final se pronuncia /ɪz/ cuando va precedida de sonidos sibilantes sordos como /s, z, ʃ, tʃ, dʒ/, que pueden corresponderse con las grafías -ch, -sh, -ss, -x, -z.

choose	chooses	/tʃuːsɪz/
fish	fishes	/fɪʃɪz/
judge	judges	/dʒʌdʒɪz/
match	matches	/mætʃɪz/
miss	misses	/mɪsɪz/

2.1.2. Use (Uso)

El *simple present,* al igual que en español, se usa para describir una acción que ocurre en el presente sin que sea necesario hacer ninguna referencia temporal.

She <u>is</u> a vegetarian.	Ella es vegetariana.
She <u>doesn't eat</u> meat or fish.	No come carne ni pescado.
My friend Amy <u>works</u> for an important art dealer.	Mi amiga Amy trabaja para un importante comerciante de arte.

1. El presente tiene usos muy parecidos en inglés y en español, por ejemplo, para describir una acción habitual o rutinaria que sucede repetidamente. En estos casos la frase puede contener algún adverbio de frecuencia (*always, at present, currently, generally, mainly, normally, nowadays, often, presently, rarely, sometimes, these days,* *traditionally*, *usually*, etc.) o alguna expresión adverbial de frecuencia (*twice a month*, *now and then*, etc.) para reforzar o suavizar la acción.

They <u>usually</u> drive to work.	Normalmente van al trabajo en coche.
I <u>often</u> stop by to have a coffee with her.	A menudo me paso a tomar un café con ella.
Resarch project financing is <u>rarely</u> a problem in this university.	La financiación para proyectos de investigación rara vez supone un problema en esta universidad.
He visits his parents <u>twice a month</u> to do the laundry.	Va a casa de sus padres dos veces al mes para hacer la colada.
Darling, I think we should go to nice restaurants <u>now and then</u>.	Cariño, creo que deberíamos ir a buenos restaurantes de vez en cuando.
- Do you <u>normally</u> drink coffee? - No, I <u>rarely</u> drink coffee.	- ¿Bebes café normalmente? - No, rara vez tomo café.

> **!** La posición del adverbio puede variar en inglés y en español. En los primeros ejemplos de este apartado (*They usually …*, *I often …*) se puede ver que en inglés -en oraciones afirmativas- el adverbio suele ir después del sujeto y antes del verbo. En español, sin embargo, la posición del adverbio es mucho más flexible. Para conocer con más detalle la posición del adverbio en inglés, véase el apartado 2, página 290.

2. Se usa el *simple present* para hacer referencia a verdades generales que quedan fuera de cualquier duda, es decir, que fueron verdad en el pasado, lo son en el presente y también en el futuro.

Oil <u>floats</u> on water.	El aceite flota en el agua.
Plants <u>need</u> nutrients in order to grow.	Las plantas necesitan nutrientes para poder crecer.
The Moon <u>has</u> a noticeable effect on the Earth in the form of tides.	La Luna tiene un efecto perceptible sobre la Tierra a través de las mareas.

3. Podemos usar el *simple present* para hablar de acciones futuras que están sujetas a un horario fijo o a un programa determinado con antelación. Es necesario en estos casos contar con una referencia temporal.

Our bus <u>leaves</u> next Monday at two o'clock.	Nuestro autobús sale el próximo lunes a las dos en punto.
They <u>visit</u> the Empire State Building on Saturday.	Visitan el Empire State Building el sábado.
I <u>have</u> an important meeting tomorrow.	Mañana tengo una reunión importante.

EL SINTAGMA VERBAL

4. El inglés y el español presentan un uso similar en el llamado 'presente histórico', es decir, el presente usado para describir una acción pasada a la que se quiere dar más viveza.

| In 1066, the troops of William, Duke of Normandy, <u>invade</u> the Kingdom of England. | En 1066, las tropas de Guillermo, Duque de Normandía, invaden el Reino de Inglaterra. |

> **!** En inglés y en español, como en casi todas las demás lenguas, el tiempo verbal (*tense*) no tiene que coincidir necesariamente con el tiempo real que desea expresar el hablante. Para ilustrar esta distinción, se pueden ver los siguientes ejemplos:
>
> | In 1905, Norway <u>gains</u> its independence from Sweden. | En 1905, Noruega consigue la independencia de Suecia. |
>
> En este ejemplo, aunque el tiempo real es pasado, el tiempo verbal utilizado es presente, conocido como 'presente histórico'.
>
> | We <u>leave</u> for London next Sunday. | Nos marchamos para Londres el próximo domingo. |
>
> En este caso, el tiempo real es futuro y el tiempo verbal empleado es presente.

5. El *simple present* también se usa en lenguaje coloquial para contar chistes y anécdotas.

| This bloke <u>walks</u> into a bar and says 'Ouch!' | Un tío entra en un bar y dice: '¡ay!' Un tío tropieza con una barra y dice: '¡ay!' |

> **!** Este último ejemplo tiene un doble sentido que se muestra en las dos traducciones. *Bloke* es un término coloquial en inglés británico que significa 'tío, tipo'. *Ouch* es una interjección coloquial para mostrar dolor que significa '¡Ay!'
>
> Muchos chistes ingleses en inglés empiezan con las palabras *This bloke/man/guy walks into a bar and says* …En este caso el elemento cómico consiste en el significado ambiguo del verbo.
> *walk into*: verbo + preposición ('entrar en un sitio andando')
> *walk into*: verbo frasal ('tropezar, chocarse con algo')

6. En oraciones compuestas como condicionales de primer tipo (a) y oraciones temporales (b) suele usarse el presente.

| **a** <u>If you go out</u> like that, you will catch a cold. | Si sales así, vas a coger un resfriado. |
| **b** <u>When you speak</u> foreign languages, it's easier to travel abroad. | Cuando hablas lenguas extranjeras, es más fácil viajar al extranjero. |

El verbo en estas oraciones temporales normalmente se traduce por el presente de subjuntivo en español.

120   EL SINTAGMA VERBAL

Don't forget to call me as soon as you <u>get</u> home.	No te olvides de llamarme tan pronto como llegues a casa.
We can't start the match until the umpire <u>arrives</u>.	No podemos empezar el partido hasta que llegue el árbitro.

> **!** Fíjate que estas oraciones temporales se refieren a un tiempo futuro y en español se usa el subjuntivo, en vez del indicativo. Esta diferencia suele causar problemas a los hispanohablantes y es el origen de muchos errores.

7. En retransmisiones de radio o televisión se suele usar el *simple present* para narrar lo que está aconteciendo, también para mostrar cómo se hace algo, por ejemplo, en recetas de cocina.

Andy Murray <u>hits</u> the ball and his feet <u>leave</u> the ground.	Andy Murray golpea la pelota y los pies se levantan del suelo.
Federer <u>brings</u> his racket up and …	Federer lleva la raqueta a la espalda y …
We <u>add</u> the yeast to the milk and <u>dissolve</u> it.	Añadimos la levadura a la leche y la disolvemos.

8. Se suele usar este tiempo verbal cuando se está contando lo que ocurre en una película o en un libro.

As she <u>feels</u> betrayed, she <u>decides</u> to leave her husband.	Como se siente traicionada, decide dejar a su marido.

2.2. PRESENT CONTINUOUS (PRESENTE 'ESTAR' + GERUNDIO)

2.2.1. Form (Forma)

El *present continuous* se forma con el presente del verbo *to be* seguido del verbo principal en gerundio. Para el presente del verbo *to be* véase el apartado 4, página 117.

sujeto + *am/is/are* + verbo en forma base + (*-ing*)

A continuación se presentan varios ejemplos:

He <u>is feeling</u> a bit dizzy.	Se siente un poco mareado.
My parents <u>are visiting</u> uncle Bob in New Zealand.	Mis padres están visitando a mi tío Bob en Nueva Zelanda.
After running so fast, she <u>is breathing</u> very heavily.	Después de correr tan rápido, está jadeando.
Now he <u>is cooking</u> our dinner.	Ahora está preparándonos la cena.

1. Seguidamente se presenta el verbo *to sing* conjugado en afirmativa, negativa e interrogativa:

Afirmativa		
I am singing you are singing	he is singing she is singing it is singing	we are singing you are singing they are singing

Negativa	
Forma sin contraer	**Forma contraída**
I am not singing you are not singing he is not singing she is not singing it is not singing we are not singing you are not singing they are not singing	I'm not singing you aren't singing he isn't singing she isn't singing it isn't singing we aren't singing you aren't singing they aren't singing

Interrogativa		
am I singing? are you singing	is he singing? is she singing? is it singing?	are we singing? are you singing? are they singing?

2. Al añadir la forma *-ing* a la forma base del verbo, en ocasiones se pueden producir una serie de cambios ortográficos que se describen a continuación:

a Los verbos acabados en una única *-e* final precedida de consonante, la pierden y se les añade la forma *-ing*.

breathe	breathing	ride	riding
care	caring	take	taking
leave	leaving	write	writing

Dos excepciones a esta regla son los verbos *to be* y *to dye*.

| be | being |
| dye | dyeing |

b Los verbos monosílabos que acaban en consonante precedida de una sola vocal, duplican esta consonante final antes de la forma *-ing*.

let	letting	sit	sitting
rob	robbing	stop	stopping
run	running	swim	swimming

También duplican la consonante final los verbos con dos o más sílabas que tienen el acento en la última sílaba y acaban en consonante precedida de una sola vocal.

| equip | equipping |
| forget | forgetting |

EL SINTAGMA VERBAL

c La *-l* final precedida de una sola vocal siempre se duplica en inglés británico, no así en inglés americano.

| travel | travelling (inglés británico) |
| travel | traveling (inglés americano) |

d Debe tenerse en cuenta que los verbos acabados en *-y* añaden la forma *-ing* sin cambio ortográfico alguno.

fly	flying	say	saying
pay	paying	stay	staying
play	playing	study	studying

> Un error común de los hispanohablantes con el verbo *study* en forma *-ing* es omitir la *-y-* (*studing*).

e Los verbos acabados en *-ie* sufren un cambio que puede resultar inesperado, *-ie* se convierte en *-y*.

| die | dying |
| lie | lying |

2.2.2. Use (Uso)

En inglés, al igual que en español, se utiliza el *present cotinuous* para describir acciones que se están realizando en el mismo momento en que se habla. La frase puede contener adverbios como *now* o *right now*.

| Sara is taking a nap on the sofa in the sitting room. | Sara está durmiendo la siesta en el sofá del salón. |
| The kids are taking a Maths exam right now. | Los chicos están haciendo un examen de matemáticas en este momento. |

1. Se puede usar con un adverbio o expresión adverbial que indica futuro para describir una acción planificada que se realizará con bastante seguridad. En español se utilizaría el presente o el futuro.

   | My in-laws are coming for Christmas dinner this year. | Mis suegros vienen este año a la cena de Navidad. / Mis suegros vendrán este año a la cena de Navidad. |
   | Jim is flying back to Spain in a few days. | Jim vuela de vuelta a España en unos días. / Jim volará de vuelta a España en unos días. |

2. Al igual que en español, el *present cotinuous* se puede usar para expresar una acción que aún está inacabada aunque no tiene por qué estar llevándose a cabo en el preciso instante en el que se habla.

   | Believe it or not, I am writing a novel. | Aunque no lo creas, estoy escribiendo una novela. |

Federer is playing
very well this year.

Federer está jugando
muy bien este año.

3. Se usa junto con el adverbio de frecuencia *always* para resaltar que una acción se repite frecuentemente y además expresar cierto descontento con la misma. En español, se podría usar el presente o el presente del verbo 'estar' + gerundio.

My neighbour
is always bothering
me with one thing
or another.

Mi vecino siempre me molesta con
una cosa u otra. / Mi vecino
siempre me está molestando
con una cosa u otra.

I can't stand it. She is always
bossing me about.

No lo aguanto. Siempre me mangonea.
/ Siempre me está mangoneando.

You are always complaining!

¡Siempre te quejas! / ¡Siempre te
estás quejando!

4. Para indicar que una acción tiene lugar de forma temporal o transitoria, se suele usar el *present continuous* en lugar del *simple present*.

He is working as a waiter.

Está trabajando de camarero.

He works as a waiter.
(Indica que no es una acción temporal sino permanente).

Trabaja de camarero.

5. Los verbos que no expresan una acción sino un estado (verbos estáticos) como *belong, dislike, hate, hope, know, like, love, mean, own, prefer, remember, understand, want*, etc., suelen usarse en *simple present* y no en *present continuous*.

I don't understand why
she treats me like that.

No entiendo por qué
me trata así.

I know she still loves me.

Sé que todavía me quiere.

6. Hay que tener en cuenta que para hablar de sentimientos o pensamientos que se tienen en el momento de hablar o escribir se usa el *simple present* en lugar del *present continuous*.

Wow, she looks beautiful!

¡Guau, está preciosa!

Oh, my stomach hurts a lot!

¡Ay, me duele mucho el estómago!

Sin embargo, si estás hablando sobre percepciones físicas, se suele utilizar el verbo modal *can*.

I can see you've changed a lot!

¡Veo que has cambiado mucho!

I can smell the sea breeze
from my room.

Huelo la brisa del mar
desde mi habitación.

> Fíjate que en inglés las percepciones físicas se expresan con el verbo *can* ('poder'), mientras que en español se traduce simplemente el verbo de la percepción, por ejemplo, oler, ver, etc.

2.3. SIMPLE PAST (PRETÉRITO PERFECTO SIMPLE)

2.3.1. Form (Forma)

En inglés, el *simple past* de los verbos regulares se forma añadiendo *-ed* al infinitivo y permanece igual en todas las personas. Por lo que respecta a los verbos irregulares, es necesario aprender de memoria la forma de *simple past*. Puede encontrarse una lista de verbos irregulares en el Apéndice II, página 305.

Los siguientes ejemplos muestran el *simple past* con un verbo regular:

| I talked to Hannah. | Hablé con Hannah. |
| I stopped at the library. | Me paré en la biblioteca. |

Los siguientes ejemplos muestran el *simple past* con un verbo irregular:

| I ate a hamburger. | Comí una hamburguesa. |
| I saw her at the supermarket. | La vi en el supermercado. |

1. Las formas negativa e interrogativa se construyen con el auxiliar *did* (*not*) y el infinitivo del verbo que se conjuga. A continuación se presentan los verbos *to talk* y *to eat* conjugados en afirmativa, negativa e interrogativa:

Afirmativa		Interrogativa	
I talked	I ate	did I talk?	did I eat?
you talked	you ate	did you talk?	did you eat?
he talked	he ate	did he talk?	did he eat?
she talked	she ate	did she talk?	did she eat?
it talked	it ate	did it talk?	did it eat?
we talked	we ate	did we talk?	did we eat?
you talked	you ate	did you talk?	did you eat?
they talked	they ate	did they talk?	did they eat?

Negativa			
Forma sin contraer		Forma contraída	
I did not talk	I did not eat	I didn't talk	I didn't eat
you did not talk	you did not eat	you didn't talk	you didn't eat
he did not talk	he did not eat	he didn't talk	he didn't eat
she did not talk	she did not eat	she didn't talk	she didn't eat
it did not talk	it did not eat	it didn't talk	it didn't eat
we did not talk	we did not eat	we didn't talk	we didn't eat
you did not talk	you did not eat	you didn't talk	you didn't eat
they did not talk	they did not eat	they didn't talk	they didn't eat

2. Hay que tener en cuenta que algunos verbos regulares están sujetos a cambios ortográficos cuando se les añade la terminación *-ed* del *simple past*, en cierto sentido similares a los presentados en el apartado 2, página 122 para la forma *-ing*.

2.1. Los verbos que terminan en *-e* sólo añaden una *-d*.

EL SINTAGMA VERBAL 125

like   like<u>d</u>

arrive   arrive<u>d</u>

2.2. Los verbos que terminan en una única consonante precedida de una vocal acentuada, duplican la consonante final.

sto<u>p</u>   stop<u>p</u>ed

ro<u>b</u>   rob<u>b</u>ed

Si el verbo tiene más de una sílaba, la consonante final sólo se duplica si el acento cae en la última sílaba.

admi<u>t</u>   admit<u>t</u>ed

permi<u>t</u>   permit<u>t</u>ed

Los verbos que terminan en -*l* duplican la consonante en inglés británico, pero no en inglés americano.

travel   trave<u>ll</u>ed (inglés británico)

travel   trave<u>l</u>ed (inglés americano)

2.3. Los verbos que terminan en -*y* precedida de consonante, cambian la -*y* por -*i*.

try   tr<u>i</u>ed

dry   dr<u>i</u>ed

3. Recuerda que el *simple past* del verbo *to be* se construye de forma diferente.

Afirmativa		
I was	he was	you were
you were	she was	we were
	it was	they were

Negativa	
Forma sin contraer	**Forma contraída**
I was not	I wasn't
you were not	you weren't
he was not	he wasn't
she was not	she wasn't
it was not	it wasn't
we were not	we weren't
you were not	you weren't
they were not	they weren't

Interrogativa		
was I?	was he?	were you?
were you?	was she?	were we?
	was it?	were they?

126   EL SINTAGMA VERBAL

4. Recuerda también que el *simple past* del verbo *can* se construye de forma diferente.

Afirmativa		
I could you could	he could she could it could	you could we could they could

Negativa	
Forma sin contraer	**Forma contraída**
I could not you could not he could not she could not it could not we could not you could not they could not	I couldn't you couldn't he couldn't she couldn't it couldn't we couldn't you couldn't they couldn't

Interrogativa		
could I? could you?	could he? could she? could it	could we? could you? could they?

5. A continuación se presentan algunas reglas para la pronunciación del sufijo *-ed* del *simple past* de los verbos regulares. En el caso de los verbos irregulares no hay reglas generales para la pronunciación pero sí existen algunos patrones que se repiten en la pronunciación de determinados verbos irregulares.

5.1. En los verbos cuyo infinitivo acaba en una consonante sorda (excepto *-t*) esto es, en alguno de los sonidos /p/, /k/, /f/, /θ/, /s/, /ʃ/, /tʃ/, la terminación *-ed* se pronuncia /t/.

stop	/stɒp/	stopped	/stɒpt/
look	/lʊk/	looked	/lʊkt/
laugh	/lɑːf/	laughed	/lɑːft/
miss	/mɪs/	missed	/mɪst/
fish	/fɪʃ/	fished	/fɪʃt/
fetch	/fetʃ/	fetched	/fetʃt/

5.2. En los verbos cuyo infinitivo acaba en una consonante sonora (excepto *-d*) esto es, en alguno de los sonidos /b/, /g/, /v/, /d/, /ʒ/, /dʒ/, /m/, /n/, /ŋ/, /l/, la terminación *-ed* se pronuncia /d/.

| climb | /klaɪm/ | climbed | /klaɪmd/ |
| beg | /beg/ | begged | /begd/ |

EL SINTAGMA VERBAL 127

love	/lʊv/	loved	/lʊvd/
close	/kləʊz/	closed	/kləʊzd/
judge	/dʒʌdʒ/	judged	/dʒʌdʒd/
seem	/siːm/	seemed	/siːmd/
long	/lɒŋ/	longed	/lɒŋd/
pull	/pʊl/	pulled	/pʊld/

5.3. En los verbos cuyo infinitivo acaba en *-d* o *-t*, la terminación *-ed*, se pronuncia /ɪd/.

expect	/ɪkˈspekt/	expected	/ɪkˈspektɪd/
intend	/ɪnˈtend/	intended	/ɪnˈtendɪd/
pretend	/prɪˈtend/	pretended	/prɪˈtendɪd/
wait	/weɪt/	waited	/weɪtɪd/

2.3.2. Use (Uso)

El *simple past*, al igual que en español, se utiliza para hablar de acciones pasadas. En estos casos el verbo puede ir acompañado de una expresión temporal para indicar el momento exacto en el que ocurrió la acción como, por ejemplo, *yesterday, last night, in 2007*, etc. El equivalente en español suele ser el pretérito perfecto simple.

I went to the cinema <u>yesterday</u>. Fui al cine ayer.

It was very cold <u>last night</u>. Hizo mucho frío anoche.

1. También se usa para expresar algo que existió en el pasado durante un periodo de tiempo largo.

Throughout the 60s, my parents <u>worked</u> in that factory. Durante los años 60 mis padres trabajaron en esa fábrica.

I <u>lived</u> in India from 1990 to 2000. Viví en la India desde el año 1990 hasta el 2000.

2. Se usa para hablar de una acción que tuvo lugar en el pasado repetidamente, pero que ya no ocurre. El equivalente en español suele ser el pretérito imperfecto.

Each year, my grandparents <u>bought</u> me a birthday present. Todos los años mis abuelos me compraban un regalo de cumpleaños.

For a decade she <u>sent</u> him a letter every month. Durante una década ella le mandaba una carta cada mes.

3. También se puede usar con la conjunción *as*, para expresar una secuencia de acciones, todas acabadas. Es decir, simultaneidad con otra acción en el pasado. Se traduce en español como 'al + infinitivo' o 'cuando + pretérito perfecto simple'.

<u>As</u> he opened the door, he saw her lying on the floor. Al abrir la puerta, la vio tumbada en el suelo.

<u>As</u> I stood and watched them, I wondered how many of them were really my friends. Cuando me puse de pie y los observé, me pregunté cuántos de ellos eran realmente mis amigos.

4. El *simple past* se usa en oraciones condicionales, siendo el equivalente del pretérito imperfecto de subjuntivo en español. Para el uso de los condicionales, véase el apartado 2.2.1.8., página 259.

| If I <u>went</u> to Paris, | Si fuera a París, |
| I would visit the Eiffel Tower. | visitaría la Torre Eiffel. |

> ❗ Fíjate que como se trata de una oración condicional, en español usamos pretérito imperfecto de subjuntivo.

5. El *simple past* se usa también con otras expresiones como *I wondered if* ('me preguntaba si').

| <u>I wondered if</u> you could help me with this homework. | Me preguntaba si podrías ayudarme con esta tarea. |

2.4. PAST CONTINUOUS (PRETÉRITO IMPERFECTO 'ESTAR' + GERUNDIO)

2.4.1. Form (Forma)

El *past continuous* se forma en inglés con el pasado del verbo *to be* seguido del verbo principal en gerundio. Para el pasado del verbo *to be* véase el apartado 3, página 126.

sujeto + *was/were* + verbo en forma base + *-ing*

A continuación se presentan varios ejemplos de *past continuous*:

At nine o'clock last night, I <u>was having</u> dinner.	Anoche a las nueve yo estaba cenando.
It <u>was drizzling</u> this morning.	Esta mañana estaba lloviznando.
She <u>was studying</u> in the library for her exams.	Ella estaba estudiando en la biblioteca para los exámenes.
Last year at this time, we <u>were relaxing</u> on a beach in the Caribbean.	El año pasado por estas fechas estábamos relajándonos en una playa en el Caribe.

1. Seguidamente se presenta el verbo *to read* conjugado en afirmativa, negativa e interrogativa:

Afirmativa		
I was reading	he was reading	we were reading
you were reading	she was reading	you were reading
	it was reading	they were reading

EL SINTAGMA VERBAL 129

Negativa	
Forma sin contraer	**Forma contraída**
I was not reading you were not reading he was not reading she was not reading it was not reading we were not reading you were not reading they were not reading	I wasn't reading you weren't reading he wasn't reading she wasn't reading it wasn't reading we weren't reading you weren't reading they weren't reading

Interrogativa		
was I reading? were you reading?	was he reading? was she reading? was it reading?	were we reading? were you reading? were they reading?

2. Al añadir la forma *-ing* al verbo a la forma base del verbo, en ocasiones se pueden producir una serie de cambios ortográficos que se describen en el apartado 2, página 122.

2.4.2. Use (Uso)

Al igual que en español, en inglés se utiliza el *past continuous* para hablar de una acción en desarrollo en un momento del pasado.

| He <u>was whistling</u> a beautiful tune. | Estaba silbando una bonita melodía. |
| They <u>were enjoying</u> their honeymoon. | Estaban disfrutando de su luna de miel. |

Cuando nos referimos a actividades cotidianas muy concretas y rutinarias en el pasado, el *past continuous* se suele traducir con el pretérito imperfecto.

| While I <u>was living</u> in England, I used to go to the theatre twice a month. | Cuando vivía en Inglaterra, solía ir al teatro dos veces al mes. |

1. Generalmente, sirve para hablar de una situación o circunstancias que rodean a un hecho pasado.

| We <u>were sitting</u> at the table when Anna <u>burst</u> into the dining room. | Estábamos sentados a la mesa cuando Anna irrumpió en el comedor. |
| They <u>were having</u> a picnic near the lake when it <u>started</u> to rain. | Estaban haciendo un picnic cerca del lago cuando empezó a llover. |

2. Se puede usar para expresar la repetición de un hecho que crea incomodidad. En estas frases se suele incluir un adverbio de frecuencia (*always*, *constantly*, *repeatedly*, etc.) que se coloca entre *was/were* y el verbo con *-ing*. Para la colocación de los adverbios de frecuencia, véase el apartado 1.2., página 280.

| Two months ago I started to put on a lot of weight because I was <u>constantly</u> nibbling. | Hace dos meses empecé a ganar mucho peso porque estaba todo el tiempo picando. |

130 EL SINTAGMA VERBAL

He was <u>always</u> bothering me with comments about my hair.	Siempre me estaba molestando con comentarios sobre mi pelo.

2.5. PRESENT PERFECT (PRETÉRITO PERFECTO COMPUESTO)

2.5.1. Form (Forma)

El *present perfect* se forma en inglés con el presente del verbo *have* ('haber, tener') + el participio pasado del verbo principal. Si el verbo es regular el participio termina en *-ed*. Encontrarás una lista de verbos irregulares en el Apéndice II, página 305.

sujeto + *have/has* + participio pasado

Un ejemplo de *present perfect* con un verbo regular es:

I have played football.	He jugado al fútbol.

Un ejemplo de *present perfect* con un verbo irregular es:

I have eaten a sandwich.	He comido un sandwich.

1. A continuación te presentamos el verbo *to play* conjugado en afirmativa, negativa e interrogativa:

Afirmativa	
Forma sin contraer	**Forma contraída**
I have played	I've played
you have played	you've played
he has played	he's played
she has played	she's played
it has played	it's played
we have played	we've played
you have played	you've played
they have played	they've played

Negativa	
Forma sin contraer	**Forma contraída**
I have not played	I haven't played
you have not played	you haven't played
he has not played	he hasn't played
she has not played	she hasn't played
it has not played	it hasn't played
we have not played	we haven't played
you have not played	you haven't played
they have not played	they haven't played

Interrogativa		
have I played?	has he played?	have we played?
have you played?	has she played?	have you played?
	has it played?	have they played?

2. Hay que tener en cuenta que algunos verbos regulares están sujetos a cambios ortográficos cuando se les añade la *-ed* del participio.

a Los verbos que terminan en *-e* sólo añaden una *-d*.

like   liked

arrive   arrived

b Los verbos que terminan en una única consonante precedida de una vocal acentuada duplican la consonante final.

rob   robbed

stop   stopped

c Si el verbo tiene más de una sílaba, la consonante final sólo se dobla si el acento cae en la última sílaba.

admit   admitted

permit   permitted

Los verbos que terminan en *-l* doblan la consonante en inglés británico, pero no en inglés americano.

travel   travelled (inglés británico)

travel   traveled (inglés americano)

d Los verbos que terminan en *-y* precedida de consonante, cambian la *-y* por *-i*.

try   tried

dry   dried

2.5.2. Use (Uso)

El *present perfect*, al igual que en español, se utiliza para hablar de acciones realizadas en un pasado inmediato y en un momento que consideramos como parte del presente.

It's been very cold this week.   Esta semana ha hecho mucho frío.

I've lost my keys.   He perdido mis llaves.

1. El *present perfect* se puede usar con adverbios y expresiones temporales referidas a un tiempo que todavía no ha acabado: *this/the whole morning, this week, this month, this year, today, recently*, etc.

She hasn't been to the gym this week.   Esta semana no ha ido al gimnasio.

They have not come to visit me <u>this month</u>.	No han venido a visitarme este mes.
Where have you been <u>the whole morning</u>?	¿Dónde has estado toda la mañana?

Sin embargo, en inglés no se puede traducir el *present perfect* con expresiones temporales que sitúen la acción en un punto concreto en el pasado como, por ejemplo, *yesterday, last month, last year*. En esos casos hay que usar el *simple past*.

~~My German friends have left yesterday.~~

My German friends <u>left yesterday</u>.	Mis amigos alemanes se marcharon ayer.

~~I have bought a new house last month.~~

I <u>bought</u> a new house <u>last month</u>.	Me compré una casa nueva el mes pasado.

2. A diferencia del español, en inglés el *present perfect* también se utiliza para hablar de acciones que comenzaron en el pasado y que todavía continúan en el presente. En español se usaría el presente en lugar del pretérito perfecto compuesto.

~~I live here since I was a child.~~

I <u>have lived</u> here since I was a child.	Vivo aquí desde que era niño.

En estos casos el *present perfect* suele ir acompañado de *since* o *for*. Debes saber cuándo usar *for* y cuándo usar *since*.

a *For* indica cuánto tiempo ha durado una situación: dos meses, tres días, un año, etc.

~~I've worked here since two months.~~

I've worked here <u>for two months</u>.	Trabajo aquí desde hace dos meses.
~~I have known him since seven years.~~	
I have known him for <u>seven years</u>.	Lo conozco desde hace siete años.

b *Since* indica el punto temporal exacto desde el que la acción comenzó; desde enero, desde 1980, desde que te conozco, etc.

~~I've worked here for 1990.~~

I've worked here <u>since 1990</u>.	Trabajo aquí desde 1990.
~~We have lived together for January 2001.~~	
We have lived together <u>since January 2001</u>.	Vivimos juntos desde enero de 2001.

3. Las acciones que acaban de ocurrir incorporan el adverbio *just* con el *present perfect*.

I <u>have just found</u> the book I was looking for.	Acabo de encontrar el libro que estaba buscando.
We <u>have just seen</u> him at the main entrance.	Acabamos de verle en la entrada principal.

EL SINTAGMA VERB

| It's the third time they've gone swimming this week. | Es la tercera vez que van a nadar esta semana. |

2.6. PRESENT PERFECT CONTINUOUS (PRETÉRITO PERFECTO COMPUESTO 'ESTAR'+ GERUNDIO)

2.6.1. Form (Forma)

El *present perfect continuous* se forma en inglés con el presente del verbo *to have* (*have/has*) más el participio pasado del verbo *to be* y el gerundio del verbo principal.

sujeto + *have/has* + *been* + verbo en forma base + *-ing*

Aquí se presentan varios ejemplos de *present perfect continuous*:

We have been watching TV for hours.	Hemos estado viendo la televisión durante horas.
It has been snowing all day.	Ha estado nevando todo el día.
I have been sitting here since five o'clock.	He estado sentado aquí desde las cinco.
She has been working as a lawyer for 10 years.	Ha estado 10 años trabajando de abogada.

1. A continuación se presenta el *present perfect continuous* del verbo *to eat* conjugado en afirmativa, negativa e interrogativa:

Afirmativa	
Forma sin contraer	**Forma contraída**
I have been eating	I've been eating
you have been eating	you've been eating
he has been eating	he's been eating
she has been eating	she's been eating
it has been eating	it's been eating
we have been eating	we've been eating
you have been eating	you've been eating
they have been eating	they've been eating

Negativa	
Forma sin contraer	**Forma contraída**
I have not been eating	I haven't been eating
you have not been eating	you haven't been eating
he has not been eating	he hasn't been eating
she has not been eating	she hasn't been eating
it has not been eating	it hasn't been eating
we have not been eating	we haven't been eating
you have not been eating	you haven't been eating
they have not been eating	they haven't been eating

EL SINTAGMA VERBAL

Interrogativa		
have I been eating?	has he been eating?	have we been eating?
have you been eating?	has she been eating?	have you been eating?
	has it been eating?	have they been eating?

> **!** Para una explicación detallada de la formación del gerundio, véase el apartado 2, página 122.

2.6.2. Use (Uso)

Si se trata de una acción que empezó en el pasado y todavía continúa, se puede usar tanto el *present perfect* como el *present perfect continuous* + gerundio.

She has felt wiser since she turned 60.	Se ha sentido más sabia desde que cumplió los 60 años.
She has been feeling wiser since she turned 60.	Lleva sintiéndose más sabia desde que cumplió los 60.
I have worked here since I finished university.	He trabajado aquí desde que acabé la universidad.
I have been working here since I finished university.	Llevo trabajando aquí desde que acabé la universidad.

1. Al igual que en español, el *present perfect continuous* se utiliza para hablar de acciones pasadas que han trascurrido de forma continuada durante un período, y que, generalmente, se mantienen en el presente. En estos casos, suele haber un adverbio o expresión adverbial para indicar que la acción ha transcurrido repetidamente.

Anna has not been feeling very well lately.	Últimamente, Anna no se ha sentido muy bien.
Robert has been having tennis classes since he was four.	Robert ha estado recibiendo clases de tenis desde que tenía cuatro años.

Este tiempo verbal es más común en inglés que en español donde solemos usar la expresión 'llevar + gerundio'.

Where have you been? I have been waiting for you since two o'clock.	¿Dónde has estado? Llevo esperándote desde las dos.
I have been reading this book all day.	Llevo todo el día leyendo este libro.

2. El *present perfect continuous* se puede usar para referirse a una acción que ha ocurrido de forma continuada en el pasado, que sigue en el presente y probablemente también lo hará en el futuro.

We have been baking our own bread for years. (Probablemente lo seguirán haciendo.)	Hemos hecho nuestro propio pan durante años.

136 EL SINTAGMA VERBAL

My family has been living in this region for generations. (Y probablemente seguirán viviendo ahí.)	Mi familia ha vivido en esta comarca durante generaciones.

3. También es común su uso para hacer referencia a una acción que comenzó en el pasado pero que puede haber concluido recientemente, y de la que queremos resaltar su duración o intensidad.

Your mobile phone has been ringing for almost a minute. Why didn't you answer it?	Tu teléfono ha estado sonando durante casi un minuto. ¿Por qué no has contestado?
She got lost and she has been walking for hours.	Se perdió y ha estado andando durante horas.
I have been painting the house and I'm tired.	He estado pintando la casa y estoy cansada.
The unemployment rate has been increasing recently.	La tasa de desempleo ha estado creciendo últimamente.
She has been crying on her bed.	Ha estado llorando en su cama.
Heavy rain has been falling all night long.	Ha estado lloviendo un montón toda la noche.

4. Resulta muy frecuente en inglés el uso de las preposiciones *since* y *for* con el *present perfect continuous*. *Since* se suele usar seguido de un adverbio o expresión adverbial que indica un momento específico, mientras que *for* se suele utilizar seguido de un adverbio o expresión adverbial que indica un espacio de tiempo.

In this hospital, they have been researching into heart disease since 1955.	En este hospital, han estado investigando las enfermedades coronarias desde 1955.
My mother has been talking on the phone since one o'clock.	Mi madre lleva hablando por teléfono desde la una.
He has been studying for the exam for three days.	Él lleva tres días estudiando para el examen.
The kids must have been swimming in the lake for two hours.	Los niños deben haber estado nadando en el lago durante dos horas.

5. Es preciso tener en cuenta que si se está hablando de una cualidad (a), actitud (b) o posesión (c) que todavía se mantiene en el presente, debe usarse el *present perfect* en lugar del *present perfect continuous*, con verbos como *be*, *know*, *like*, *own*, etc.

a She has always been the tallest in her family.	Siempre ha sido la más alta de su familia.
b My father has known him for several years.	Mi padre lo conoce desde hace años.
c His family has owned this farm since the 19th century.	Su familia ha sido propietaria de esta granja desde el siglo XIX.

EL SINTAGMA VERBAL 137

2.7. PAST PERFECT (PRETÉRITO PLUSCUAMPERFECTO)

2.7.1. Form (Forma)

El *past perfect* se forma en inglés con el pasado del verbo *to have*, es decir, *had*, y el participio pasado del verbo principal. Si el verbo es regular el participio termina en *-ed*, si es irregular debes mirar en la lista del Apéndice II, página 305.

sujeto + *had* + participio pasado

Algunos ejemplos de *past perfect* con verbos regulares son:

I had called her twice.	La había llamado dos veces.
After they had lived there for a year, they started to meet up with some neighbours.	Después de haber vivido allí durante un año, empezaron a quedar con algunos vecinos.
Before becoming famous, he had worked as a bricklayer.	Antes de hacerse famoso había trabajado de albañil.

Unos ejemplos de *past perfect* con un verbo irregular son:

I had driven all the way back home.	Yo había conducido todo el camino de vuelta a casa.
When Barbara got to the station, the train had left.	Cuando Bárbara llegó a la estación, el tren se había marchado.
After he had sewed the button back on his shirt, he ironed it.	Después de haber cosido el botón en la camisa, la planchó.

> ❗ Observa que el *past perfect* se puede traducir con infinitivo + participio pasado después de una preposición, como en el ejemplo anterior.

1. A continuación te presentamos el verbo *to arrive* conjugado en afirmativa, negativa e interrogativa:

Afirmativa	
Forma sin contraer	**Forma contraída**
I had arrived	I'd arrived
you had arrived	you'd arrived
he had arrived	he'd arrived
she had arrived	she'd arrived
it had arrived	it'd arrived
we had arrived	we'd arrived
you had arrived	you'd arrived
they had arrived	they'd arrived

138 EL SINTAGMA VERBAL

Negativa	
Forma sin contraer	**Forma contraída**
I had not arrived	I hadn't arrived
you had not arrived	you hadn't arrived
he had not arrived	he hadn't arrived
she had not arrived	she hadn't arrived
it had not arrived	it hadn't arrived
we had not arrived	we hadn't arrived
you had not arrived	you hadn't arrived
they had not arrived	they hadn't arrived

Interrogativa		
had I arrived?	had he arrived?	had we arrived?
had you arrived?	had she arrived?	had you arrived?
	had it arrived?	had they arrived?

2. Para los cambios ortográficos que se producen al añadir la -ed del participio a los verbos regulares, véase el apartado 2, página 132. Para los verbos irregulares no hay reglas fijas pero puede consultarse la tabla de verbos irregulares, con sus correspondientes participios, en el Apéndice II, página 305.

3. Es preciso tener en cuenta que, en líneas generales, el *past perfect* se corresponde con el pretérito pluscuamperfecto en español. Sin embargo, el grado de complejidad de los tiempos pasados compuestos en español es mayor que en inglés pues en el *past perfect* confluyen dos tiempos verbales del español, esto es, el pretérito pluscuamperfecto de indicativo ('nosotros habíamos cantado') y de subjuntivo ('nosotros hubiéramos cantado'). Este último se emplea principalmente en oraciones condicionales en español (véase el apartado 2.2.1.8., página 259).

2.7.2. Use (Uso)

El *past perfect* se utiliza en oraciones compuestas para describir acciones pasadas que a su vez son anteriores a otra acción pasada.

Robert had met his new boss on his previous visit.	Robert había conocido a su nuevo jefe en la visita anterior.
She found her mobile phone after she had searched the whole house.	Ella encontró su móvil después de haberlo buscado por toda la casa.
We had not studied English before we joined this class.	No habíamos estudiado inglés antes de asistir a esta clase.
Jeff had examined the lawnmower thoroughly before he bought it.	Jeff había revisado el cortacésped minuciosamente antes de comprarlo.

1. Es frecuente su uso con adverbios o expresiones adverbiales que proporcionan información sobre el momento en que la acción había ocurrido.

a *just*: para indicar que una acción acababa de ocurrir en el pasado.

Chloe said that when I arrived at the birthday party, my sister had just left.	Chloe dijo que cuando llegué a la fiesta de cumpleaños, mi hermana se acababa de marchar.

> Fíjate que la acción que expresa el adverbio *just*, se suele traducir en español con la expresión 'acabar de'.

b *already*: para indicar que la acción había ocurrido con anterioridad.

When he got to the hospital, his wife had already given birth.	Cuando él llegó al hospital, su esposa ya había dado a luz.

c *by the time*: expresa que la acción estaba totalmente acabada.

By the time she arrived, we had done all the work.	Para cuando ella llegó, habíamos hecho todo el trabajo.

2. Algunas conjunciones como *after*, *as soon as*, *before*, *till*, *until*, etc., suelen utilizarse con el *past perfect* para recalcar que una acción pasada estaba totalmente acabada antes del comienzo de otra acción.

The wasp stung the boy after he had tried to destroy the nest.	La avispa picó al chico después de que él hubiese intentado destruir el nido.
She had sketched the scene in charcoal before she painted it.	Ella había hecho un bosquejo de la escena en carboncillo antes de pintarla.
During the shipwreck, the captain stayed on board until the last passenger had abandoned the boat.	Durante el naufragio, el capitán se quedó a bordo hasta que el último pasajero hubo abandonado el barco.
As soon as he realised he had made a mistake, he tried to get his exam paper back.	Tan pronto como se dio cuenta de que había cometido un error, intentó recuperar su examen.

> Fíjate en esta diferencia ortográfica entre inglés británico e inglés americano en el ejemplo anterior. Muchos verbos que en inglés británico acaban en *-ise*, en inglés americano acaban en *-ize*. Por ejemplo, *realise*, *familiarise*, *summarise* pasan a ser *realize*, *familiarize*, *summarize* en inglés americano.

3. Con expresiones adverbiales como *by the time* se utiliza el *past perfect* para expresar duración hasta un determinado momento en el pasado.

By the time the police got there, the burglars had disappeared.	Para cuando llegó la policía, los ladrones habían desaparecido.

4. Se usa el *past perfect* en oraciones condicionales de tipo III, en la oración subordinada que suele comenzar con *if* (véase el apartado 2.2.1.8., página 259).

If you had phoned him earlier, he would have helped you.	Si le hubieras llamado antes, te habría ayudado.
If Sara hadn't eaten all the chocolates, she would not be ill now.	Si Sara no se hubiera comido todos los bombones, no estaría enferma ahora.

> **!** Fíjate que en los ejemplos anteriores en las oraciones condicionales el *past perfect* se traduce en español como pretérito pluscuamperfecto de subjuntivo: 'Si le <u>hubieras</u> llamado', 'Si Sara no se <u>hubiera</u> comido'.

5. En estilo indirecto, el *past perfect* normalmente se corresponde con el *simple past* (a) o el *present perfect* (b) del estilo directo.

a Estilo directo

'I enjoyed the garden party', Diane said.	'Me gustó la fiesta en el jardín,' dijo Diane.

Estilo indirecto

Diane said that she had enjoyed the garden party.	Diane dijo que le había gustado la fiesta en el jardín.

b Estilo directo

'I have always loved pets,' said Sean.	'Siempre me han gustado las mascotas,' dijo Sean.

Estilo indirecto

Sean said that he had always loved pets.	Sean dijo que siempre le habían gustado los animales de compañía.

> **!** A veces, cuando se utiliza *before* o *after*, el *past perfect* no es necesario pues la relación temporal entre los dos verbos está suficientemente clara. En estos casos se puede usar el *simple past* en vez del *past perfect*, tanto en inglés como en español. Véanse los siguientes ejemplos:
>
> | | |
> |---|---|
> | Jeff had left before we arrived. | Jeff se había marchado antes de que llegáramos. |
> | Jeff left before we arrived. | Jeff se marchó antes de que llegáramos. |
> | After the guests had left, we cleaned everything up. | Después de que se hubieran marchado los invitados, lo limpiamos todo. |
> | After the guests left, we cleaned everything up. | Después de que se marcharan los invitados, lo limpiamos todo. |

EL SINTAGMA VERBAL 141

2.8. PAST PERFECT CONTINUOUS (PRETÉRITO PLUSCUAMPERFECTO 'ESTAR' + GERUNDIO)

2.8.1. Form (Forma)

El *past perfect continuous* se forma en inglés con el pasado del verbo *to have* (*had*) más el participio pasado del verbo *to be* y el gerundio del verbo principal.

sujeto + *had* + *been* + verbo en forma base + *-ing*

Aquí se presentan varios ejemplos de *past perfect continuous*:

We had been growing tulips for five years before we won a prize.

Habíamos estado cultivando tulipanes durante cinco años antes de ganar el premio.

Because he had been coughing all night, the doctor gave him some medicine.

Como había estado tosiendo toda la noche, el doctor le dio una medicina.

George had not been feeling very well before he fainted.

George no se había estado sintiendo muy bien antes de desmayarse.

1. A continuación se presenta el verbo *to dance* conjugado en afirmativa, negativa e interrogativa:

Afirmativa	
Forma sin contraer	Forma contraída
I had been dancing	I'd been dancing
you had been dancing	you'd been dancing
he had been dancing	he'd been dancing
she had been dancing	she'd been dancing
it had been dancing	it'd been dancing
we had been dancing	we'd been dancing
you had been dancing	you'd been dancing
they had been dancing	they'd been dancing

Negativa	
Forma sin contraer	Forma contraída
I had not been dancing	I hadn't been dancing
you had not been dancing	you hadn't been dancing
he had not been dancing	he hadn't been dancing
she had not been dancing	she hadn't been dancing
it had not been dancing	it hadn't been dancing
we had not been dancing	we hadn't been dancing
you had not been dancing	you hadn't been dancing
they had not been dancing	they hadn't been dancing

Interrogativa	
had I been dancing?	had it been dancing?
had you been dancing?	had we been dancing?
had he been dancing?	had you been dancing?
had she been dancing?	had they been dancing?

2. Los verbos regulares normalmente forman el gerundio añadiendo la forma *-ing*, aunque en algunos casos hay cambios ortográficos menores (véase el apartado 2, página 122).

2.8.2. Use (Uso)

El *past perfect continuous* se utiliza para resaltar la duración de una acción que es anterior a otra acción también en el pasado.

The patient had been waiting for the ambulance for almost an hour before it arrived.	El paciente había estado esperando a la ambulancia durante casi una hora antes de que llegara.
He had a headache because he had been studying all day.	Le dolía la cabeza porque había estado estudiando todo el día.

> Fíjate que estos ejemplos se pueden traducir también por la expresión 'llevar (pretérito imperfecto) + gerundio':
>
> El paciente llevaba esperando una hora cuando la ambulancia llegó.
>
> Le dolía la cabeza porque llevaba estudiando todo el día.

1. En estilo indirecto se corresponde con el *present perfect continuous* del estilo directo.

Estilo directo

'I have been trying to contact you for two hours,' Joanne said.	'He estado intentando contactar contigo durante dos horas,' dijo Joanne.

Estilo indirecto

Joanne said that she had been trying to contact me for two hours.	Joanne dijo que había estado intentando contactar conmigo durante dos horas.

> Fíjate en que se usa *for* (no *during*) y se traduce como 'durante'.
>
> ~~I have been trying to contact you during two hours~~.
>
> | I had been trying to contact you for two hours. | Había estado intentando contactar contigo durante dos horas. |
> |---|---|

EL SINTAGMA VERBAL

2.9. SIMPLE FUTURE (FUTURO)

Cuando hablamos del futuro no se cuenta con el mismo grado de certeza que cuando lo hacemos del presente o del pasado por lo que las referencias al futuro normalmente indican lo que creemos que puede pasar o deseamos que pase. En general, es característico del futuro la falta de certeza o confirmación.

2.9.1. Form (Forma)

Como norma general, en inglés, se forma el *simple future* con el auxiliar *will* seguido de la forma base del verbo principal.

sujeto + *will* **+ verbo en forma base**

Algunos ejemplos de *simple future* son:

I will rent a car.	Alquilaré un coche.
She will miss you.	Te echará de menos.
They will enjoy the movie.	Disfrutarán de la película.

1. A continuación se presenta el verbo *to swim* conjugado en afirmativa, negativa e interrogativa:

Afirmativa	
Forma sin contraer	Forma contraída
I will swim	I'll swim
you will swim	you'll swim
he will swim	he'll swim
she will swim	she'll swim
it will swim	it'll swim
we will swim	we'll swim
you will swim	you'll swim
they will swim	they'll swim

> En el lenguaje oral normalmente se utiliza la contracción *'ll*.

Negativa	
Forma sin contraer	Forma contraída
I will not swim	I won't swim
you will not swim	you won't swim
he will not swim	he won't swim
she will not swim	she won't swim
it will not swim	it won't swim
we will not swim	we won't swim
you will not swim	you won't swim
they will not swim	they won't swim

Interrogativa		
will I swim?	will he swim?	will we swim?
will you swim?	will she swim?	will you swim?
	will it swim?	will they swim?

2.9.2. Use (Uso)

El *simple future* se usa en inglés, como en español, para expresar acciones futuras, aunque también puede utilizarse con otros matices como se verá a continuación. Asimismo, existen otras formas de indicar que una acción ocurrirá en el futuro (*present continuous*, *be going to*, *simple present*, etc.) y que también se estudiarán en este apartado.

1. Se usa el *simple future* con el auxiliar *will* para hacer predicciones basadas en indicios o hechos del presente. Se trata de predicciones hechas a partir de alguna información que se posee.

The temperature's dropping. It will snow tomorrow.	La temperatura está bajando. Nevará mañana.
I have just checked the weather forecast. We will have bad weather all this week.	Acabo de mirar el pronóstico del tiempo. Tendremos mal tiempo toda esta semana.
It is very cloudy. It will rain soon.	Está muy nublado. Lloverá pronto.

2. Se usa el futuro con el auxiliar *will* para hacer promesas.

Go ahead. We will stand by you.	Sigue adelante. Estaremos a tu lado.
I will always love you.	Siempre te querré.
I will never leave you!	¡Nunca te dejaré!

   > ❗ En los dos últimos ejemplos, fíjate en la posición del adverbio en inglés entre el sujeto y el verbo. En español, sin embargo, el sujeto se puede omitir y el adverbio se puede poner al principio o al final de la frase.

3. Podemos usar el futuro con el auxiliar *will* para expresar una orden.

You'll finish your dinner and then you'll go to bed!	¡Te terminarás la cena y luego te irás a la cama!
You'll be careful and you won't hurt anyone!	¡Tendréis cuidado y no haréis daño a nadie!

4. Se usa el futuro con *will* para indicar que tomamos una decisión en el momento en que hablamos.

EL SINTAGMA VERBAL

I'll have roast beef, please. Tomaré rosbif, por favor.

I'm busy now. Ahora estoy ocupado.
I'll call you later. Te llamaré más tarde.

5. Se usa el futuro con *will* para pedir algo de forma educada y aceptar esa petición.

- Will you clear the snow from the window? - ¿Quitarás la nieve de la ventana?
- Yes, I will. - Sí, lo haré.

6. También se usa el futuro con *will* para ofrecerse a hacer algo.

Let me finish this report and I'll take you home. Déjame que termine este informe y te llevo a casa.

It's very hot in here. I'll open the window. Hace mucho calor aquí. Voy a abrir la ventana.

> **!** Fíjate que utilizamos *shall* y no *will* para sugerir algo con una pregunta.
>
> Shall I close the window? ¿Cierro la ventana? (¿Quieres que cierre la ventana?)
>
> Shall we go out for dinner? ¿Salimos a cenar? (¿Quieres que salgamos a cenar?)
>
> Como se puede ver en los ejemplos anteriores, este uso del *simple future* se puede traducir en español como presente de indicativo o de subjuntivo.

7. Se usa el *simple future* en oraciones temporales (que comienzan con expresiones como *as soon as*, *when*, etc.).

As soon as the boat is ready, we'll start sailing. Tan pronto como el barco esté listo empezaremos a navegar.

When I see him, I will offer him my condolences. Cuando lo vea, le daré el pésame.

> **!** Fíjate cómo en español se usa el presente de subjuntivo ('esté' y 'vea') y en inglés el presente (*is* and *see*) cuando de hecho se está refiriendo al futuro.

> **!** En ambos casos de oraciones temporales, puede intercambiarse el orden tanto en inglés como en español. La única diferencia sería una cuestión de énfasis.
>
> We'll start sailing as soon as the boat is ready. Empezaremos a navegar tan pronto como el barco esté listo.
>
> I will offer him my condolences when I see him. Le daré el pésame cuando lo vea.

8. Se usa el futuro en oraciones condicionales de tipo I (véase el apartado 2.2.1.8., página 259).

| If it keeps on snowing, we'll spend the night here. | Si sigue nevando, pasaremos la noche aquí. |
| If there's no other solution, we will sell the house. | Si no hay otra solución, venderemos la casa. |

> ❗ En estos casos también se puede intercambiar el orden de las oraciones.

9. Otra forma de expresar el futuro es mediante el *present continuous*. Se usa esta posibilidad para referirse a una acción que está programada con anterioridad y que previsiblemente ocurrirá con cierto grado de certeza. En estos casos, la oración suele llevar un adverbio o locución adverbial que proporciona los detalles del momento en que ocurrirá la acción. Para saber cómo se forma el *present continuous*, véase el apartado 2.2., página 121.

My brother has an appointment with his doctor. He is seeing him tomorrow.	Mi hermano tiene una cita con su médico. Le verá mañana.
Jane is arriving at five o'clock today.	Jane llega hoy a las cinco.
Tomorrow I'm eating with Sam at the cafeteria.	Mañana almuerzo con Sam en la cafetería.

> ❗ Fíjate que en estos casos la seguridad de la acción en español se expresa poniendo el verbo en presente.

10. También se puede usar la forma *be going to* para expresar futuro.

sujeto + presente del verbo *to be* + *going to* + infinitivo

Algunos ejemplos de *simple future* con la forma *be going to* son:

| The ship is going to sink. | El barco se va a hundir. |
| We are going to win. | Vamos a ganar. |

Este modo de expresar el futuro indica:

a Intención del hablante de hacer algo. Planes de futuro.

| We are going to move to a new house. | Nos vamos a mudar a una casa nueva. |
| When are you going to join our golf team? | ¿Cuándo te vas a incorporar a nuestro equipo de golf? |

b Predicción por parte del hablante de que algo va a ocurrir inmediatamente o en un futuro cercano. Normalmente se dispone de algún indicio.

There isn't a cloud in the sky. | No hay ni una nube en el cielo.
It's going to be a lovely afternoon. | Va a hacer una tarde estupenda.

He is playing really well. | Él está jugando muy bien.
He is going to win the match. | Va a ganar el partido.

11. Con el presente también podemos expresar el futuro, generalmente con acciones futuras que forman parte de un programa establecido, como puede verse en los siguientes ejemplos:

We have an important meeting with the manager on January 26th. | Tenemos una reunión importante con el director el 26 de enero.

Sorry, but I can't stop. My train leaves in 15 minutes. | Lo siento, pero no puedo parar. Mi tren sale en 15 minutos.

> Ante la confusión que puede crear la distinción entre el futuro con *will* y con *be going to*, es preciso tener en cuenta que:
>
> **a** Para expresar predicción se puede usar tanto *will* como *be going to* sin diferencia de significado.
>
> I checked the weather forecast on the Internet and it will be sunny tomorrow.
>
> I checked the weather forecast on the Internet and it is going to be sunny tomorrow.
>
> Ambos ejemplos se pueden traducir como:
>
> He comprobado el pronóstico del tiempo en Internet y mañana estará soleado / va a estar soleado.)
>
> **b** Para expresar unos planes programados con anterioridad se usa *be going to*.
>
> Yes, Susan and Sara are going to meet at the shopping centre at six. | Sí, Susan y Sara se van a encontrar en el centro comercial a las seis.
>
> **c** Para expresar ofrecimiento se usa *will*.
>
> If you can't read French, I will translate the letter for you. | Si no sabes leer francés, yo te traduciré la carta.

12. Se puede expresar futuro con varias locuciones entre las que cabe destacar las siguientes:

a *be* + infinitivo

They are to leave today. | Se irán hoy.

We are to clean the garage today | Tenemos que limpiar el garaje hoy.

b *to be about to* + infinitivo

She is about to be promoted. | Está a punto de ser ascendida.

The shuttle bus to the airport is about to leave. | El autobús que lleva al aeropuerto está a punto de marcharse.

148 EL SINTAGMA VERBAL

c *be due to* + infinitivo

The plant is due to be opened by the Prime Minister.
(Está previsto que sea inaugurada.)

La fábrica será inaugurada por el Jefe de Gobierno.

Bob and Catherine are due to be back tomorrow.
(Su vuelta está prevista para mañana.)

Bob y Catherine vuelven mañana.

d *intend* + gerundio/infinitivo

She intends visiting Morocco this spring.

Ella tiene la intención de viajar a Marruecos esta primavera.

Do you intend to help me?

¿Tienes la intención de ayudarme?

2.10. FUTURE CONTINUOUS (FUTURO 'ESTAR' + GERUNDIO)

2.10.1. Form (Forma)

El *future continuous* se forma con el auxiliar *will* seguido del verbo *to be* y el gerundio del verbo principal.

sujeto + *will* + *be* + verbo en forma base + *-ing*

Algunos ejemplos de *future continuous* son:

I will be sitting on a chair. — Estaré sentada en una silla.

He will be cooking for us. — Estará cocinando para nosotros.

You will be feeding the animals. — Estarás dando de comer a los animales.

1. Seguidamente se presenta el verbo *to go* conjugado en afirmativa, negativa e interrogativa:

Afirmativa	
Forma sin contraer	**Forma contraída**
I will be going	I'll be going
you will be going	you'll be going
he will be going	he'll be going
she will be going	she'll be going
it will be going	it'll be going
we will be going	we'll be going
you will be going	you'll be going
they will be going	they'll be going

Negativa	
Forma sin contraer	**Forma contraída**
I will not be going you will not be going he will not be going she will not be going it will not be going we will not be going you will not be going they will not be going	I won't be going you won't be going he won't be going she won't be going it won't be going we won't be going you won't be going they won't be going

Interrogativa		
will I be going? will you be going?	will he be going? will she be going? will it be going?	will we be going? will you be going? will they be going?

2.10.2. Use (Uso)

El *future continuous* se usa para describir acciones que estarán realizándose de forma continuada en algún momento del futuro. Normalmente este uso del *future continuous* va acompañado de una locución adverbial.

This time tomorrow, she will be flying to the US.	Mañana, a esta hora, estará volando a los EE.UU.
Next year at this time, I will be doing exactly what I am doing now.	El año que viene, por estas fechas, estaré haciendo exactamente lo mismo que estoy haciendo ahora.

1. También se usa el *future continuous* para preguntar de forma indirecta por los planes que tienen los demás para el futuro.

Will you be working late tomorrow?	¿Estarás trabajando hasta tarde mañana?
Will you be picking up the children from school?	¿Vas a recoger a los niños del colegio?

2. Se utiliza para hacer referencia a actos futuros que ya están programados o planeados.

I will not be in town next Saturday because I will be visiting my uncle in Glasgow.	No estaré en la ciudad el próximo sábado porque estaré visitando a mi tío en Glasgow.
The health inspector will be visiting the factory this evening.	El inspector de sanidad visitará la fábrica esta tarde.

> ❗ En este último ejemplo, el *future continuous* se traduce en español como futuro simple.

> Fíjate que a veces hay poca diferencia (o ninguna) entre el *simple future* y el *future continuous* cuando no hay una referencia temporal clara de lo que ocurrirá.
>
> Don't get impatient. Charles will come soon.
>
> Don't get impatient. Charles will be coming soon.
>
> Ambos ejemplos se traducen por: 'No seas impaciente. Charles vendrá pronto.'

2.11. FUTURE PERFECT (FUTURO COMPUESTO)

2.11.1. Form (Forma)

El *future perfect* se forma en inglés con el auxiliar *will* seguido del verbo *have* y el verbo principal en participio pasado.

sujeto + *will* + *have* + participio pasado

Algunos ejemplos de *future perfect* son:

I will have finished the task.	Habré terminado la tarea.
She will have read the newspaper.	Habrá leído el periódico.
We will have come back.	Habremos regresado.

1. A continuación presentamos el verbo *to work* conjugado en afirmativa, negativa e interrogativa:

Afirmativa	
Forma sin contraer	**Forma contraída**
I will have worked	I'll have worked
you will have worked	you'll have worked
he will have worked	he'll have worked
she will have worked	she'll have worked
it will have worked	it'll have worked
we will have worked	we'll have worked
you will have worked	you'll have worked
they will have worked	they'll have worked

Negativa	
Forma sin contraer	**Forma contraída**
I will not have worked	I won't have worked
you will not have worked	you won't have worked
he will not have worked	he won't have worked
she will not have worked	she won't have worked
it will not have worked	it won't have worked
we will not have worked	we won't have worked
you will not have worked	you won't have worked
they will not have worked	they won't have worked

Interrogativa		
will I have worked?	will he have worked?	will we have worked?
will you have worked?	will she have worked?	will you have worked?
	will it have worked?	will they have worked?

2.11.2. Use (Uso)

El *future perfect* se utiliza, igual que en español, para hacer referencia a una acción que habrá finalizado antes que otra en un momento concreto del futuro. Es frecuente que vaya acompañado de las preposiciones *by* o *before*, o la locución adverbial *by* (*next*) *the time*.

The construction company will have finished the new building before the end of next month.	La constructora habrá acabado el nuevo edificio antes del mes que viene.
We will have finished our dinner by the time they get here.	Habremos acabado de cenar para cuando lleguen aquí.
By the time I see you, I will have graduated.	La próxima vez que te vea / Para cuando te vuelva a ver, habré acabado la carrera.

> ❗ Fíjate que el verbo de la oración introducida con la locución *by the* (*next*) *time* se traduce en presente de subjuntivo.

1. También se usa para indicar suposición o deducción.

They left two hours ago. They will have arrived at their hotel by now.	Se marcharon hace dos horas. Ya habrán llegado a su hotel.

2.12. FUTURE PERFECT CONTINUOUS (FUTURO COMPUESTO 'ESTAR' + GERUNDIO)

2.12.1. Form (Forma)

El *future perfect continuous* se forma en inglés con el auxiliar *will* seguido del verbo *have* seguido del participio pasado del verbo *to be* (*been*), y el gerundio del verbo principal:

sujeto + *will* + *have* + *been* + verbo en forma base + *-ing*

Algunos ejemplos de *future perfect continuous* son:

I will have been saving my money.	Habré estado ahorrando dinero.
He will have been writing an email.	Habrá estado escribiendo un correo electrónico.
You will have been playing chess.	Habréis estado jugando al ajedrez.

1. A continuación presentamos el verbo *to sleep* conjugado en afirmativa, negativa e interrogativa:

152   EL SINTAGMA VERBAL

Afirmativa	
Forma sin contraer	**Forma contraída**
I will have been sleeping you will have been sleeping he will have been sleeping she will have been sleeping it will have been sleeping we will have been sleeping you will have been sleeping they will have been sleeping	I'll have been sleeping you'll have been sleeping he'll have been sleeping she'll have been sleeping it'll have been sleeping we'll have been sleeping you'll have been sleeping they'll have been sleeping

Negativa	
Forma sin contraer	**Forma contraída**
I will not have been sleeping you will not have been sleeping he will not have been sleeping she will not have been sleeping it will not have been sleeping we will not have been sleeping you will not have been sleeping they will not have been sleeping	I won't have been sleeping you won't have been sleeping he won't have been sleeping she won't have been sleeping it won't have been sleeping we won't have been sleeping you won't have been sleeping they won't have been sleeping

Interrogativa	
will I have been sleeping? will you have been sleeping? will he have been sleeping? will she have been sleeping?	will it have been sleeping? will we have been sleeping? will you have been sleeping? will they have been sleeping?

2.12.2. Use (Uso)

El *future perfect continuous* se utiliza en inglés, igual que en español, para indicar acciones con una duración continuada hasta un momento concreto en el futuro. Se suele usar para recalcar la duración de una acción.

We <u>will have been living</u> together for three years by the end of March.

Para finales de marzo habremos estado viviendo juntos durante tres años.

> ❗ En español se puede traducir el *future perfect continuous* con la expresión 'llevar' (en futuro) + gerundio. Por tanto, la traducción del ejemplo anterior sería:
>
> Para finales de marzo llevaremos viviendo juntos tres años.

1. Puede usarse para hacer referencia a una acción que todavía no ha comenzado (a) o que ya comenzó en el pasado (b).

EL SINTAGMA VERBAL 153

a When you come to pick me up at six o'clock, I will have been studying for three hours.

Cuando vengas a recogerme a las seis, habré estado estudiando durante tres horas. / Cuando vengas a recogerme a las seis, llevaré estudiando tres horas.

b By the end of this month, I will have been driving for 15 years.

A finales de mes, habré estado conduciendo durante 15 años. / A finales de mes, llevaré conduciendo 15 años.

When Mrs. Robinson retires next month, she will have been teaching French for 34 years.

Cuando la señora Robinson se jubile el mes que viene, habrá estado enseñando francés durante 34 años. / Cuando la señora Robinson se jubile el mes que viene, llevará 34 años enseñando francés.

2.13. CONDITIONAL (CONDICIONAL)

2.13.1. Form (Forma)

El *conditional* se forma con el auxiliar *would* y el verbo principal en forma base. El *conditional* mantiene la misma estructura para cualquier sujeto.

sujeto + would + verbo en forma base

A continuación se presentan algunos ejemplos de *conditional*:

I would leave now.	Yo me marcharía ahora.
She would need your help.	Necesitaría tu ayuda.
They would play a football match.	Jugarían un partido de fútbol.

1. A continuación se presenta el verbo *to sleep* conjugado en afirmativa, negativa e interrogativa:

Afirmativa	
Forma sin contraer	Forma contraída
I would sleep	I'd sleep
you would sleep	you'd sleep
he would sleep	he'd sleep
she would sleep	she'd sleep
it would sleep	it'd sleep
we would sleep	we'd sleep
you would sleep	you'd sleep
they would sleep	they'd sleep

Negativa	
Forma sin contraer	**Forma contraída**
I would not sleep you would not sleep he would not sleep she would not sleep it would not sleep we would not sleep you would not sleep they would not sleep	I wouldn't sleep you wouldn't sleep he wouldn't sleep she wouldn't sleep it wouldn't sleep we wouldn't sleep you wouldn't sleep they wouldn't sleep

Interrogativa		
would I sleep? would you sleep?	would he sleep? would she sleep? would it sleep?	would we sleep? would you sleep? would they sleep?

2.13.2. Use (Uso)

1. El *conditional* se emplea para expresar deseos o cuando imaginamos algo o alguna situación improbable.

   I'd love to speak Japanese. — Me encantaría hablar japonés.

   They'd live in England, but they don't like the rain. — Vivirían en Inglaterra, pero no les gusta la lluvia.

2. Además, el *conditional* se utiliza para decir que alguien se negó a hacer algo. Hay que tener en cuenta que esta función sólo se refiere a un hecho pasado.

   I asked them to leave, but they wouldn't listen to me. — Les pedí que se fueran, pero ellos no me hicieron caso.

3. El *conditional* se usa también para hablar de cosas que ocurrían en el pasado con frecuencia. En estos casos, *would* se asemeja a *used to*. Véase el apartado 5, página 214.

   When I was a child, I would ride my bike every Sunday. — Cuando era niña, solía montar en bici todos los domingos.

4. Para el uso del *conditional* con *would* en las oraciones condicionales, véase el apartado 2.2.1.8., página 259.

2.14. PAST CONDITIONAL (CONDICIONAL COMPUESTO)

2.14.1. Form (Forma)

El *past conditional* se forma con el auxiliar *would* seguido del verbo *to have* y el verbo principal en participio pasado.

sujeto + *would* + *have* + participio pasado

Algunos ejemplos de *past conditional* son:

I <u>would have borrowed</u> the money.	Habría cogido prestado el dinero.
She <u>would have bought</u> more food.	Habría comprado más comida.
We <u>would have hired</u> a lawyer.	Habríamos contratado un abogado.

1. A continuación presentamos el verbo *to clean* conjugado en afirmativa, negativa e interrogativa:

Afirmativa	
Forma sin contraer	**Forma contraída**
I would have cleaned	I'd have cleaned
you would have cleaned	you'd have cleaned
he would have cleaned	he'd have cleaned
she would have cleaned	she'd have cleaned
it would have cleaned	it'd have cleaned
we would have cleaned	we'd have cleaned
you would have cleaned	you'd have cleaned
they would have cleaned	they'd have cleaned

Negativa	
Forma sin contraer	**Forma contraída**
I would not have cleaned	I wouldn't have cleaned
you would not have cleaned	you wouldn't have cleaned
he would not have cleaned	he wouldn't have cleaned
she would not have cleaned	she wouldn't have cleaned
it would not have cleaned	it wouldn't have cleaned
we would not have cleaned	we wouldn't have cleaned
you would not have cleaned	you wouldn't have cleaned
they would not have cleaned	they wouldn't have cleaned

Interrogativa	
would I have cleaned?	would it have cleaned?
would you have cleaned?	would we have cleaned?
would he have cleaned?	would you have cleaned?
would she have cleaned?	would they have cleaned?

2.14.2. Use (Uso)

1. El *past conditional* se usa para referirse a situaciones o acontecimientos imaginarios (porque nunca han llegado a suceder).

'I <u>would've phoned</u> you, but I knew you were busy.'	'Te habría llamado, pero sabía que estabas ocupada.'
She didn't offer them cake. They <u>wouldn't have eaten</u> it anyway.	No les ofreció tarta. De todas maneras, no se la habrían comido.

2. Para el uso del *past conditional* con *would have* en las oraciones condicionales, véase el apartado 2.2.1.8., página 259.

3. PASSIVE VOICE (LA VOZ PASIVA)

En las oraciones en voz activa el sujeto realiza la acción expresada por el verbo.

<u>Amy</u> bought a pair of new shoes.	Amy compró un par de zapatos nuevos.
<u>The father</u> drove the children home.	El padre llevó a los niños a casa en coche.

En cambio, en las oraciones en voz pasiva, el sujeto sufre o recibe la acción descrita por el verbo.

<u>A new pair of shoes</u> was bought by Amy.	Un par de zapatos nuevos fue comprado por Amy.
<u>The children</u> were driven home by the father.	Los niños fueron llevados a casa en coche por su padre.

Por lo que respecta al significado, la voz activa y la voz pasiva expresan lo mismo, aunque el uso de una u otra forma responde a cuestiones estilísticas, matices de significado y énfasis que no son simétricos en inglés y en español, como se podrá ver a lo largo de los siguientes apartados. Por lo general, la voz pasiva en inglés se usa en el lenguaje formal. Además, el uso de la voz pasiva es más frecuente en inglés que en español.

Es necesario tener en cuenta que las oraciones con verbos transitivos, es decir, que tienen un objeto directo, se pueden transformar a pasiva, mientras que este cambio, en principio, no es posible con verbos intransitivos, esto es, aquellos que no permiten un objeto directo.

3.1. Form (Forma)

La voz pasiva se forma con 'el sujeto paciente' (el objeto directo de la oración activa) seguido del verbo *to be* en el tiempo verbal correspondiente (el mismo que aparece en la voz activa) y el participo pasado del verbo principal. Seguidamente se puede añadir el agente que realiza la acción precedido por la preposición *by* (complemento agente).

sujeto + *to be* (tiempo de la oración activa) + participio pasado + *by* + agente

Activa	Tim	drank	a glass of milk.
Pasiva	A glass of milk	was drunk	by Tim.

En el ejemplo anterior se puede ver la mecánica de la transformación de una oración de activa en pasiva. El sujeto de la oración activa pasa a ser el complemento agente de la oración pasiva, precedido por la preposición *by*. El objeto directo de la oración activa pasa a ser el sujeto de la oración pasiva, y de ahí que ocupe la primera posición. Por lo que respecta a la transformación del verbo, se introduce el auxiliar *to be* en el tiempo del verbo principal en la oración activa (en este caso pretérito perfecto simple) seguido del participio pasado del verbo principal en la oración activa (en este caso, el participio pasado de *drink*, es decir, *drunk*).

> **!** Observa que en español el agente va precedido de la preposición 'por'.
> Un error común de los hispanohablantes es colocar la preposición *for* en lugar de *by*:
>
> ~~The plants were watered for the gardener.~~
>
> The plants were watered by the gardener.   Las plantas fueron regadas por el jardinero.

2. La voz pasiva se puede formar con la casi totalidad de los tiempos verbales que se han estudiado en los apartados anteriores para la voz activa. A continuación se presentan algunos ejemplos [2]:

- **Simple present** (Presente)

Activa

My father drinks one glass of this juice every day.   Mi padre bebe un vaso de este zumo todos los días.

Pasiva

One glass of this juice is drunk by my father every day.   Un vaso de este zumo es bebido por mi padre todos los días.

> **!** Observa en el ejemplo anterior que cuando en la oración en voz pasiva hay un adverbio de tiempo, éste se coloca detrás del complemento agente.

Ejemplos

In remote places of Colombia, coffee is transported on donkeys.   En remotos lugares de Colombia, el café es transportado en burros.

Radioactive waste is safely stored in that large building.   Los residuos radioactivos son almacenados de forma segura en ese edificio grande.

- **Present continuous** (Presente 'estar' + gerundio)

Activa

Emily is reading one of the novels.   Emily está leyendo una de las novelas.

---

[2] Debe tenerse en cuenta que algunos de estos ejemplos pueden sonar un tanto forzados en inglés o en español, generalmente por ser excesivamente explícitos, pero aún así se han incluido para ejemplificar debidamente la formación de la voz pasiva.

158   EL SINTAGMA VERBAL

Pasiva

One of the novels is being read by Emily.

Una de las novelas está siendo leída por Emily.

Ejemplos

The factory is being built by an important construction company.

La fábrica está siendo construida por una importante constructora.

The plans are being prepared by well-known architects.

Los planos están siendo preparados por arquitectos conocidos.

• **Simple past** (Pretérito perfecto simple)

Activa

My grandmother baked that apple pie yesterday.

Mi abuela hizo ese pastel de manzana ayer.

Pasiva

That apple pie was baked by my grandmother yesterday.

Ese pastel de manzana fue hecho por mi abuela ayer.

Ejemplos

Everything possible was done to get the situation back to normal after the earthquake.

Se hizo todo lo posible para que la situación volviera a la normalidad después del terremoto.

The local team was beaten by the visiting team in an exciting match.

El equipo local fue derrotado por el equipo visitante en un partido emocionante.

• **Past continuous** (Pretérito imperfecto 'estar' + gerundio)

Activa

My sister was saving the money to go to Egypt.

Mi hermana estaba ahorrando el dinero para ir a Egipto.

Pasiva

The money was being saved by my sister to go to Egypt.

El dinero estaba siendo ahorrado por mi hermana para ir a Egipto.

Ejemplos

His PhD thesis was being supervised by one of the best known experts in the field.

Su tesis doctoral estaba siendo supervisada por uno de los expertos más reconocidos en el campo.

The kitten was being raised with loving care.

El gatito estaba siendo criado con mucho amor y cuidado.

• Present perfect (Pretérito perfecto compuesto)

Activa

The security guard has warned us.	El guardia de seguridad nos ha avisado.

Pasiva

We have been warned by the security guard.	Nosotros hemos sido avisados por el guardia de seguridad.

Ejemplos

A new sports centre has been opened in my neighbourhood.	Un nuevo polideportivo ha sido abierto en mi barrio.
So far, a solution to the problem has not been found.	Hasta ahora, no ha sido encontrada una solución al problema.

• Past perfect (Pretérito pluscuamperfecto)

Activa

My neighbour had bought a new pet.	Mi vecina había comprado un nuevo animal de compañía.

Pasiva

A new pet had been bought by my neighbour.	Un nuevo animal de compañía había sido comprado por mi vecina.

Ejemplos

The yearly meeting had been cancelled before the delegates arrived in Madrid.	La reunión anual había sido cancelada antes de que los delegados llegaran a Madrid.
The novel came out in a paperback edition after it had been published in hardback for 10 years.	La novela se publicó en edición rústica después de haber estado publicada en tapa dura durante 10 años.

> ❗ Como se puede ver en el ejemplo anterior, en español el verbo suele ir en infinitivo detrás de una preposición: '… después de haber estado …'

• Simple future (Futuro)

Activa

Phil will read that detective novel.	Phil leerá esa novela policíaca.

Pasiva

That detective novel will be read by Phil.	Esa novela policíaca será leída por Phil.

Ejemplos

The front door will be locked at 11.00 pm. — La puerta delantera será cerrada con llave a las 11 de la noche.

The casualties will be taken straight to hospital. — Las víctimas serán llevadas directamente al hospital.

• **Future perfect** (Futuro compuesto)

Activa

Bob will have repaired it by now. — Bob ya lo habrá arreglado a estas alturas.

Pasiva

It will have been repaired by Bob by now. — Ya habrá sido arreglado por Bob a estas alturas.

Ejemplos

If the devastation continues at this rate, much of the Amazon rainforest will have been destroyed by the end of the century. — Si la devastación continúa a este ritmo, la mayor parte de la selva amazónica habrá sido destruida antes de final de siglo.

It's hoped that the first phase of the project will have been completed by 2012. — Se espera que la primera fase del proyecto haya sido completada antes de 2012.

• **Conditional** (Condicional)

Activa

He was terrified that the police would catch him. — Le daba pánico que la policía lo atrapara.

Pasiva

He was terrified that he would be caught by the police. — Le daba pánico ser atrapado por la policía.

Ejemplos

If we renovated our house completely, it would be sold within a year. — Si renovásemos la casa por completo, sería vendida en un año.

It was expected that the budget would be approved by the committee. — Se esperaba que el presupuesto fuera aprobado por el comité.

• **Past conditional** (Condicional compuesto)

Activa

They would all have studied it carefully if they had had time. — Todos ellos lo habrían estudiado detenidamente si hubiesen tenido tiempo.

Pasiva

It would have been studied carefully by them if they had had time.

Habría sido estudiado detenidamente por todos ellos si hubieran tenido tiempo.

Ejemplos

America would have been discovered even if Columbus had never existed.

América habría sido descubierta incluso si Colón nunca hubiera existido.

The book would have been sold in Canada if they had translated it into English.

El libro habría sido vendido en Canadá si lo hubieran traducido al inglés.

• *To be going to*

Activa

Jessica is going to help Rebecca.

Jessica va a ayudar a Rebecca.

Pasiva

Rebecca is going to be helped by Jessica.

Rebecca va a ser ayudada por Jessica.

Ejemplos

An art gallery is going to be opened near my house.

Una galería de arte va a ser inaugurada cerca de mi casa.

A peace conference is going to be organised by the United Nations.

Una conferencia de paz va a ser organizada por las Naciones Unidas.

Para las diferencias en cuanto al uso entre el futuro y la forma *to be going to*, véase cuadro página 148.

> En inglés las formas progresivas ('estar' + gerundio) del pretérito perfecto compuesto, pretérito pluscuamperfecto, futuro y futuro perfecto son muy poco frecuentes en la voz pasiva.

3. La formación de la voz pasiva con verbos modales

Simple present [3] **(Presente)**

Activa

The boss can find a solution.

El jefe puede encontrar una solución.

Pasiva

A solution can be found by the boss.

Una solución puede ser encontrada por el jefe.

---

[3] Puede utilizarse cualquier verbo modal en presente como: *can, have to, may, might, must, ought to y should*.

Simple past [4] (Pretérito perfecto simple)

Activa

| The child <u>could water</u> the plants. | La niña pudo regar las plantas. |

Pasiva

| The plants <u>could be watered</u> by the child. | Las plantas pudieron ser regadas por la niña. |

Present perfect (Pretérito perfecto compuesto)

Activa

| The police <u>should have called</u> the firefighters. | La policía debería haber llamado a los bomberos. |

Pasiva

| The firefighters <u>should have been called</u> by the police. | Los bomberos deberían haber sido llamados por la policía. |

3.2. Use (Uso)

La voz pasiva se utiliza para colocar el énfasis en la acción o en el resultado, en lugar de en la persona o cosa que la realiza.

Activa

| <u>My mother</u> made this bedspread. | Mi madre hizo esta colcha. |

Pasiva

| <u>This bedspread</u> was made by my mother. | Esta colcha fue hecha por mi madre. |

En comparación con la frase en voz activa, aquí se da más importancia al objeto (la colcha) como resultado de la acción que a la persona que la ha tejido.

Como se ha señalado anteriormente, en español el uso de la pasiva es, en términos generales, menos frecuente que en inglés. En su lugar se suele utilizar la pasiva refleja ('se' impersonal), o simplemente la voz activa.

| The books <u>were put</u> on the shelves. | Se pusieron los libros en las estanterías. |
| Smoking <u>is not permitted</u> here. | Fumar no está permitido aquí. / No se permite fumar aquí. |

1. El sujeto del verbo en la voz activa pasa a ser el complemento agente (quien realiza la acción) en la voz pasiva. El complemento agente se incluye sólo si es importante saber quién ha realizado la acción.

    | Westminster Abbey was built in the 18th century <u>by Christopher Wren</u>. | La abadía de Westminster fue construida en el siglo XVIII por Christopher Wren. |

---

[4] Puede utilizarse cualquier verbo modal del pasado como: *could* y *had to*.

America was discovered by Christopher Columbus.

América fue descubierta por Cristóbal Colón.

El complemento agente se omite cuando es obvio (a), no es importante (b), es desconocido (c), ya se ha mencionado anteriormente (d), se desea ocultar la identidad del agente (e) y quiere distancias de su propia acción (f).

a Taxes were increased.

Se subieron los impuestos.

(Se entiende que el agente es el gobierno y probablemente la frase en activa sería: *The government increased taxes*).

b Corn is grown in Kansas.

Se cultiva maíz en Kansas.

c My purse was stolen.

Mi monedero fue robado.

d The teacher said that my request would be passed on to the headmaster.

El profesor dijo que mi petición sería transmitida al director.

e He was told to mind his manners.

Le dijeron que cuidara sus modales.

f The glass has been broken.

Se ha roto el vaso.

2. En inglés, cuando el verbo de la oración en voz activa tiene dos objetos (objeto directo y objeto indirecto), el objeto indirecto puede pasar a ser el sujeto de la oración pasiva.

Activa

The headmaster gave an award to my brother-in-law.
      S   OD   OI

El director le dio un premio a mi cuñado.

La transformación a la voz pasiva más parecida a las estructuras en español sería la siguiente:

Pasiva

An award was given to my brother-in-law by the headmaster.
    S   OI   CA

Un premio le fue dado a mi cuñado por el director. [5]

Algunos de los verbos ingleses que suelen admitir esta estructura de doble objeto son: *ask, award, grant, lend, offer, order, pay, promise, send, show, tell*, etc.

The workers were promised a salary rise.

Le prometieron un aumento de sueldo a los trabajadores.

The three best junior chess-players will be awarded a medal.

Se concederá una medalla a los tres mejores jugadores jóvenes de ajedrez.

---

[5] En este ejemplo, de nuevo, la traducción puede resultar un tanto forzada porque no se utilizaría la voz pasiva en español. Dependiendo del contexto y del énfasis que se quisiera transmitir se podría traducir de alguna de las siguientes formas: El director dio un premio a mi hermano./Le dieron un premio a mi hermano./Se le dio un premio a mi hermano.

3. Aunque en español sólo los verbos transitivos que tienen un objeto directo pueden transformarse a la voz pasiva, en inglés hay verbos intransitivos que forman oraciones pasivas. Los siguientes verbos admiten dos posibles construcciones pasivas en inglés: *believe*, *consider*, *know*, *say*, *suppose*, *think*, que corresponderían a la construcción en español *se* + verbo ('Se cree …, Se considera …, Se sabe …, Se dice …, Se supone …, Se cree …').

Activa

They believe (that) she has finished her studies.	Ellos creen que ella ha terminado sus estudios.

Pasiva 1

It's believed that she has finished her studies.	Se cree que ella ha terminado los estudios.

Pasiva 2

She is believed to have finished her studies.	Se cree que ella ha terminado los estudios.

> Fíjate que la expresión pasiva *to be supposed to* puede tener tres significados diferentes.
>
> **a** Suposición
>
> | | |
> |---|---|
> | Tim is supposed to be a good student. | Se supone que Tim es un buen estudiante. |
>
> **b** Deber
>
> | | |
> |---|---|
> | He is supposed to clean the kitchen. | Se supone que él limpiará la cocina. / Se espera que él limpie la cocina. |
>
> **c** Prohibición (Negativa)
>
> | | |
> |---|---|
> | You are not supposed to bring dogs into this shop. | Se supone que no debes traer perros a esta tienda. |

> En el lenguaje oral normalmente se utiliza la contracción *It's* en vez de *It is*.
>
> | | |
> |---|---|
> | It's said (that) the next meeting will take place in Cambridge. | Se dice que la siguiente reunión tendrá lugar en Cambridge. |
> | It's thought (that) he will marry her. | Se cree que él se casará con ella. |
> | It's well known (that) all children do not learn in the same way. | Es bien sabido que todos los niños no aprenden de la misma forma. |
>
> En los casos anteriores *that* se puede omitir y por ello aparece entre paréntesis.

> Hay que tener en cuenta que si se hace referencia al pasado <u>desde el presente</u>, es decir, que el primer verbo va en presente, entonces el verbo de la oración introducida por *that* debe ir en pasado.
>
> **Activa**
>
> | | |
> |---|---|
> | Historians <u>believe</u> (that) the Vikings <u>arrived</u> in America before Christopher Columbus. | Los historiadores creen que los vikingos llegaron a América antes que Cristóbal Colón. |
>
> **Pasiva**
>
> | | |
> |---|---|
> | <u>It is believed</u> that the Vikings <u>arrived</u> in America before Christopher Columbus. | Se cree que los vikingos llegaron a América antes que Cristóbal Colón. |
>
> En las oraciones de infinitivo se usa, en ese caso, el infinitivo perfecto (*to have* + participio pasado).
>
> | | |
> |---|---|
> | The Vikings <u>are believed to have arrived</u> in America before Christopher Columbus. | Se cree que los vikingos llegaron a América antes que Cristóbal Colón. |
>
> Si el verbo que introduce la oración va en pasado, entonces el verbo de la oración introducida por *that* debe ir en pretérito pluscuamperfecto (*past perfect*).
>
> **Activa**
>
> | | |
> |---|---|
> | They <u>thought</u> that someone <u>had called</u> the police. | Ellos pensaron que alguien había llamado a la policía. |
>
> **Pasiva**
>
> | | |
> |---|---|
> | <u>It was thought</u> that the police <u>had been called</u> (by someone). | Se pensó que alguien había llamado a la policía. / Se pensó que la policía había sido llamada. |
>
> En las oraciones de infinitivo se usa, de nuevo, el infinitivo perfecto (*to have* + participio pasado).
>
> | | |
> |---|---|
> | The police <u>were thought to have been called</u> (by someone). | Se pensó que la policía había sido llamada. / Se pensó que alguien había llamado a la policía. |

4. Los siguientes verbos no suelen permitir la transformación en pasiva: *become, fit, have, lack, hold, resemble, suit*.

The plot of this play <u>lacks</u> originality.	El argumento de esta obra de teatro carece de originalidad.
That red hat doesn't <u>suit</u> you, in my opinion.	En mi opinión, ese sombrero rojo no te queda bien.

> **!** El verbo *hold* sí permite la pasiva con el significado de 'celebrar'.
>
> The first meeting with   La primera reunión con los socios
> the partners was held in Avila.   se celebró en Ávila.

> **!** El verbo *fit* sí admite la pasiva con el significado de 'instalar'.
>
> Our front door was fitted   Se instaló una nueva cerradura
> with a new lock.   en nuestra puerta delantera.

5. En ocasiones puede formarse la oración en voz pasiva en inglés con el verbo *to get* en vez del verbo *to be*. Normalmente se usa esta construcción para indicar que algo es inesperado o repentino.

Fortunately no one got/was   Afortunadamente nadie resultó
hurt by the explosion.   herido por la explosión.

> **!** Fíjate que en inglés también hay expresiones formadas con el verbo *get* que no tienen significado pasivo: *get married* ('casarse'), *get dressed* ('vestirse'), *get angry* ('enfadarse'), *get cold* ('enfriarse'), *get drunk* ('emborracharse'), *get wet* ('mojarse').

6. No suele producirse transformación a voz pasiva cuando el objeto es una oración.

The teacher thought that it would be   El profesor pensó que sería buena
a good idea to revise for the exam.   idea repasar para el examen.

The computer expert estimated   El experto en ordenadores calculó
that he would fix the system quickly.   que repararía el sistema rápido.

7. No se suelen formar oraciones en pasiva cuando el objeto es un pronombre reflexivo (a) o recíproco (b), o cuando el objeto contiene un adjetivo posesivo referido al sujeto de la oración activa (c).

a He cut himself with the   Se cortó con la navaja suiza.
Swiss army knife.

b They hit each other's head   Se golpearon la cabeza al tratar
while trying to pick the keys   de recoger las llaves del suelo.
up from the floor.

c Ted waved his hand to say goodbye.   Ted dijo adiós con la mano.

8. Puede utilizarse la expresión *get/have + something + done* con sentido pasivo para indicar que el sujeto encarga una acción a otros y no la realiza él mismo. En el uso de esta expresión el inglés resulta más preciso que el español.

I'm going to get   Voy a arreglar el tejado.
my roof repaired.   (Me van a arreglar el tejado).

EL SINTAGMA VERBAL

This marble floor is scratched.
I think you should get it polished.

Este suelo de mármol está rayado.
Creo que deberías pulirlo.

Como norma general se puede usar *have* o *get* indistintamente aunque *get* tiene el matiz de conseguir algo con dificultad (a), también se usa para enfatizar que uno mismo se va a encargar de hacer algo (b).

a Anne got her passport renewed after queuing for three hours.

Anne consiguió renovar su pasaporte después de hacer cola durante tres horas.

b I'll get all this mess cleaned up.

Voy a limpiar todo este desastre.

> Fíjate que en español la construcción es diferente. El sujeto dice que ha hecho la acción aunque en realidad la ha hecho el sujeto paciente, es decir, la acción la han realizado otros para él.
>
> I had/got my hair cut.   Me han cortado el pelo.
> Aunque también se podría decir: 'Me he cortado el pelo.'
>
> She had/got her house painted.   Le han pintado la casa.
> Aunque también se podría decir: 'Ella ha pintado la casa.'

9. Cuando el agente de la acción verbal es 'la gente en general' es frecuente usar la voz activa en vez de la pasiva empleando *you* o *they* como sujetos de la oración.

You can't leave the plane now; the doors are closed! / The plane can't be left now, the doors are closed.

No se puede abandonar el avión ahora; ¡las puertas están cerradas!

You can cross the bridge now; the toll barrier is up. / The bridge can be crossed now, the toll barrier is up.

Ahora se puede cruzar el puente; las barreras de peaje están levantadas.

They say he is a good lawyer. / He is said to be a good lawyer.

Dicen que es un buen abogado.

They say that the Mediterranean diet is very healthy. / The Mediterranean diet is said to be very healthy.

Dicen que la dieta mediterránea es muy saludable.

> En registros formales o en inglés escrito se suele utilizar *one* como sujeto.
>
> One chooses how to spend one's free time.
> Cada uno decide cómo pasar su tiempo libre.
>
> One should clean one's teeth.
> Cada uno debería cepillarse los dientes.
>
> Fíjate que en español este uso de *one* se suele traducir por 'cada uno'.

En estos casos también se pueden usar los pronombres indefinidos *someone* ('alguien') y *something* ('algo') como sujeto de la frase en activa. De esta forma se permite mencionar un agente pero sin necesidad de especificar de quién se trata.

Someone has taken it. / It has been taken.	Alguien se lo ha llevado.
Something has disturbed the lion in the cage. / The lion in the cage has been disturbed.	Algo ha molestado al león en la jaula.

10. Los llamados 'verbos ergativos' (*ergative verbs*) son aquellos que pueden usarse tanto en forma transitiva con un objeto como en forma intransitiva. En este segundo caso el objeto de la oración transitiva se convierte en sujeto de la oración intransitiva. Muchos de estos verbos hacen referencia a cambios de estado o están relacionados con el mundo de la cocina.

My father stopped the car.	Mi padre paró el coche.
The car stopped.	El coche se paró.
Mary is cooking rice.	Mary está cocinando arroz.
The rice is cooking.	El arroz se está cocinando.

Otros verbos ergativos en inglés son:

bake	change	empty	roast
begin	close	fry	shut
boil	decrease	grow	slow
break	dry	melt	start

Los verbos ergativos permiten omitir el agente de la acción como se puede ver en los siguientes ejemplos:

Suddenly the window opened.	De pronto, se abrió la ventana.
The lobster is boiling.	La langosta está hierviendo.

11. Hay algunos verbos que por su significado suelen aparecer en pasiva. A continuación se presentan algunos de ellos:

be born	be jailed	be rumoured
be conditioned	be misdirected	be scheduled
be deemed	be penalised	be shipped
be empowered	be perpetrated	be suspended
be fined	be populated	be wounded
be horrified	be prized	
be hospitalised	be reunited	

My son was born on September 29th.	Mi hijo nació el 29 de septiembre.
The sign says you can be fined £100.	La señal dice que te pueden multar con 100 libras.
Unknown quantities of oil will be shipped abroad.	Cantidades indeterminadas de petróleo se enviarán al extranjero.
About 50 people were wounded in the attack.	Hubo alrededor de 50 heridos en el ataque.

EL SINTAGMA VERBAL 169

12. Al igual que en la voz activa, cuando se menciona el instrumento con el que el agente realiza la acción se usa la preposición *with*.

The book was illustrated with colourful images.	El libro fue ilustrado con imágenes coloridas.
The house was decorated with beautiful lamps.	La casa estaba decorada con bonitas lámparas.

Sin embargo, algunos verbos transitivos que hacen referencia a estados en lugar de acciones suelen introducir el agente instrumental con la preposición *by*.

The corpse was covered by a blanket.	El cadáver fue cubierto con una manta.
The project presentation was overshadowed by a technical problem.	La presentación del proyecto fue eclipsada por un problema técnico.

4. INFINITIVE AND GERUND (EL INFINITIVO Y GERUNDIO)

4.1. INFINITIVE (EL INFINITIVO)

El infinitivo (*to cook, to buy*) junto con el gerundio (*cooking, buying*) (a veces conocido como *-ing form*) y el participio pasado (*cooked, bought*) representan las formas no personales del verbo, es decir, las formas que no están sujetas a ninguna persona verbal y de ahí que no puedan actuar como el verbo principal de una oración. Estas formas no personales del verbo tampoco pueden mostrar por sí solas relaciones de modo, tiempo o número, aunque sí pueden adoptar otras funciones dentro de la oración.

4.1.1. Form (Forma)

El infinitivo simple es lo que, en apartados anteriores, hemos llamado 'forma base del verbo'. Precedido de la partícula *to* se suele utilizar para enunciar el verbo y es además la forma en que aparece en los diccionarios.

Atendiendo a su forma, el infinitivo puede aparecer en voz activa o en voz pasiva y ser simple o perfecto. A continuación se indican algunas de las formas más frecuentes:

Voz activa

Simple Infinitive

(to) eat	comer
Everybody waited to eat until the bride and groom arrived.	Todos esperaron a que llegaran los novios para comer.
Have you got anything to eat?	¿Tienes algo para comer?

Continuous infinitive

(to) be eating

You are not supposed to be eating sweets half an hour before lunch.

I think my dog is sick. He seems not to be eating much.

estar comiendo

No debes estar comiendo caramelos media hora antes del almuerzo.

Creo que mi perro está enfermo. Parece que no está comiendo mucho.

Perfect infinitive

(to) have eaten

It may have been necessary for the expedition members to have eaten fruit and roots in order to survive.

The children were found to have eaten all the ice cream.

haber comido

Puede ser que los miembros de la expedición hayan tenido que comer frutas y raíces para sobrevivir.

Se dieron cuenta de que los niños se habían comido todo el helado.

Perfect continuous infinitive

(to) have been eating

Robert appeared to have been eating pasta every day while in Rome.

Since he went on a diet he is supposed to have been eating healthy food.

haber estado comiendo

Parece ser que Robert había estado comiendo pasta todos los días mientras estuvo en Roma.

Se supone que ha estado comiendo comida saludable desde que se puso a dieta.

Voz pasiva

Simple infinitive

(to) be done

A lot of work has to be done before the premier.

I am sorry, but there's nothing else to be done.

He was nowhere to be seen.

ser hecho

Queda un montón de trabajo por hacer antes del estreno.

Lo siento pero no hay nada más que se pueda hacer.

Él no aparecía por ninguna parte.

Continuous infinitive

(to) be being done

Have you got any idea of what ought to be being done here?

Environmentalists claim this doesn't seem to be the way in which things ought to be being done to preserve the national park.

estar siendo hecho

¿Tienes alguna idea de lo que tendría que estar haciéndose aquí?

Los ecologistas reivindican que esa no parece ser la forma en que las cosas deberían estar haciéndose para conservar el parque nacional.

Perfect infinitive

(to) have been eaten	haber sido comido
He was the first known human <u>to have been eaten</u> by a Komodo Dragon.	Que se sepa, él fue el primer humano en haber sido engullido por un dragón de Komodo.
Not very much seems <u>to have been done</u> by the government to overcome the crisis.	No parece que se haya hecho mucho por parte del gobierno para superar la crisis.

4.1.2. Use (Uso)

4.1.2.1. *To* infinitive (El infinitivo con *to*)

Este uso del infinitivo con *to* (*to infinitive*) es frecuente en construcciones como las que se indican a continuación:

a En la estructura compuesta por el verbo principal de la oración seguido de infinitivo con *to*.

verbo principal de la oración + *to* infinitivo

Ted <u>decided to join</u> the reading circle.	Ted decidió unirse al club de lectura.
In spite of the incident, he <u>decided to continue</u> his journey to Paris.	A pesar del incidente, decidió continuar su viaje a París.
I <u>forgot to mention</u> that in youth hostels you also <u>need to make</u> your own bed.	Olvidé mencionar que en los albergues juveniles también tienes que hacerte tu cama.

Algunos verbos que suelen ir seguidos de infinitivo con *to* son:

afford

We are going to spend a lot of money on this new house so we can't <u>afford to take</u> any chances with the builder.	Nos vamos a gastar un montón de dinero en esta casa nueva por lo que no nos podemos permitir correr riesgos con el constructor.

> **!** Fíjate que el verbo *afford* casi siempre va precedido de un verbo modal tanto en afirmativa como en negativa e interrogativa: <u>can/could</u> afford; <u>can't/couldn't</u> afford.

agree

I've <u>agreed to sign</u> the contract, but that's all I've agreed to so far.	Acepté firmar el contrato pero eso es todo lo que he aceptado hasta ahora.

aim

The project <u>aims to promote</u> responsible environmental management in industrial areas of central Europe.	El proyecto consiste en promover una gestión medioambiental responsable en zonas industrializadas de Europa central.

appear

I think you should buy this second-hand car. It <u>appears to be</u> in good condition.

Creo que deberías comprar este coche de segunda mano. Parece estar en perfecto estado.

arrange

They <u>arranged to meet</u> on a bench outside the Prado Museum at six o'clock.

Quedaron en encontrarse a la seis en punto en un banco fuera del Museo del Prado.

ask

John did not <u>ask to see</u> my office, which made me think that he had already been there.

John no pidió ver mi oficina, lo que me hizo pensar que (él) ya había estado antes allí.

attempt

This project will <u>attempt to analyse</u> some of the main issues in teaching methodology in primary schools.

Este proyecto intentará analizar algunos de los principales problemas de la metodología de enseñanza en la educación primaria.

be able

If you like the book, let me know. I may <u>be able to find</u> a copy for you.

Si te gusta el libro, dímelo. Igual te puedo conseguir un ejemplar.

beg

He <u>begged to come</u> with us.

Suplicó venir con nosotros.

can't wait

I <u>can't wait to see</u> the newborn baby.

Me muero de ganas por ver al recién nacido.

choose

I love the beach and the sun, so I could not <u>choose to live</u> anywhere else but in Cádiz.

Me encanta la playa y el sol, así que no podría elegir otro sitio para vivir que no fuese Cádiz.

claim

He <u>claims to have</u> the fastest antivirus program on the market, and the cheapest one.

Afirma tener el programa antivirus más rápido del mercado, y el más barato.

> ❕ Otras traducciones posibles de *claim* son 'reivindicar, reclamar, alegar'.

decide

Patrick waited for some time, but Emily didn't arrive. In the end, he <u>decided to go</u> without her.

Patrick esperó un rato, pero Emily no llegó. Al final, decidió ir sin ella.

demand

The boss <u>demanded to know</u> who was responsible for what had happened.

El jefe exigió saber quién era responsable de lo que había ocurrido.

expect

My brother <u>expects to earn</u> more than 50,000 euros a year by 2015.

Para el 2015, mi hermano espera ganar más de 50.000 euros al año.

fail

The scientist <u>failed to prove</u> his theory.

El científico no consiguió demostrar su teoría.

forget

I <u>forgot to bring</u> the sun cream with me. I'm sorry about that.

Se me olvidó traer la crema solar. Lo siento.

> **!** En la traducción de esta frase nótese que *with me* no se traduce a español pues sería redundante. Lo mismo ocurre con *about that*.

guarantee

The travel companies <u>guarantee to pay</u> for the seats.

Las agencias de viaje aseguran que pagarán las plazas.

happen

If you <u>happen to see</u> Anna, don't forget to ask her about Saturday.

Si por casualidad ves a Anna, no se te olvide preguntarle por el sábado.

help

The study will provide valuable information in order to <u>help to diagnose</u> diabetes.

El estudio proporcionará información importante para ayudar a diagnosticar la diabetes.

> **!** El verbo *help* puede ir también seguido del infinitivo sin *to*, como se puede ver en el apartado 4.1.2.3., página 183.

hesitate

Please don't <u>hesitate to contact</u> me if you have any questions.

Por favor, no dudes en ponerte en contacto conmigo si tienes cualquier pregunta.

hope

He <u>hoped to talk to</u> her before she left for Germany.

Esperaba hablar con ella antes de que se fuera para Alemania.

learn

Children <u>learn to speak</u> by imitation.

Los niños aprenden a hablar por imitación.

long

Anthony <u>longs to go</u> back home.

Anthony está deseando volver a casa.

manage

I <u>managed to pick up</u> Jamie at the train station.

Conseguí recoger a Jamie en la estación de tren.

need

I know you are very busy but you <u>need to find</u> some time to go to the cinema with the kids.

Sé que estás muy ocupado pero tienes que encontrar un poco de tiempo para ir al cine con los niños.

> **!** Los hispanohablantes deben prestar atención a este uso del verbo *need* con el sentido de 'tener que' y han de recordar que *have to* denota más sentido de obligación impuesta por el que habla.

> **!** El verbo *need* también puede ser semimodal. En ese caso debe ir seguido de infinitivo sin *to* (véase el apartado 5.3., página 213).

neglect

He <u>neglected to mention</u> the rules of the game.

Se le olvidó mencionar las reglas del juego.

offer

The government <u>offered to negotiate</u> their demands.

El gobierno ofreció negociar sus reivindicaciones.

plan

The company <u>plans to stage</u> *Hamlet* by William Shakespeare.

La compañía planea poner en escena *Hamlet* de William Shakespeare.

prepare

I value my privacy and I am <u>prepared to defend</u> it at all costs.

Valoro mi intimidad y estoy preparado para defenderla a toda costa.

pretend

Why do you pretend to be someone you're not?

¿Por qué finges ser alguien que no eres?

promise

The manager is in Paris, but he promised to write to you as soon as possible.

El director está en París, pero prometió escribirte cuanto antes.

propose

They proposed to build a new hospital in Ludlow.

Propusieron construir un nuevo hospital en Ludlow.

prove

If that proves to be what really happened, it seems unlikely that he'll get any compensation from the insurance company.

Si se demuestra que realmente esto fue lo que pasó, parece poco probable que él reciba alguna compensación de la compañía de seguros.

refuse

Although it was a difficult situation, the management refused to do anything about it.

Aunque era una situación difícil, la gerencia se negó a hacer nada.

seek

The meeting will seek to identify ways in which mobile phones can be improved.

En la reunión se tratará de cómo se pueden mejorar los teléfonos móviles.

seem

He always behaves himself in class, but he hardly ever seems to be listening.

Él siempre se comporta bien en clase, pero casi nunca parece estar escuchando.

swear

Do you swear to tell no one?

¿Juras que no se lo contarás a nadie?

> ! Fíjate que en inglés no se usa la doble negativa como en español 'no … nadie'.

tend

I would love to go for an excursion to the forest but it tends to rain a lot in May.

Me encantaría ir de excursión al bosque pero suele llover mucho en mayo.

threaten

She <u>threatened to tell</u> everyone their secret.

Ella amenazó con contarles a todos su secreto.

turn out

Sometimes retirement <u>doesn't turn out to be</u> quite what was expected.

La jubilación a veces no resulta ser lo que se esperaba.

undertake

The government <u>undertook to pay</u> compensation for the earthquake damage.

El gobierno asumió pagar la compensación por los daños del terremoto.

want

Susan was sad and <u>didn't want to talk</u> about her problem.

Susan estaba triste y no quería hablar de su problema.

wish

I <u>wish to correct</u> one small inaccuracy in my statement.

Desearía corregir un pequeño error en mi declaración.

would like

If you <u>would like to receive</u> further information on our products, please send us an email.

Si deseara recibir información adicional sobre nuestros productos, por favor, mándenos un correo electrónico.

would love

We <u>would love to make</u> new friends.

Nos encantaría hacer nuevos amigos.

would prefer

I <u>would prefer to live</u> here in Spain and return to Ireland for holidays.

Preferiría vivir aquí en España y volver a Irlanda de vacaciones.

b También es posible la siguiente estructura en la que el verbo principal de la oración va seguido de un nombre, un pronombre en acusativo o un objeto, seguido de infinitivo con *to*.

verbo principal + nombre (o pronombre en acusativo u objeto) + infinitivo con *to*.

I <u>asked him to pick</u> me up at the airport.

Le pedí que me recogiese en el aeropuerto.

Chloe <u>persuaded Jeff to go</u> to Barbados on holiday.

Chloe convenció a Jeff para ir de vacaciones a Barbados.

The air hostess reminded <u>the passenger to stop</u> using his MP3 player during take off.

La azafata sugirió al pasajero que dejase de usar su reproductor MP3 durante el despegue.

Presentamos a continuación algunos verbos que suelen ir seguidos de un nombre o pronombre e infinitivo con *to*:

advise	help	remind
allow	invite	teach
ask	order	tell
enable	permit	train
encourage	persuade	want
expect	prefer	warn
forbid	recommend	would like
force	require	

Podrás comprobar que en algunos casos los verbos admiten cualquiera de las dos construcciones presentadas anteriormente en (a) y (b). Sin embargo, el significado cambia ya que en un caso el infinitivo hace referencia directa al sujeto (*Sara*, en el primer ejemplo) y en el otro al objeto (*me*, en el segundo ejemplo).

Sara wanted to stay up all night.	Sara quería quedarse despierta toda la noche.
Sara wanted me to stay up all night.	Sara quería que me quedase despierto toda la noche.
The train is expected to arrive in half an hour.	Se espera que el tren llegue en media hora.
John expected me to drive him home.	John esperaba que le llevara a casa en coche.
Fortunately, the ballet company was persuaded to stay in London for an extra week.	Afortunadamente, convencieron a la compañía de ballet para que se quedase una semana más en Londres.
The gust of wind persuaded him to go back home.	La ráfaga de viento le persuadió para volver a casa.

> Fíjate que esta estructura no tiene una traducción literal del inglés sino que suele traducirse con alguna de las dos expresiones siguientes:
>
> **verbo + *que* + sujeto + verbo en subjuntivo**
>
> | | |
> |---|---|
> | He wanted me to sing a song. | Él quería que yo cantase una canción. |
>
> **objeto + verbo + *que* + verbo en subjuntivo**
>
> | | |
> |---|---|
> | Her mate asked her to close the door. | Su compañera le pidió que cerrase la puerta. |

> Dado que en español muchos de los verbos que aparecen en la lista anterior pueden ir seguidos de la conjunción *que*, son frecuentes los casos de interferencia en los que los hispanohablantes utilizan estos verbos seguidos de la conjunción *that*.
>
> ~~The teacher advised that I studied harder~~.
>
> The teacher **advised** me **to study** harder. — El profesor me aconsejó que estudiara más.
>
> ~~The child wanted that his mother bought him chocolate~~.
>
> The child **wanted** his mother **to buy** him chocolate. — El niño quería que su madre le comprara chocolate.

c Es posible también usar el infinitivo con *to* <u>detrás</u> de algunos adjetivos.

adjetivo + infinitivo con *to*

It's <u>good to see</u> you. — Me alegro de verte.

Charles <u>was reluctant to leave</u>. — Charles no quería marcharse.

Her report was concise and <u>interesting to read</u>. — Su informe fue conciso e interesante de leer.

Estos adjetivos que preceden al infinitivo con *to* pueden estar modificados por los adverbios *too* y *enough*.

The suitcase was <u>too heavy</u> for him <u>to lift</u>. — La maleta era demasiado pesada para que él la pudiera levantar.

I am <u>strong enough</u> to lift it. — Soy lo bastante fuerte como para levantarla.

Too se coloca delante del adjetivo y por su significado implica un resultado negativo.

I am afraid he is now <u>too old to become</u> a professional jockey. — Me temo que ya es demasiado mayor para convertirse en un jinete profesional.

Enough se coloca detrás del adjetivo y suele implicar un resultado positivo o favorable si la oración es afirmativa.

The boy is <u>old enough to ride</u> a motorbike. — El niño es lo bastante mayor como para conducir una motocicleta.

When we got there, we realised that the tent was not <u>big enough to accommodate</u> six people. — Cuando llegamos allí, nos dimos cuenta de que la tienda no era suficientemente grande como para albergar a seis personas.

> **!** Ten en cuenta que si *enough* acompaña a un sustantivo suele ir delante del mismo.
>
> I have enough strength to lift this suitcase.
> Tengo la suficiente fuerza para levantar esta maleta.

> **!** La construcción anterior también puede darse con adverbios en vez de adjetivos.
>
> The baby was sleeping too deeply to wake it up.
> El bebé estaba durmiendo demasiado profundamente para despertarlo.

En algunas ocasiones el adjetivo puede ir seguido de *for* + sustantivo/pronombre objeto para indicar a quién se refiere el adjetivo.

He seemed anxious for Rosa to accept his invitation to the party.
Él parecía ansioso por que Rosa aceptara su invitación para ir a la fiesta.

I am afraid that these dogs are too big for me to handle.
Me temo que estos perros son demasiado grandes para que yo los pueda manejar.

It wasn't easy for him to make friends at his new school.
No le resultó fácil hacer amigos en su nuevo colegio.

> **!** La construcción anterior también puede darse con adverbios en vez de adjetivos.
>
> We drove past too quickly for me to see anything.
> Condujimos demasiado deprisa/ rápido para que pudiese ver algo.

d Con adjetivos referidos a personas, y no cosas, también es frecuente el uso del infinitivo con *to*, como es el caso de los siguientes adjetivos:

afraid to	disappointed to	lucky to	sad to
anxious to	eager to	motivated to	sorry to
ashamed to	fortunate to	pleased to	upset to
astonished to	glad to	proud to	willing to
delighted to	happy to	ready to	
determined to	hesitant to	reluctant to	

I was glad to get a postcard from you.
Me alegré de recibir una postal tuya.

The children are anxious to go to the circus.
Los niños están ansiosos por ir al circo.

These students are really motivated to learn English.
Estos estudiantes están realmente motivados para aprender inglés.

Sally is <u>proud to be</u> the top student in her class.	Sally está orgullosa de ser la mejor estudiante de su clase.

e Suele usarse el infinitivo con *to* detrás de *the only, the last, the first, the second, the third,* etc.

As always, Tim and Sue were <u>the last to leave</u> the party.	Como siempre, Tim y Sue fueron los últimos en marcharse de la fiesta.
At meetings, she was nearly always <u>the first to arrive</u>.	En las reuniones, ella era casi siempre la primera en llegar.

f También es frecuente el uso del infinitivo con *to* con algunos pronombres interrogativos como *who, what, whom, which,* y otros adverbios normalmente usados para hacer preguntas como *when, where, how*.

Mark wondered desperately <u>what to do</u> and <u>who to ask</u> for advice.	Mark se preguntaba desesperadamente qué hacer y a quién pedir consejo.
The social worker will decide <u>who to interview</u>.	El trabajador social decidirá a quién entrevistar.
She is having financial problems but I don't know of any way in <u>which to help</u> her.	Ella tiene problemas económicos pero no veo cómo se le puede ayudar.
You don't need to tell me <u>when to study</u>!	No hace falta que me digas cuándo debo estudiar.
Daniel did not know <u>where to look for</u> the form.	Daniel no sabía dónde buscar el formulario.
She really doesn't know <u>how to put</u> things right.	Ella verdaderamente no sabe cómo arreglar las cosas.

> **!** Fíjate que una excepción a la regla anterior es *why*, que va seguido de infinitivo sin *to*.
>
> | | |
> |---|---|
> | People often ask me <u>why go</u> on holiday to that remote place. | La gente a menudo me pregunta por qué ir de vacaciones a ese lugar tan lejano. |

g Se usa el infinitivo con *to* para expresar finalidad o propósito.

They need to find a solution (in order/so as) <u>to save</u> the company.	Tienen que encontrar una solución para salvar la compañía.
They got up very early (in order/so as) <u>to reach</u> the summit before noon.	Se levantaron muy temprano para alcanzar la cumbre antes del mediodía.

Para expresar la negación de la mencionada finalidad o propósito es preciso usar la construcción *so as/in order* más la negación (*not*) y el infinitivo.

You must keep your class under control <u>so as not to disturb</u> the other classes.	Debes mantener tu clase bajo control para no molestar a las otras clases.

EL SINTAGMA VERBAL 181

In order not to freeze, I installed a wood-burning stove.	Para no congelarnos, instalé una estufa de combustión de madera.

h Se puede usar el infinitivo con *to* como posmodificador de un sustantivo, es decir, detrás de un sustantivo al que complementa.

He is desperately looking for an apartment to rent.	Está buscando desesperadamente un apartamento para alquilar.
Now he's gone, there'll be one less mouth to feed.	Ahora que él se ha marchado, habrá una boca menos que alimentar.
Actually, it's a nice little car to drive.	En realidad, es un cochecito agradable de conducir.

Del mismo modo, el infinitivo con *to* puede posmodificar a los pronombres indefinidos compuestos de *some, any, no* y *every*.

She doesn't know if she'll ever find anyone to marry her.	Ella no sabe si encontrará algún día a alguien con quien casarse.
When he retired, he realised he had nothing to do.	Cuando se jubiló, se dio cuenta de que no tenía nada que hacer.
If you need someone to talk to, call me!	Si necesitas a alguien con quien hablar, ¡llámame!

i Otro uso común es el conocido como 'uso anafórico de *to*' y consiste en que se mantiene la preposición *to* al final de una oración mientras que el verbo en infinitivo se omite, pues se sobreentiende por el contexto. De igual forma, en español no sería necesario repetir el verbo pues resultaría redundante.

- I'm so busy this week. Would you do me a favour? - I would love to.	- Estoy tan ocupado esta semana. ¿Me podrías hacer un favor? - Me encantaría.
- Why do you think Nathan will come for dinner tomorrow? - Because he promised to.	- ¿Por qué crees que Nathan vendrá a cenar mañana? - Porque lo prometió.
- Why didn't Elsa come to the concert at the Music Hall today? - Because she didn't want to.	- ¿Por qué no ha venido hoy Elsa al concierto en el Music Hall? - Porque no quería.

j Se suele usar el infinitivo con *to* en determinadas construcciones impersonales con el verbo *to be* seguido de otro verbo en participio pasado, como los siguientes ejemplos (véase el apartado 3, página 157 sobre la voz pasiva).

***to be* + participio pasado + infinitivo con *to* + verbo en forma base**

(to) be expected to

New branches of the company are expected to open in Toronto and Vancouver next March.	Se espera que abran nuevas sucursales de la compañía en Toronto y Vancouver el próximo marzo.

(to) be said to

The colours used on the façade of the Victorian villa <u>are said to be</u> the same as those originally used back in the 18th century.	Se dice que los colores de la fachada de la villa Victoriana son los mismos que los usados originalmente en el el siglo XVIII.

(to) be supposed to

The size of the net you should use varies according to which species of fish it <u>is supposed to catch</u>.	El tamaño de la red que debería usar varía según el tipo de pescado que se supone que va a atrapar.

(to) be thought to

Some people <u>are thought to be</u> genetically healthier than others.	Se piensa que algunas personas son genéticamente más sanas que otras.

> ⚠ Estos ejemplos suelen traducirse haciendo uso de la construcción en español 'se' + verbo ('Se piensa…, Se dice…, Se supone…, Se espera…', etc.).

4.1.2.2. The split infinitive (El infinitivo partido)

Como regla general, en inglés, el verbo en infinitivo se forma con la partícula *to* inmediatamente antes de la forma base del verbo, como se ha podido ver en aparatados anteriores. No suele haber ningún elemento entre *to* y el verbo.

She is said <u>to be</u> a good teacher.	Se dice que es buena profesora.

No obstante, hay una variación sobre esta regla pues es posible colocar un adverbio entre *to* y la forma base del verbo, a pesar de que algunos hablantes del inglés no lo consideran correcto. Uno de los motivos para justificar el uso del 'infinitivo partido' es que contribuye a proporcionar más claridad a la oración.

The air hostess asked the passengers <u>to</u> kindly <u>remain</u> seated until the plane had completely stopped.	La azafata pidió a los pasajeros que fueran tan amables de quedarse sentados hasta que el avión se hubiera parado completamente.
This medicine will help your body <u>to</u> quickly <u>recover</u> from flu.	Este medicamento ayudará a tu cuerpo a recuperarse más rápidamente de la gripe.
Next summer, we hope to have the chance <u>to</u> really <u>relax</u>.	El próximo verano esperamos poder relajarnos de verdad.
I think you should be prepared <u>to</u> simply <u>sweep</u> it under the carpet and pretend it hasn't happened.	Creo que deberías simplemente correr un velo y fingir que no ha ocurrido.

4.1.2.3. The bare infinitive (El infinitivo sin *to*)

Lo más frecuente en inglés es usar el infinitivo con *to*. Sin embargo, en los siguientes casos también se puede utilizar el infinitivo sin *to*, conocido en inglés como *plain infinitive* o *bare infinitive*.

a La mayoría de los verbos modales (*can, could, needn't, may, might, must, shall, should, will*) van seguidos de infinitivo sin *to*, excepto en el caso de *ought* y *used* (*ought to* + infinitivo, *used to* + infinitivo).

Don't worry. We <u>can find</u> a solution to this problem.	No se preocupe. Podemos encontrar una solución a este problema.
Pamela said she <u>might call</u> you this afternoon.	Pamela dijo que a lo mejor te llama esta tarde.
She <u>must not know</u> that I am here otherwise she would insist on seeing me.	No debe saber que estoy aquí si no insistiría en venir a verme.

> **!** Algunas expresiones como *had better* ('sería mejor que, más valdría'), *would rather* ('preferiría') y *would sooner* ('preferiría') van seguidas de infinitivo sin *to*.
>
> | | |
> |---|---|
> | My stomach really hurts. I <u>had better</u> go to the doctor immediately. | Me duele mucho el estómago. Sería mejor que fuese al médico enseguida. |
> | I'm so tired. I <u>would rather</u> stay at home. | Estoy muy cansada. Preferiría quedarme en casa. |
> | I <u>would sooner</u> be out shopping than watching TV. | Preferiría estar de compras antes que ver la tele. |

El verbo semimodal *need* en algunas ocasiones puede ir seguido de infinitivo con *to* y en otras puede ir seguido de infinitivo sin *to*, dependiendo del uso y del significado. Véase el apartado 5.3., página 213 sobre los verbos semimodales.

b Los verbos de percepción como *hear, feel, see, smell, watch* pueden ir seguidos de un objeto (sustantivo/pronombre) seguido de infinitivo sin *to*, o de un verbo en gerundio (*-ing*).

verbo de percepción + sustantivo/pronombre + infinitivo (sin *to*)

I heard a noise and I then <u>saw someone run away</u>.	Oí un ruido y luego vi a alguien marcharse corriendo.
Bob got angry when he <u>heard the man laugh</u>.	Bob se enfadó cuando oyó al hombre reírse.
Betty <u>felt the tears flow</u> down her cheeks.	Betty sintió las lágrimas correr por sus mejillas.

> **!** Esta construcción indica que la acción se percibió de principio a fin, es decir, no se trataba de una percepción puntual (compárese con la construcción que se explica a continuación).

verbo de percepción + sustantivo/pronombre + verbo + -ing

I <u>saw her buying</u> vegetables at the local market.	La vi comprando verduras en el mercado local.
She <u>felt the ground moving</u> under her feet.	Sintió cómo el suelo se movía bajo sus pies.
Can you <u>hear the upstairs neighbour walking</u> about?	¿Oyes al vecino de arriba caminando de aquí para allá?

> ! Se usa esta construcción para indicar que la acción estaba realizándose cuando fue percibida por el sujeto.

c Los verbos *let* y *make* suelen ir seguidos de un objeto (sustantivo/pronombre) seguido de infinitivo sin *to*, como puede verse en los siguientes ejemplos.

The news <u>made</u> her cry desperately.	La noticia le hizo llorar desconsoldamente.
Please, <u>let</u> the student finish his assignment.	Por favor, deja al estudiante que termine su trabajo.

Por otra parte, en voz pasiva, estos verbos se convierten en *be made to* + infinitivo y *be allowed to* + infinitivo.

Some efforts <u>were made to re-open</u> the old factory.	Se hicieron algunos esfuerzos para reabrir la vieja fábrica.
She <u>was allowed to use</u> his desk while he was away.	Le permitieron usar su escritorio mientras él estaba en el extranjero.

d En las preguntas con *why* ('por qué') y *why not* ('por qué no') se usa el infinitivo sin *to*.

<u>Why</u> call it <u>work</u>?	¿Por qué llamarlo trabajo?
<u>Why not try</u> some other restaurant?	¿Por qué no probamos otro restaurante?

e El verbo *help* va seguido de un objeto (sustantivo/pronombre) y el infinitivo con o sin *to*, sin cambio alguno en el significado.

We offered to <u>help him (to) clean</u> the garage, but he didn't accept.	Nos ofrecimos para ayudarle a limpiar el garaje, pero no aceptó.

f El verbo *dare* ('atreverse') puede ir seguido de infinitivo con o sin *to*.

The boy did not <u>dare to ask</u> the policeman.	El niño no se atrevió a preguntar al policía.
I <u>dare say</u> he's afraid to go to the Amazon for fear of catching something.	Me atrevo a decir que tiene miedo de ir al Amazonas por miedo a coger algo (una enfermedad).

EL SINTAGMA VERBAL

g *It* + **infinitive** (*It* + **infinitivo**)

A veces el infinitivo con *to* puede ser parte del sujeto de una oración, como puede verse en el ejemplo a. Sin embargo, es más común usar *It* como sujeto de la oración, ejemplo b. En este caso, *It* se refiere al infinitivo y tienen el mismo significado que la cláusula de infinitivo que aparece al final de la frase.

a To meet Tom in a bar late at night is unusual.

Encontrar a Tom en un bar tarde por la noche es inusual.

b It is unusual to meet Tom in a bar late at night.

Es inusual encontrar a Tom en un bar tarde por la noche.

You have to tell children that it is dangerous to play with matches.

Tienes que decirle a los niños que es peligroso jugar con cerillas.

It is a good idea to study at such a prestigious university.

Es una buena idea estudiar en una universidad tan prestigiosa.

> **!** Fíjate que a veces se usa un gerundio con *It* cuando se está hablando de una situación particular y el hablante quiere resaltar que algo tiene lugar mientras transcurre la acción verbal.
>
> It was dangerous driving so fast in town.
>
> Era peligroso conducir tan deprisa por la ciudad.
>
> (Es decir, era peligroso mientras conducía.)

h Se utiliza el infinitivo para expresar la voluntad o la intención con la construcción *in order to*. Normalmente este uso del infinitivo responde a la pregunta '¿Por qué?' y la construcción *in order to* puede omitirse.

When she was 18, she decided to travel to England in order to learn English.

When she was 18, she decided to travel to England to learn English.

Cuando tenía 18 años decidió viajar a Inglaterra para aprender inglés.

Tammy will need to find a part-time job (in order) to make some money for her holidays in the Caribbean.

Tammy necesitará un trabajo de media jornada para ganar algún dinero para sus vacaciones en el Caribe.

My cousin Jeff swims every day (in order) to get ready for the competition next month.

Mi primo Jeff nada todos los días para preparase para la competición del mes que viene.

We are working very hard (in order) to save enough money and be able to buy our own house.

Estamos trabajando muy duro para ahorrar suficiente dinero y poder comprar nuestra propia casa.

> **!** Por interferencia del español, es frecuente que los hispanohablantes utilicen la preposición *for* u omitan la partícula *to*.
>
> ~~I went to the market for to buy some fresh fruit.~~
>
> ~~I went to the market for buy some fresh fruit.~~
>
> I went to the market to buy some fresh fruit. — Fui al mercado a comprar fruta fresca.

i Con el verbo *try* en su forma base (por ejemplo, en imperativo o con un verbo modal) a veces se usa la conjunción *and* seguida de la forma base del segundo verbo, en vez del infinitivo con *to*. Ambas acciones están separadas, como indica la conjunción *and*, pero muy relacionadas.

Try and get some help
moving this heavy furniture.

Intenta conseguir ayuda para mover
estos muebles tan pesados.

We'll try and find
a solution to your problem.

Intentaremos encontrar
una solución a tu problema.

> 💬 Recuerda que a veces esta construcción se considera informal y más propia del lenguaje oral.

4.2. GERUND, -ING (EL GERUNDIO, -ING)

Como se ha indicado anteriormente, el gerundio (*cooking*) (a veces conocido como *-ing form*) es otra de las formas no personales del verbo; es decir, las formas que no están sujetas a ninguna persona verbal y de ahí que no puedan actuar como el verbo principal de una oración.

4.2.1. Form (Forma)

1. El gerundio (*-ing*) puede presentar las siguientes formas:

Voz activa

Present

eating — comer/comiendo

Eating healthy food will help
control your weight and reduce
your cholesterol levels.

Comer comida sana te ayudará
a controlar el peso y reducir
los niveles de colesterol.

Walking by the sea is
both healthy and relaxing.

Caminar junto al mar
es sano y relajante.

EL SINTAGMA VERBAL 187

Perfect

having eaten	habiendo comido
<u>Having eaten</u> our lunch quickly, we went back to work.	Habiendo tomado nuestro almuerzo rápidamente, volvimos al trabajo.
<u>Having found</u> their way into the museum, they went straight to see the Picasso collection.	Habiendo encontrado cómo entrar en el museo, fueron directamente a ver la colección de Picasso.

Voz pasiva

Present

being carried out	siendo hecho
Good restoration work is <u>being carried out</u> in this Medieval castle.	Se está haciendo un buen trabajo de restauración en este castillo medieval.
<u>Having said</u> that, I will do my best for the success of the project.	Habiendo dicho esto, haré todo lo que pueda para que el proyecto sea un éxito.

Perfect

having been done	habiendo sido hecho
I think she appreciates <u>having been told</u> the news.	Creo que (ella) agradece que le hayan dado la noticia.
The plans <u>having been made</u>, they went to have dinner at their favourite restaurant.	Habiendo organizado todo, se fueron a cenar a su restaurante preferido.

2. El gerundio (*-ing*) puede desempeñar diferentes funciones en inglés y de ahí que pueda traducirse de diferentes formas al español.

a Puede traducirse como un gerundio.

Are you <u>accusing</u> me of dishonesty?	¿Me estás acusando de falta de honradez?
<u>Having</u> had breakfast, she went back to work.	Habiendo acabado de desayunar, ella volvió al trabajo.
It was <u>starting</u> to rain.	Estaba empezando a llover.
I saw him <u>rowing</u> on the river early this morning.	Lo vi remando en el río esta mañana temprano.

b Puede traducirse como un adjetivo que modifica a un sustantivo.

We live in a <u>changing</u> world.	Vivimos en un mundo cambiante.
He presented her with a diamond ring as a symbol of his <u>everlasting</u> love.	Le entregó un anillo de diamantes como símbolo de su amor eterno.
I am sorry to say that this is not a <u>rewarding</u> job.	Siento decir que éste no es un trabajo gratificante.

EL SINTAGMA VERBAL

c Puede traducirse como un infinitivo.

| Ian likes <u>riding</u> horses. | A Ian le gusta montar a caballo. |

En los siguientes ejemplos funciona como sujeto.

| <u>Smoking</u> is not allowed in airports any more. | Fumar ya no está permitido en los aeropuertos. |
| <u>Playing</u> golf has become very popular these days. | Jugar al golf se ha vuelto muy popular estos días. |

En el siguiente ejemplo, desempeña la función de premodificador del sustantivo.

| <u>Teaching</u> and <u>learning</u> foreign languages has become a top priority in this country. | Enseñar y aprender lenguas extranjeras se ha convertido en un asunto de máxima prioridad en este país. |

d Puede traducirse como un sustantivo.

| The solicitors had a conflict of interests from the very <u>beginning</u>. | Desde el principio, los abogados tuvieron un conflicto de intereses. |

En los siguientes ejemplos, el gerundio desempeña la función de sujeto.

| <u>Falling</u> prices are wreaking havoc in the oil business. | La caída de los precios está causando estragos en los negocios del petróleo. |
| <u>Parachuting</u> is a dangerous sport. | El paracaidismo es un deporte peligroso. |

e Precedido de un adjetivo posesivo puede traducirse como una oración.

| Tess didn't like <u>their complaining</u> all the time. | A Tess no le gustaba que ellos se estuviesen quejando todo el tiempo. |
| She hates <u>his working</u> late at night. | Ella odia que él trabaje por la noche hasta tarde. |

> **!** Fíjate que en los dos ejemplos del apartado **e** la forma *-ing* no se traduce por una forma continua del verbo sino como una oración subordinada con el verbo en subjuntivo.

EL SINTAGMA VERBAL 189

> En algunas ocasiones, dependiendo de la función que desempeñe dentro de la oración, el uso del gerundio (*-ing*) puede presentar ambigüedad en cuanto a su significado en inglés.
>
> <u>Flying</u> planes can be dangerous.
>
> En este ejemplo, *flying* puede desempeñar dos funciones. Primero, como adjetivo que modifica a *planes*, se puede traducir por 'volando' o 'en vuelo':
>
> Los aviones volando (en vuelo) pueden ser peligrosos.
>
> Segundo, si interpretamos que *flying* tiene una función verbal entonces se traducirá por 'volar' ('pilotar'):
>
> Pilotar aviones puede ser peligroso.
>
> En otros ejemplos, la concordancia verbal puede ayudarnos a dilucidar el sentido de la oración.
>
> Flying planes <u>is</u> dangerous.   Volar (pilotar) aviones es peligroso.
>
> Flying planes <u>are</u> dangerous.   Los aviones en vuelo son peligrosos.

4.2.2. Use (Uso)

Los verbos que se indican a continuación suelen ir seguidos de un verbo en gerundio (*-ing*).

admit

The defence counsel said his client was not responsible for that graffiti but <u>admitted causing</u> damage on some other occasions.

El abogado defensor dijo que su cliente no era responsable de ese grafiti pero admitió que había causado daños en otras ocasiones.

avoid

Given the circumstances, I think you should <u>avoid going</u> to crowded places.

Dadas las circunstancias, creo que deberías evitar ir a lugares llenos de gente.

be accustomed to

'I am not <u>accustomed to being</u> interrupted', said the lecturer, rather upset.

'No estoy acostumbrado a ser interrumpido', dijo el profesor universitario, bastante molesto.

> Fíjate que *lecturer* a menudo significa 'profesor universitario' en inglés británico pero 'conferenciante' en inglés americano.

be fond of

She <u>has</u> always <u>been fond of cooking</u> and a couple of years ago she decided to open her own restaurant.

Ella siempre ha sido aficionada a la cocina y hace un par de años decidió abrir su propio restaurante.

be worth

I definitely think that it <u>is worth using</u> solar panels to produce electricity in spite of the initial costs.

Sin duda creo que merece la pena usar paneles solares para producir energía eléctrica a pesar de los costes iniciales.

cannot help

If they <u>cannot help acting</u> like children, then we will treat them like children.

Si no pueden evitar actuar como niños, entonces les trataremos como niños.

cannot stand

She <u>couldn't stand listening</u> to the crying anymore and put her hands over her ears.

No podía aguantar más oyendo el llanto y se tapó los oídos.

confess to

He allegedly <u>confessed to breaking</u> the window with a stone.

Él, supuestamente, confesó haber roto la ventana con una piedra.

consider

In view of the natural disaster, the US authorities <u>considered asking</u> its European allies for help.

A la vista del desastre natural, las autoridades norteamericanas consideraron pedir ayuda a sus aliados europeos.

delay

They have <u>delayed opening</u> the new shopping centre until next month.

Han retrasado la apertura del nuevo centro comercial para el mes que viene.

deny

He <u>denied breaking</u> the window and <u>stealing</u> the watch.

Él negó haber roto la ventana y haber robado el reloj.

dislike

He <u>dislikes wearing</u> formal clothes and always changes into jeans as soon as he gets home.

No le gusta llevar ropa formal y siempre se pone vaqueros en cuanto llega a su casa.

enjoy

I really <u>enjoy reading</u> children's books, especially the *Harry Potter* series.

Me encanta leer libros para niños, sobre todo la serie de *Harry Potter*.

EL SINTAGMA VERBAL

> Fíjate que la palabra *series* es plural en inglés pero singular en español.

fancy

Do you fancy coming on a day trip to Windsor next Sunday?

¿Te apetece venir a pasar el día a Windsor el domingo que viene?

feel like

I don't feel like driving in this weather.

No tengo ganas de conducir con este tiempo.

finish

You sit there and finish eating that and I'll wash the dishes.

Siéntate ahí y termina de comerte eso y yo lavaré los platos.

give up

Jack gave up drinking and smoking altogether. Now he feels much better.

Jack dejó de beber y de fumar completamente. Ahora se siente mucho mejor.

go on

He tried to hold a conversation but she just smiled and went on reading her magazine.

Él intentó mantener una conversación pero ella simplemente sonrió y continuó leyendo su revista.

imagine

Relax deeply, then imagine yourself walking across a white sandy beach, feeling your feet on the sand, smelling the sea breeze.

Relájate completamente, después imagínate que estás caminando por una playa de arena blanca, sintiendo tus pies sobre la arena, oliendo la brisa marina.

it's no good

'It's no good blaming his inexperience now,' Jeffrey said in an angry voice.

'No sirve de nada echar la culpa a su inexperiencia ahora,' dijo Jeffrey con voz enfadada.

it's no use

It's no use crying over spilt milk.

A lo hecho, pecho. / Lo hecho, hecho está.

> *It's no use crying over spilt milk* es un refrán.

keep

Keep stirring the meat in the pan to prevent it from burning.

Sigue removiendo la carne en la sartén para evitar que se queme.

like

My dog likes playing
with small plastic toys.

A mi perro le gusta jugar con
pequeños juguetes de plástico.

look forward to

I look forward to hearing
from you soon.

Espero tener pronto
noticias tuyas.

> *I look forward to hearing from you soon* es una fórmula muy común al acabar una carta formal.

mind

Would you mind answering
the police officer's questions?

¿Te importaría contestar las
preguntas del policía?

miss

During all those weeks working
in the Antarctica, did you ever
miss having a chat with friends?

Durante todas esas semanas
trabajando en la Antártida, ¿echaste
de menos charlar con los amigos?

need

The spark plug needs cleaning
or replacing.

La bujía necesita limpiarse
o sustituirse.

> Fíjate que en este caso el verbo *need* va seguido por un gerundio y por tanto tiene el mismo significado que un infinitivo en pasiva: 'la bujía necesita limpiarse o ser limpiada.'

postpone

The authorities have postponed
making a decision on how the
new plan will be introduced.

Las autoridades han pospuesto tomar
una decisión sobre cómo será
implantado el nuevo plan.

practise

A good exercise for your
examination is to practise
saying your answers out loud.

Un buen ejercicio para tu examen
es practicar diciendo tus respuestas
en voz alta.

quit

New measures should be taken
to encourage people
to quit smoking.

Deberían tomarse nuevas medidas
para animar a la gente a dejar
de fumar.

recall

Do you <u>recall telling</u> him that he should ask for permission before borrowing your bicycle?

¿Recuerdas haberle dicho que debería pedir permiso antes de tomar prestada tu bicicleta?

relish

Nobody <u>relishes cleaning</u> the house after a party, but it's something you have to do.

A nadie le hace gracia limpiar la casa después de una fiesta pero es algo que se tiene que hacer.

resent

Larry did not <u>resent being</u> obliged to work at the weekend.

Larry no estaba molesto por tener que trabajar el fin de semana.

risk

I am paying a mortgage so I can't <u>risk losing</u> my job.

Estoy pagando una hipoteca, por tanto no puedo arriesgarme a perder mi trabajo.

suggest

It was so late that I <u>suggested accompanying</u> her home.

Era tan tarde que sugerí acompañarla a su casa.

1. En muchas ocasiones se usa el gerundio (*-ing*) detrás de una preposición.

I think the taste of this dish could be improved <u>by adding</u> a pinch of salt.

Creo que el sabor de este plato se podría mejorar añadiendo una pizca de sal.

<u>By doing</u> so, you can save a lot of money.

Haciendo esto, puedes ahorrar un montón de dinero.

> ❗ Al no haber una construcción similar en español, los hispanohablantes suelen cometer los siguientes errores:
>
> ~~She left the room without to say a word.~~
>
> She left the room <u>without saying</u> a word.
>
> Se marchó de la habitación sin decir una palabra.
>
> ~~Emma has been successful in promote herself in the real estate business.~~
>
> Emma has been successful <u>in promoting</u> herself in the real estate business.
>
> Emma ha sabido avanzar muy bien dentro del negocio inmobiliario.

2. Se usa el gerundio en carteles y anuncios breves para expresar prohibición.

No <u>smoking</u>.

Prohibido fumar.

No <u>trespassing</u> or <u>loitering</u>.	Prohibido entrar sin autorización o merodear.

3. El verbo *to go* suele ir seguido de un verbo en infinitivo.

He <u>went to play</u> golf	Se fue a jugar a golf.

Sin embargo, en algunas ocasiones puede ir seguido de gerundio, aunque en español se traduzca por infinitivo. Suele ocurrir con verbos relacionados con actividades de ocio. Por ejemplo, *cycling, fishing, shopping, skiing, swimming, parachuting*, etc.

On Mondays and Fridays, I usually <u>go swimming</u>.	Los lunes y los viernes, normalmente voy a nadar.
On holiday, he <u>goes fishing</u> every day.	En vacaciones va a pescar todos los días.
I would really like to <u>go parachuting</u> just once.	Me gustaría mucho hacer paracaidismo al menos una vez.

4.3. VERBS FOLLOWED BY INFINITIVE OR GERUND (VERBOS SEGUIDOS DE INFINITIVO O GERUNDIO)

4.3.1. No change of meaning (Sin cambio de significado)

Hay una serie de verbos en inglés que pueden ir seguidos de infinitivo o gerundio sin ningún tipo de cambio de significado, o con cambios de significado muy leves.

1. Se puede utilizar indistintamente gerundio o infinitivo con *to* detrás de los verbos que se indican a continuación.

attempt

I <u>attempted making</u> the gateaux but it was a disaster!	Intenté hacer los pasteles pero fue un desastre.
My colleagues at work have always <u>attempted to help</u> me in every possible way.	Mis compañeros de trabajo siempre han intentado ayudarme de todas las formas posibles.

begin

The boy <u>began to feel</u> dizzy as soon as he got into the car.	El niño empezó a sentirse mareado tan pronto como entró en el coche.
I <u>began doing</u> sport because my doctor recommended it.	Empecé a hacer deporte porque me lo recomendó el médico.

continue

I am afraid he <u>continues to be</u> the main suspect in this case of fraud.	Me temo que continúa siendo el principal sospechoso en este caso de fraude.

Tania <u>continued working</u> on
the research project for two years
after I resigned.

Tania continuó trabajando en el
proyecto de investigación durante dos
años después de que yo me marchara.

intend What do you <u>intend to do</u>
with the rest of your life?

¿Qué piensas hacer
con el resto de tu vida?

I <u>intend writing</u> a letter
of complaint and <u>sending</u> it to
the Citizens Advice Bureau.

Pienso escribir una carta
de reclamación y enviarla
a la Oficina del Consumidor.

> ❗ Ten en cuenta que el uso de *intend + -ing* es muy formal y, por tanto, bastante menos frecuente que el uso de *intend* + infinitivo con *to*.

prefer

I <u>prefer walking</u> rather
than <u>riding</u> a bike.

Prefiero caminar a montar
en bicicleta.

> ❗ Fíjate que este verbo va seguido de infinitivo con *to* cuando forma el condicional con *would*, esto es, *would prefer*.
>
> She said she <u>would prefer</u>
> <u>to stay</u> at home.
>
> Ella dijo que prefería
> quedarse en casa.
>
> Si se están comparando dos acciones, se utiliza la construcción:
>
> *rather than* + { **infinitivo sin *to*** / **gerundio (*-ing*)** }
>
> She would prefer to play tennis
> <u>rather than go</u> for a walk.
>
> She would prefer to play tennis
> <u>rather than going</u> for a walk.
>
> Ella preferiría jugar al tenis
> que ir a dar un paseo.

start

I had just <u>started to cook</u> dinner
when the oven broke down.

Acababa de empezar a preparar la
cena cuando el horno dejó de funcionar.

We <u>started going</u> out together
soon after we first met at a party.

Empezamos a salir juntos poco
después de que nos conociéramos
en una fiesta.

2. Si bien es más frecuente usar el gerundio cuando hablamos de gustos en general, también se puede usar el gerundio o infinitivo con *to* después de los siguientes verbos.

hate

I <u>hate to tell</u> my son off
in public places.

Odio regañar a mi hijo
en lugares públicos.

I <u>hate going</u> to noisy places.

Odio ir a lugares ruidosos.

like

He <u>likes cleaning</u> his house
every week.

Le gusta limpiar su casa todas
las semanas.

They <u>like to watch</u> original
version movies.

Les gusta ver películas en
versión original.

> ⓘ Fíjate que *like* va seguido de gerundio en inglés británico cuando tiene el significado de 'gustar'. No obstante, cuando se expresa el modo en el que gusta hacer algo o el modo en que se cree más apropiado hacer algo, va seguido de de infinitivo con *to*.
>
> I <u>like reading</u> classic literature.　　Me gusta leer literatura clásica.
>
> I <u>like to be</u> honest.　　Me gusta ser sincero.
>
> In this firm, we <u>like to co-operate</u> rather than compete.　　En esta empresa, nos gusta cooperar más que competir.

love

I <u>love to eat</u> meat, but only
in moderate amounts.

Me encanta comer carne, pero
sólo en cantidades moderadas.

I <u>love playing</u> the piano.

Me encanta tocar el piano.

No obstante, los verbos incluidos en este apartado van seguidos de infinitivo con *to* cuando forman el condicional con *would*: *would dislike, would hate, would like* y *would love*.

3. Cuando el verbo principal de la oración va en gerundio, generalmente se prefiere un infinitivo y no un gerundio en el verbo secundario.

It was <u>beginning
to rain</u> when I called you.

Estaba empezando a llover
cuando te llamé.

The volcanic cloud
<u>was starting to cover</u> the sun.

La nube volcánica estaba
empezando a cubrir el sol.

4. Los verbos *advise, allow* y *forbid* suelen ir seguidos de infinitivo cuando van seguidos de un objeto directo.

The doctor <u>advised her
to take</u> regular exercise.

El doctor le recomendó que
hiciera ejercicio regularmente.

The policeman <u>didn't allow me
to go</u> into the restricted area.

El policía no me permitió
acceder al área restringida.

EL SINTAGMA VERBAL

4.3.2. Change of meaning (Con cambio de significado)

Otros verbos en inglés pueden ir seguidos tanto de gerundio como de infinitivo con *to* aunque esto implica un cambio en el significado del verbo.

1. **forget**

    forget + to + **infinitivo: olvidarse de hacer algo**

    | Don't <u>forget to contact</u> your car insurance company and tell them what happened. | No te olvides de contactar con tu compañía de seguros del coche y contarles lo que pasó. |

    forget + -ing: **olvidar haber hecho algo**

    | They had such a good time that they said they would never <u>forget staying</u> at our house. | Lo habían pasado tan bien que dijeron que nunca olvidarían haber estado en nuestra casa. |

2. **go on**

    go on + to + **infinitivo: indica un cambio de acción, esto es, hacer algo diferente a continuación**

    | Jeremy <u>went on to talk</u> about his adventures in the Himalayas. | Jeremy pasó a hablar sobre sus aventuras en el Himalaya. |

    go on + -ing: **continuar**

    | Even though she won the lottery, she <u>went on working</u> at the restaurant. | A pesar de que ganó la lotería, continuó trabajando en el restaurante. |

3. **mean**

    mean + to + **infinitivo: tener la intención de hacer algo, querer hacer algo**

    | Scott apologised and said that he <u>didn't mean to be</u> rude. | Scott se disculpó y dijo que no quería ser grosero. |

    mean + -ing: **conllevar, implicar, significar**

    | A good holiday does not necessarily <u>mean spending</u> a great deal of money. | Unas buenas vacaciones no implica necesariamente gastar una gran cantidad de dinero. |

4. **propose**

    propose + to + **infinitivo: tener la intención de hacer algo**

    | I <u>do not propose to get</u> into trouble for anybody. | No tengo la intención de meterme en líos por nadie. |

    propose + -ing: **proponer algo**

    | How did the boss <u>propose tackling</u> the problem? | ¿Cómo propuso el jefe que se abordara el problema? |

5. **regret**

    regret + to + **infinitivo: lamentar tener que informar de algo**

| I regret to tell you that your application to study at this university has not been successful. | Lamento tener que informarle de que su solicitud para estudiar en esta universidad no ha tenido éxito. |

regret + -ing: arrepentirse de haber hecho algo

| He regretted leaving the party and going to the football match with his friends. | Se arrepintió de haberse marchado de la fiesta y haberse ido al partido de fútbol con sus amigos. |

6. **remember**

remember + to + infinitivo: acordarse de hacer algo

| Enjoy your trip and remember to buy a bottle of water. | Disfruta de la excursión y recuerda comprar una botella de agua. |

remember + -ing: recordar haber hecho algo

| I don't remember buying her that sweater she's wearing right now. | No recuerdo haberle comprado ese jersey que lleva puesto ahora. |

7. **stop**

stop + to + infinitivo: parar para hacer algo

| Rachel had been driving for miles when she stopped to buy some petrol. | Rachel había estado conduciendo muchas millas cuando se paró para echar gasolina. |

stop + -ing: dejar de hacer algo, parar

| Stop looking at me like that! I am not responsible for what happened. | ¡Deja de mirarme de ese modo! No soy responsable de lo que pasó. |

8. **try**

try + to + infinitivo: intentar, hacer un esfuerzo por

| During times of economic crisis, we must try to spend less money. | En tiempos de crisis económica, debemos intentar gastar menos dinero. |

try + -ing: experimentar, probar a

| You should try using a different shampoo. | Deberías intentar probar un champú diferente. |

5. MODAL VERBS (LOS VERBOS MODALES)

Los verbos modales (*modal verbs*), también conocidos como *modal auxiliaries*, se utilizan en inglés para expresar capacidad, posibilidad, obligación, voluntad y necesidad. Se les llama 'modales' porque se usan para expresar la modalidad de lo que se dice o la actitud del hablante. Los verbos modales en inglés son:

can	may	must	shall	will
could	might	ought to	should	would

5.1. FORM (FORMA)

A continuación se presentan algunas características generales de los verbos modales:

1. Carecen de infinitivo, gerundio o participio. Además, tienen una única forma verbal invariable para todas las personas, por ello no añaden -s a la tercera persona del singular.

She <u>can</u> play the guitar.	Ella sabe tocar la guitarra.
We <u>should</u> meet every Thursday for lunch.	Deberíamos vernos todos los jueves para almorzar.
It <u>must</u> be wonderful to live by the sea.	Debe ser maravilloso vivir cerca del mar.

2. Los verbos modales van seguidos de infinitivo sin *to* en oraciones afirmativas y negativas, excepto en el caso de *ought to*.

I <u>should attend</u> the meeting.	Debería asistir a la reunión.
Sally <u>may be</u> at the library.	Puede que Sally esté en la biblioteca.
That <u>couldn't be</u> true.	Eso no podía ser cierto.
You <u>ought to take</u> an English course.	Deberías hacer un curso de inglés.

> ⚠ A veces los hispanohablantes cometen el error de usar los verbos modales precedidos de *to*.
>
> ~~She can to see it.~~
> She <u>can see</u> it.   Ella puede verlo.
>
> ~~I must to do it.~~
> I <u>must do</u> it.   Debo hacerlo.

3. En oraciones interrogativas, se invierte el orden del sujeto y del verbo modal sin necesidad de usar auxiliares como *do/did*.

<u>Can</u> I ask you a question?	¿Puedo hacerte una pregunta?
<u>Would</u> you do me a favour?	¿Me harías un favor?
<u>May</u> I use your bathroom?	¿Puedo usar el cuarto de baño?

En el caso de *ought to*, se coloca *ought* antes del sujeto y *to* después.

<u>Ought</u> you <u>to</u> take some notes while he speaks?	¿Deberías tomar notas mientras él habla?

> ⚠ La forma interrogativa y negativa de *ought to* está poco a poco cayendo en desuso y siendo sustituida por *should*.

4. En oraciones negativas, la partícula negativa *not* se coloca detrás del verbo sin necesidad de usar un auxiliar para la negación (*do/did*). Estos verbos suelen admitir contracciones con la partícula negativa.

Verbo modal	Forma sin contraer	Forma contraída
can	cannot	can't
could	could not	couldn't
may	may not	–
might	might not	mightn't
must	must not	mustn't
ought to	ought not to	oughtn't to
shall	shall not	shan't
should	should not	shouldn't
will	will not	won't
would	would not	wouldn't

> **!** Fíjate que el verbo *can* en negativa se trasforma a *cannot* (una sola palabra), que también puede contraerse como *can't*.
>
> It cannot (can't) be true! ¡No puede ser verdad!

5. Algunos verbos modales pueden usarse para reemplazar el significado de un verbo que ha aparecido anteriormente en la frase, evitando repeticiones innecesarias.

She can't cook Indian food, but I can. — Ella no sabe cocinar comida hindú, pero yo sí.

My friends won't go on holiday next summer, but I will. — Mis amigos no irán de vacaciones el próximo verano, pero yo sí.

- 'I must go.' — - 'Debo irme.'
- 'Yes, I suppose you must.' — - 'Sí, supongo que sí.'

> **!** También se pueden usar en preguntas del tipo coletilla, conocidas en inglés como *questions tag*.
>
> I shouldn't leave a tip, should I? — No debería dejar propina, ¿verdad?
>
> You can't go out tonight, can you? — No puedes salir esta noche, ¿verdad?
>
> You won't forget to bring your own sleeping bag, will you? — No olvidarás traer tu propio saco de dormir, ¿verdad?

> En inglés oral, cuando *will* y *would* se usan después de un pronombre se suelen contraer como *'ll* y *'d*.
>
> He'<u>ll</u> be fine.   Él estará bien.
>
> She'<u>d</u> be the first to know.   Sería la primera en saberlo.
>
> Sin embargo *will* y *would* no se pueden contraer de este modo cuando no van seguidos de un verbo.
>
> ~~Jenny said she would call and I hope she'll.~~
>
> Jenny said she would call   Jenny dijo que llamaría,
> and I hope she <u>will</u>.   y espero que lo haga.

5.2. USE (USO)

En esta sección se presentan algunos de los usos más frecuentes del los verbos modales. Debe tenerse en cuenta que se sigue un enfoque funcional y contrastivo para explicar los usos del lenguaje por lo que en ocasiones se incluyen construcciones que no son modales, y se las compara con ellas. El objetivo es proporcionar un espectro lo más completo posible de las posibilidades, a la hora de expresar un significado en inglés, atendiendo a matices graduales.

1. Peticiones corteses en primera persona del singular.

<u>Might I</u> have your full
name and home address?

<u>May I</u> have your full
name and home address?

<u>Could I</u> have your full   ¿Podría darme su nombre
name and home address?   y domicilio completos?

Los ejemplos anteriores se utilizan para pedir permiso y son bastante formales. *Might I* se considera anticuado y es bastante menos frecuente que los otros dos, es decir, *may* y *could*.

<u>Can I</u> have your full name
and home address?

Este último ejemplo muestra una petición informal porque así lo indica el contexto o la situación, o porque los interlocutores se conocen.

Otros ejemplos son:

<u>Might</u> I suggest selling   ¿Podría sugerirle que vendiese
your old car?   su coche antiguo?

<u>May</u> I help you?   ¿Puedo ayudarle?

<u>Could</u> we have a word now?   ¿Podríamos hablar ahora?

| Can you stop by for a chat tomorrow? | ¿Puedes pasarte por aquí mañana para charlar un rato? |

> **!** Fíjate que una petición puede ser más persuasiva si usas *can't* o *couldn't* en vez de *can* o *could*.
>
> | Can't we go to the beach next weekend? | ¿No podemos ir a la playa este fin de semana? |
> | Couldn't they fix our car more quickly? | ¿No podrían arreglarnos el coche más rápidamente? |

2. Peticiones corteses en segunda persona del singular.

| Would you do me a favour? | ¿Me harías un favor? |
| Will you help me with my project, please? | ¿Me ayudarás con mi proyecto, por favor? |

En los ejemplos anteriores se suele considerar *would you* como más común y más cortés que *will you*, aunque ambos muestran un alto grado de formalidad.

| Could you pass me that notebook? | ¿Podrías acercarme ese cuaderno? |

Prácticamente no hay diferencia de significado entre *would you* y *could you*, si bien en el segundo caso hay un componente de posibilidad que no está en el primero. Ambos son igualmente formales. El significado que se transmite con esta frase sería: '¿Está dentro de tu alcance o tus posibilidades acercarme el cuaderno?'

| Can you tell me when you've finished? | ¿Me podrías avisar cuando hayas acabado? |

Este último ejemplo es el menos formal de todos. Otros ejemplos son:

Would you really do that for me?	¿De verdad que harías eso por mí?
Could you clarify that point, please?	¿Podrías aclarar ese punto, por favor?
Can you come here a moment?	¿Puedes venir aquí un momento?

> 💬 Fíjate que también puedes hacer una petición más formal añadiendo el nombre de la persona a la que estás hablando.
>
> | Can you turn on the light, John? | ¿Puedes encender la luz, John? |

3. Dar/conceder permiso o dar instrucciones.

a Se utiliza *can* para decir que se permite a alguien hacer algo.

| You can leave now. | Puedes marcharte ahora. |
| You can use my bicycle tomorrow. | Puedes usar mi bicicleta mañana. |

b Se usa *may* para dar permiso en situaciones formales.

You <u>may</u> speak to them if you wish.	Usted puede hablar con ellos si quiere.
You <u>may</u> leave the room.	Puede marcharse.

c Se utiliza el verbo modal *could* para indicar que se permitió a alguien hacer algo en el pasado.

She <u>could</u> choose whatever she liked.	Ella pudo elegir lo que quisiera.
She said I <u>could</u> use her car whenever I wanted.	Me dijo que podía usar su coche siempre que quisiera.

d Para indicar que alguien tendrá la posibilidad de hacer algo en el futuro no se utiliza *can* o *could* sino *be able to* en futuro.

Tomorrow they <u>will be able to</u> get more weather information.	Mañana podrán conseguir más información sobre el tiempo.
I'll take the job and I think <u>I'll be able to</u> help you even more in the future.	Cogeré el trabajo y creo que podré ayudarte todavía más en el futuro.

e Se puede usar *will* para dar instrucciones en oraciones declarativas, especialmente cuando el hablante está enfadado o impaciente.

You <u>will</u> go to bed right away!	¡Vete a la cama inmediatamente!
You <u>will</u> give me that T-shirt now!	¡Dame esa camiseta ahora mismo!

f Se usa *will* o *would* en frases interrogativas para dar instrucciones de forma educada. *Would* es más formal que *will*.

<u>Will</u> you please pick her up?	¿Puedes recogerla tú, por favor?
<u>Will</u> you help me with this?	¿Me ayudas con esto?
<u>Would</u> you tell her that her husband phoned?	¿Podrías decirle que su marido ha llamado?
<u>Would</u> you bring me those files?	¿Me podrías traer esos archivos?

4. Indicar una habilidad para hacer algo.

a Se utiliza *can* para indicar que alguien tiene la habilidad o la destreza necesaria para hacer algo.

Jack is in such good shape that he <u>can</u> run for two hours without getting tired.	Jack está en tan buena forma física que puede correr dos horas sin cansarse.
I am not sure I <u>can</u> finish the work on time.	No estoy seguro de que pueda acabar el trabajo a tiempo.

Si se trata de una habilidad en el pasado se usa *could*.

Sally was so affected by what she'd seen that she <u>could</u> barely speak.	Sally estaba tan afectada por lo que había visto que apenas podía hablar.

He <u>could</u> run fast when he was
a child, but he can't now.

Podía correr rápido cuando era un
niño, pero ahora no puede.

> **!**
>
> En referencia al pasado se puede usar *could* o *be able to* como pasado de *can*. La diferencia radica en que *could* se suele utilizar para indicar que una situación era posible en el pasado y se suele expresar con un pretérito imperfecto. Se usa *was/were able to* para expresar que se logró hacer algo en el pasado y el tiempo verbal equivalente suele ser el pretérito perfecto simple.
>
> Jeremy <u>could</u> read when
> he was four.
>
> Jeremy sabía leer
> cuando tenía cuatro años.
>
> He <u>was able to</u> pass
> his driving test after
> only four lessons.
>
> Consiguió aprobar
> el carné de conducir después
> de sólo cuatro clases.

b Se emplea *can* para señalar que alguien percibe algo por los sentidos.

Owls <u>can</u> see in the dark.

Los búhos pueden ver en la oscuridad.

I <u>can</u> smell the sea breeze
from my hotel room.

Puedo oler la brisa marina
desde la habitación de mi hotel.

Se emplea *could* para indicar la percepción física de algo en el pasado.

She was so scared that she <u>could</u>
feel her heart thumping.

Estaba tan asustada que podía
sentir su corazón palpitar.

I <u>couldn't</u> hear you from the garden.

No podía oírte desde el jardín.

> **!**
>
> Fíjate que para indicar que alguien o algo tendrá una habilidad concreta en el futuro no se utiliza *can* ni *could*, sino *be able to* o *be possible to*.
>
> After a couple of weeks
> of hard training <u>he will be able
> to</u> run 20 miles a day.
>
> Después de un par de semanas
> de entrenamiento duro será capaz
> de correr 20 millas al día.
>
> It <u>will be possible to</u> see the castle
> from the top of the mountain.
>
> Será posible ver el castillo
> desde la cima de la montaña.

5. Para indicar probabilidad o posibilidad sobre el pasado, presente o futuro se usan las siguientes construcciones:

a Se utiliza *will* cuando se asume algo y no hay motivos para dudar de ello, tanto en afirmativa como en negativa. Estaríamos hablando de un grado de certeza del 100%.

Matt and Michael <u>will</u> be
here in a few minutes.

Matt y Michael llegarán
en unos minutos.

They say the next Eurovision
Song Contest <u>will</u> not be televised.

Dicen que el próximo festival
de Eurovisión no será televisado.

EL SINTAGMA VERBAL

Para indicar un mayor grado de cortesía se puede usar *would* después de *you*.

You would agree that
we have a right to request
this personal information.

Estará de acuerdo en que
tenemos derecho a solicitar
esta información personal.

> ⚠ Fíjate que para mostrar el grado de certeza en los ejemplos anteriores *would* se traduce como un futuro.

b Se usa *would* para decir que algo es casi cierto o seguro, dadas unas circunstancias especiales. Estaríamos hablando de un grado de certeza del 90%.

I was almost certain
they wouldn't accept the offer.

Estaba casi segura de que
no iban a aceptar la oferta.

Nobody would understand
them if they spoke Greek,
except Anna.

Nadie les entendería
si hablasen en griego,
excepto Anna.

Después de *I* se puede usar *should* en vez de *would*.

I have studied very hard and
I should do well in the test.

He estudiado mucho y debería
irme bien en el examen.

c Se usa *must* para expresar creencia o deducción a partir de hechos o circunstancias especiales.

This must be our hotel.
It's the only one in the street.

Este debe ser nuestro hotel.
Es el único en la calle.

This museum must have been
built in the 70s.

Este museo debe haberse
construido en los años setenta.

Para expresar creencia o deducción en negativa se usa *cannot* en vez de *must not*.

This sweater cannot be yours,
it's too big.

Este jersey no puede ser tuyo,
es demasiado grande.

You can't have forgotten
when we first met.

No puedes haber olvidado
la primera vez que nos vimos.

d Se usa *could*, *might* o *may* para decir que existe una posibilidad de que ocurra algo. Estaríamos hablando quizás de un grado de certeza inferior al 50%.

Where's Jane?
She could be at home.

Where's Jane?
She might be at home.

¿Dónde está Jane?
Podría estar en casa.

May es un poco más formal que *could* o *might*.

The production costs
may be higher than expected.

Los costes de producción pueden ser
más elevados de lo esperado.

Si se coloca el adverbio *well* después de *could, might* o *may* se está indicando un grado de certeza superior. A veces este mayor grado de certeza se indica en español añadiendo el adverbio 'seguramente'.

This <u>could well</u> be correct.	Seguramente, esto podría ser correcto.
She <u>might well</u> be older than my mother.	Seguramente sea mayor que mi madre.
Lying in the sun for so long <u>may well</u> be bad for your skin.	Estar tumbado tanto tiempo al sol seguramente sea malo para la piel.

e Se usa *might not* o *may not* para indicar la posibilidad de que algo no ocurra o no sea cierto.

Spicy food <u>may not</u> be tasty for everyone.	Puede que la comida picante no sea buena para todo el mundo.
He is going on an expedition and we <u>might not</u> see him for eight weeks.	Se marcha a una expedición y podríamos no verle durante ocho semanas.

f Se usa *cannot* o *could not* para indicar imposibilidad de que algo ocurra o sea cierto.

He <u>cannot</u> be serious.	Es imposible que esté en serio.
What she told us <u>couldn't</u> be true.	Lo que nos contó no podía ser cierto.

g Se utiliza el modal *will* para hacer referencia a una situación posible en el futuro con grado de certeza bastante alto.

They <u>will</u> have a great time on their beach today.	Hoy se lo pasarán bien en la playa.
The prices <u>will</u> continue to go up and salaries <u>will</u> continue to go down.	Los precios continuarán subiendo y los salarios continuarán bajando.

h Se utiliza el modal *shall* para hacer referencia a una situación posible en el futuro con un grado de certeza bastante alto pero sobre el que además se tiene cierto control.

I <u>shall</u> be back in 10 minutes.	Volveré en 10 minutos.
Since you have been such a good boy, you <u>shall</u> have an ice-cream.	Ya que has sido tan buen chico, tendrás un helado.

i Se usa *must* para expresar un alto grado de certeza debido a unas circunstancias o indicios.

Henry is not in class today. He never misses a class so he <u>must</u> be sick.	Henry no está en clase hoy. Él nunca falta a clase por lo que debe estar enfermo.
It is such an important problem! They <u>must</u> be addressing it at the board meeting today.	¡Es un problema de gran trascedencia! Se deben estar ocupando de ello en la reunión de directivos de hoy.

Para expresar un alto grado de certeza en que algo no puede ocurrir debido a las circunstancias o indicios, se usa *cannot* o *can't* pero no *must not*.

| This company cannot hope to expand in Asia without first consolidating its presence in Europe. | Esta compañía no puede esperar expandirse en Asia sin consolidar antes su presencia en Europa. |

| It was just a stroke of luck and it can't last forever. | Fue sólo un golpe de suerte y no puede durar para siempre. |

j Se usa *should* y *ought to* para indicar que se espera que algo ocurra en el futuro con un grado de certeza alto.

| He should/ought to do well in his driving test. (No hay motivos para pensar lo contrario.) | Debería irle bien en su examen de conducir. |

| 'We should/ought to get to the summit before noon,' Luke said, looking at his watch. (Se espera que así sea.) | 'Deberíamos llegar a la cumbre antes del mediodía,' dijo Luke mirando su reloj. |

k Se utiliza *could*, *might* y *may* para indicar que es posible que algo ocurra o sea cierto aunque con un grado de certeza relativamente bajo.

Where's Ron? He could be at home.

| Where's Ron? He might be at home. | ¿Dónde está Ron? Podría estar en casa. |

| Where's Ron? He may be at home. | ¿Dónde está Ron? Puede que esté en casa. |

l Se emplea *should have* o *ought to have* para decir que esperas que algo haya ocurrido en el pasado.

| He should have done well in his driving test. | Debería haberle ido bien en su examen de conducir. |

(No hay motivos para pensar lo contrario.)

| They ought to have got to the summit before noon. | Deberían haber llegado a la cumbre antes del mediodía. |

(Se espera que así haya sido.)

También se utilizan *should have* o *ought to have* para decir que se esperaba que probablemente ocurriese algo que finalmente no ocurrió.

| She should have started work before the summer. | Ella debería haber empezado a trabajar antes del verano. |

| Jeff ought to have finished his PhD last year. | Jeff debería haber acabado su doctorado el año pasado. |

m Se utiliza *would have*, *could have* y *might have* para decir que había una posibilidad pequeña de que algo ocurriese en el pasado, pero que finalmente no ocurrió.

| I would have accepted his invitation to go to the theatre. | Habría aceptado su invitación para ir al teatro. |

It <u>could have</u> been a nightmare.	Pudo haber sido una pesadilla.
They <u>might have</u> found it difficult to find our country house without a GPS.	Podía haberles sido difícil encontrar nuestra casa de campo sin un GPS.

n Se utiliza *could have, might have* y *may have* para decir que es posible que algo haya ocurrido en el pasado pero no se tiene certeza de ello.

It <u>could have</u> been worse.	Podría haber sido peor.
Someone <u>might have</u> heard him talking in the pub about the money he won in the lottery and decided to mug him.	Alguien podría haberle oído hablar en el bar del dinero que ganó en la lotería y haber decidido robarle.
I <u>may have</u> been over-enthusiastic.	Puede que yo haya sido demasiado entusiasta.

o Se utiliza *could have* en negativa para decir que algo es imposible.

That <u>couldn't have</u> been true!	¡Eso no podía haber sido cierto!

También se puede dar significado negativo a una oración con un adverbio, como se puede ver en el siguiente ejemplo:

He <u>never could have</u> done in Spain what he did in Guatemala.	Él nunca podría haber hecho en España lo que hizo en Guatemala.

6. Para indicar prohibición se usan las siguientes construcciones con verbos modales en negativa:

a Se usa *cannot* para indicar una prohibición impuesta por una regla u ordenamiento.

Foreigners <u>cannot</u> enter the US without a valid visa or a return ticket.	Los extranjeros no pueden entrar en los EE.UU. sin un visado en vigor o un billete de ida y vuelta.
I am sorry but you <u>can't</u> park here.	Lo siento pero no puedes aparcar aquí.

b Se usa *may not* para indicar una prohibición impuesta por una regla u ordenamiento y es más formal que *cannot*.

This material <u>may not</u> be copied or redistributed in any way.	Este material no puede ser copiado o distribuido bajo ningún concepto.
Visitors <u>may not</u> use their cameras or approach dangerous animals.	Los visitantes no pueden usar sus cámaras fotográficas ni acercarse a los animales peligrosos.

c Se utiliza *will not* para indicar a alguien una prohibición de forma contundente cuando además la persona que habla tiene poder para hacer ejecutar la prohibición.

You haven't passed your exams and you <u>will not</u> play football over the summer!	¡No has aprobado los exámenes y no jugarás al fútbol en el verano!

| As far as I am concerned, you won't get permission to go out tonight. | Por lo que a mí respecta, no conseguirás permiso para salir esta noche. |

d Se usa *shall not* para expresar de modo formal que algo está prohibido, especialmente referido a reglas escritas, leyes y acuerdos.

| You shall not go to the ball, Cinderella! | ¡No irás al baile, Cenicienta! |

e Se pueden usar oraciones en imperativo para expresar prohibiciones (véase el apartado 1.1., página 111).

f Se utiliza *should not* para indicar a alguien que una acción es inaceptable o indeseable.

| You shouldn't be so rude to her. | No deberías ser tan grosero con ella. |
| The batteries should not be exposed to direct sunlight or excessive heat. | Las pilas no deberían exponerse a la luz directa del sol ni a una temperatura excesiva. |

> ⚠ Fíjate que en español se utiliza 'ni' para coordinar dos elementos de la frase negativa mientras que en inglés se coordina con *or*, que no tiene un significado negativo.

g Se utiliza *must not* para expresar que una acción es inaceptable o indeseable con más firmeza que *should not*.

| You must not open that door. | No debes abrir esa puerta. |
| You mustn't say a word about the accident to my mother. | No debes decirle nada sobre el accidente a mi madre. |

7. Para hacer una oferta o invitación se usan las siguientes construcciones:

a Se usa *will you* o *would you* en una oración interrogativa para ofrecer algo a alguien o hacer una invitación. Se usa *will* cuando se conoce bien al interlocutor mientras que se prefiere *would* si se quiere ser más cortés en una situación formal.

| Will you stay for dinner tonight? | ¿Te quedas a cenar esta noche? |
| Would you like another cup of tea? | ¿Le apetecería tomar otra taza de té? |

Se utiliza la construcción *would not* para ser más persuasivo sin llegar a ser insistente.

| Wouldn't you have another sandwich? | ¿No le apetecería tomar otro bocadillo? |
| Wouldn't you like to join our golf club? | ¿No le gustaría unirse a nuestro club de golf? |

b Se usa *can* en una pregunta para ofrecer algo a alguien.

| Can we help you to prepare for the birthday party? | ¿Podemos ayudarte a preparar la fiesta de cumpleaños? |

| Can I drive you home? | ¿Puedo llevarte en coche a casa? |

c Se emplea *shall* o *should* cuando te ofreces para hacer algo. Se prefiere *shall* cuando se espera una respuesta afirmativa al ofrecimiento, mientras que se prefiere *should* cuando no se está seguro de la respuesta del interlocutor.

Shall I open the window? It's rather hot in here.	¿Abro la ventana? Hace bastante calor aquí.
Shall we do the dishes? It will only take us a few minutes.	¿Lavamos los platos? Sólo nos llevará unos minutos.
Should I lock the door?	¿Quieres que cierre la puerta con llave?

d Se utiliza *can* en una frase declarativa para hacer una invitación u oferta cuando quieres resaltar tu disposición a ayudar.

| I can help you with the gardening. | Puedo ayudarte a arreglar el jardín. |
| I can take care of your dog while you are in hospital. | Puedo cuidarte al perro mientras estés en el hospital. |

e Se usa *must* para hacer una invitación de un modo muy persuasivo.

| We must play tennis sometime. | Tenemos que jugar al tenis en alguna ocasión. |
| You must come to our New Year's Eve party. | Tienes que venir a nuestra fiesta de Nochevieja. |

8. Para hacer sugerencias se utilizan las siguientes construcciones:

a Se puede hacer una sugerencia por medio de *could* en una oración declarativa o *couldn't* en una oración interrogativa.

| - I need help in Maths. - You could talk to your teacher. | - Necesito ayuda con las matemáticas. - Podías hablar con tu profesor. |
| Couldn't we simply buy a new computer? | ¿No podríamos simplemente comprar un ordenador nuevo? |

b Cuando quieres hacer una sugerencia y crees que se trata de una buena idea, se puede usar *should* y *ought to*.

| You should call the police as soon as possible! | ¡Deberías llamar a la policía lo antes posible! |
| I think you ought to study tonight. | Creo que deberías estudiar esta noche. |

c Se usa *might* para hacer una sugerencia cortés en una oración declarativa.

You might want to phone the hospital again.	Quizá quieras llamar al hospital de nuevo.
Perhaps you might like a little something to eat now.	Quizá quieras algo ligero para comer ahora.
It might be a good idea to ask to speak to the chef.	Podría ser una buena idea pedir hablar con el chef.

EL SINTAGMA VERBAL 211

d Se utiliza *shall* para hacer una sugerencia de lo que se podría hacer con otra persona.

Shall we go to this concert?	¿Qué tal si vamos a este concierto?
Shall we move on to lesson 10?	¿Qué tal si pasamos a la lección 10?

9. Para exponer una intención se emplean las siguientes construcciones:

a La forma más habitual de expresar una intención para hacer algo es con *will* ('*ll*), o *will not* en negativa.

I will wait until I get an answer.	Esperaré hasta que reciba una respuesta.
I'll be at your house by six o'clock.	Estaré en tu casa a las seis en punto.
We won't take the train to Madrid. We will fly, instead.	No cogeremos el tren para Madrid. En cambio volaremos.

b Se utiliza *must* para decir que es importante que yo haga algo.

I must cancel my attendance at the international conference.	Debo cancelar mi asistencia al congreso internacional.
I had a very nice holiday, but I must say it's nice to get back to work.	Pasé unas vacaciones muy buenas, pero he de decir que es agradable volver al trabajo.

10. Para expresar un deseo se emplean las siguientes construcciones:

a Se usa *would* seguido de un verbo con el significado de 'gustar' para indicar lo que alguien desea o quiere.

We would like to travel to Greenland next summer to see some glaciers.	Nos gustaría viajar a Groenlandia el próximo verano para ver algunos glaciares.
I'd love to go to the park and stay there all evening.	Me encantaría ir al parque y quedarme allí toda la tarde.

En cambio, con la negación se expresa lo que alguien no quiere.

Right now he wouldn't like to be interviewed.	En este momento no le gustaría ser entrevistado.

b Se usa *would rather* o *would sooner* para indicar que alguien prefiere una situación a otra.

Most owners would rather sell to anyone than that construction company.	La mayoría de los propietarios preferirían vender a cualquiera antes que a esa constructora.
Perhaps he'd rather be called by his last name.	Quizás prefiera que le llamen por su apellido.
I would sooner swim in a pool with crocodiles than marry you!	¡Preferiría nadar en un estanque con cocodrilos antes que casarme contigo!

c Se utiliza *would have* para decir que alguien quería que algo ocurriese, aunque no llegó a pasar.

It was the house Sean <u>would have</u> liked to have grown up in.	Era la casa en la que Sean hubiera querido crecer.
At that moment, I <u>would have</u> liked someone else to make the decision for me.	En aquel momento, me habría gustado que alguna otra persona hubiese tomado la decisión por mí.

11. Para indicar la importancia de que algo se realice se usan las siguientes construcciones:

a Se usa *must* para indicar la importancia de que algo se haga.

You <u>must</u> stand by her during this long and difficult illness.	Debes estar junto a ella durante esta enfermedad larga y difícil.
The bottle of champagne <u>must</u> be kept in the fridge.	La botella de champán debe mantenerse en la nevera.

En negativa *must not* se utiliza para indicar la importancia de que algo no se haga.

You <u>must not</u> worry about money.	No debéis preocuparos por el dinero.
The terrible events of that day <u>mustn't</u> be repeated.	No se deben repetir los terribles sucesos de ese día.

b Se emplea *will have to* o *will need to* para decir que una acción será necesaria en el futuro.

The young <u>will have to</u> look after us one day.	Los jóvenes tendrán que cuidar de nosotros algún día.
Those chairs in the garden <u>will need to</u> be stored for winter.	Aquellas sillas del jardín tendrán que almacenarse para el invierno.

5.3. SEMI-MODALS (LOS VERBOS SEMIMODALES)

Los verbos semimodales reciben este nombre porque comparten algunas características con los verbos modales. En inglés los verbos semimodales son:

dare	atreverse
need	necesitar
used to	solía (siempre en pasado)

1. En los siguientes ejemplos puede verse cómo los verbos *dare* y *need* comparten las características descritas anteriormente de los verbos modales (véase el apartado 5, página 199). Es más frecuente usar estos verbos modales en oraciones negativas e interrogativas.

Oh! I <u>daren't</u> say anything like that!	¡Oh! ¡No me atrevo a decir algo así!
How <u>dare</u> you speak to me like that?	¿Cómo te atreves a hablarme así?

EL SINTAGMA VERBAL 213

Mark <u>needn't</u> come if he does not want to.		No es necesario que Mark venga si no quiere.
<u>Need</u> you answer that call right now?		¿Necesitas contestar esa llamada justo ahora?

2. Los verbos *dare* y *need* también pueden funcionar como verbos no modales por lo que llevan -s en la tercera persona del singular, utilizan el auxiliar *do/did* para formar la interrogación y la negación, y pueden ir seguidos de infinitivo con *to*.

Do these plants <u>need</u> a lot of water?	¿Necesitan mucho riego estas plantas?
They should tell him all he <u>needs</u> to know.	Deberían decirle todo lo que necesita saber.
You don't <u>need</u> to worry about me.	No hace falta que te preocupes por mí.

El verbo *dare* con el significado de 'retar, desafiar' no suele usarse como modal.

I <u>dare</u> you to run all the way to the house.	Te reto a correr hasta la casa.
Do you <u>dare</u> to jump?	¿Te atreves a saltar?

3. Los verbos *dare* y *need* en presente pueden usarse como modales y no modales indistintamente sin cambio de significado.

<u>Need</u> you ask? Do you <u>need</u> to ask?	¿Necesitas preguntar?
<u>Dare</u> you do it? Do you <u>dare</u> to do it?	¿Te atreves a hacerlo?
No one <u>dares</u> ask whether he was being sarcastic.	Nadie se atreve a preguntar si estaba siendo sarcástico.
A decision <u>needs</u> to be reached about which day to hold the event.	Es necesario tomar una decisión sobre qué día se celebrará el acontecimiento.

4. Como en los modales presentados en el apartado anterior, los verbos semimodales *dare* y *need* forman la negación añadiendo la partícula negativa *not* que se puede contraer.

Verbo semimodal	Forma sin contraer	Forma contraída
dare	dare not	daren't
need	need not	needn't

5. El verbo *used to* no tiene flexión (-s de tercera persona) y no puede usarse con otros modales. Sirve para describir acciones que eran habituales en el pasado que ya no ocurren en el presente y se traduce por 'solía'.

Donald <u>used to</u> run 10 kilometres every day.	Donald solía correr 10 kilómetros al día.
When I was a student, I <u>didn't use to</u> have much money.	Cuando era estudiante, no solía tener mucho dinero.

> ❗ La construcción equivalente en el tiempo presente se forma con *usually* + verbo en presente.
>
> Donald <u>usually</u> runs Donald suele correr
> 10 kilometres every day. 10 kilómetros al día.
>
> Recuerda que un error frecuente es usar la construcción incorrecta '*use* + verbo'.

> ❗ Recuerda que existe otra manera para referirse a acciones que eran habituales en el pasado; condicional *would* + verbo en forma base (véase el apartado 2.13.2., página 155).
>
> My mother <u>would</u> go out a lot My madre solía salir mucho cuando
> when she was at university. estaba en la universidad.

6. El semimodal *used to* se puede usar solo (sin que vaya seguido de otro verbo) cuando el significado queda claro por el contexto.

I do not read as much No leo tantos libros
fiction as I <u>used to</u>. de ficción como solía.

They don't go to visit their relatives No van a visitar a sus parientes
as often as they <u>used to</u>. tan a menudo como solían.

7. La forma más común de expresar negación es colocando el adverbio *never* delante de *used to*.

In the block where we lived before, En el bloque en el que vivíamos antes,
we <u>never used to</u> see our neighbours. no solíamos ver a nuestros vecinos.

> 💬 En el habla informal se usa *didn't* con *used to* para expresar una negación aunque se considera incorrecto.
>
> They <u>didn't used to</u> mind No les solía importar
> what people said. lo que la gente dijese.

> ❗ En registros formales se coloca *not* entre *used* y *to* para expresar la negación.
>
> When we were young, we <u>used not to</u> Cuando éramos jóvenes no se nos
> be allowed to have coffee. solía permitir tomar café.

8. Aparte de emplear *used to* para hablar de una acción en el pasado que ya no se realiza, se utiliza también en la expresión *be used to*. En este caso, adopta el significado de 'estar acostumbrado a' y se puede combinar tanto con un sustantivo como con un gerundio (*-ing*).

Harry <u>is used to dogs</u>. He's had a dog since he was a child.	Harry está acostumbrado a los perros. Ha tenido perro desde que era niño.
We <u>weren't used to eating</u> so much fish until we moved to Málaga.	No estábamos acostumbrados a comer tanto pescado hasta que nos mudamos a Málaga.

9. Otra función que puede tener el modal *used to* es con la expresión *get used to*. De nuevo, el significado cambia considerablemente; 'acostumbrarse'. Al igual que *be used to*, después de *get used to* puede haber tanto un sustantivo como un gerundio (*-ing*).

I've never lived in a city as big as New York before. I have to <u>get used to the distances</u>.	Nunca antes había vivido en una ciudad tan grande como Nueva York. Tengo que acostumbrarme a las distancias.
Tom will <u>get used to studying</u> very hard; this is his first year in Medical school.	Tom se acostumbrará a estudiar mucho; éste es su primer año en la facultad de Medicina.

> **!** Fíjate en las diferencias de forma y de significado de las tres expresiones.
>
> *used to* + verbo en forma base ('soler')
>
> *be used to* + verbo en forma base + *-ing* ('estar acostumbrado')
>
> *get used to* + verbo en forma base + *-ing* ('acostumbrarse')
>
> Recuerda, también, que las dos últimas expresiones pueden combinarse con un sustantivo.

6. PHRASAL VERBS (LOS VERBOS FRASALES)

Los *phrasal verbs* son unos verbos en inglés que están formados por dos o tres palabras, generalmente un verbo y una preposición y/o un adverbio. Normalmente, son difíciles de aprender para los hispanohablantes porque su significado es diferente al de los elementos léxicos (verbo y preposición o adverbio) que lo componen. Otro elemento de dificultad es que con frecuencia son polisémicos, esto es, tienen más de un significado.

Son especialmente frecuentes en inglés informal y suelen estar formados con verbos de origen germánico, lo que también dificulta la inferencia de significado a los hispanohablantes.

A la hora de clasificarlos, debe tenerse en cuenta si se trata de verbos transitivos o intransitivos, es decir, si van seguidos de un objeto directo o no. Algunos verbos pueden usarse tanto de forma transitiva como intransitiva.

She'll never <u>give up</u> smoking.	Ella nunca dejará de fumar. (Transitivo)
I think his main objective is not to <u>give up</u>.	Creo que su principal objetivo es no abandonar. (Intransitivo)

216 EL SINTAGMA VERBAL

1. Verbo seguido de una partícula que funciona como un adverbio (verbo frasal adverbial).

   verbo + adverbio

My daughter wants to be a doctor when she grows up.	Mi hija quiere ser médico cuando sea mayor.
The workers don't really get along.	Los trabajadores realmente no se llevan bien.

   En el caso de los verbos frasales **adverbiales** transitivos, la colocación del objeto directo depende de si éste es un nombre o frase nominal (a) o un pronombre (b).

   a Un nombre o frase nominal. En este caso el objeto directo puede colocarse indistintamente entre el verbo y la partícula (adverbio) o al final.

Jane switched off the light.	
Jane switched the light off.	Jane apagó la luz.

   Sólo en el caso de que el objeto directo sea especialmente largo se pondrá al final del verbo frasal.

   b Un pronombre. En este caso el objeto directo debe colocarse obligatoriamente entre el verbo y la partícula.

Switch it off, please.	Apágala, por favor.

2. Verbo seguido de una partícula que funciona como una preposición (verbo frasal preposicional).

   verbo + preposición

Sara takes after her grandmother.	Sara se parece a su abuela.
I am afraid her behaviour is totally inappropriate and we shouldn't stand for it.	Me temo que su comportamiento es totalmente inapropiado y no deberíamos aceptarlo.

   En el caso de los verbos frasales **preposicionales** transitivos pueden darse dos situaciones con respecto a la colocación del objeto directo dependiendo de si éste coincide con el objeto preposicional (a), o no coincide con el objeto preposicional (b).

   a Coincide con el objeto preposicional. El objeto directo se coloca detrás de la preposición.

I think she has put on weight since the last time I saw her.	Creo que ha engordado desde la última vez que la vi.

   b No coincide con el objeto preposicional. El objeto directo se coloca entre el verbo y la preposición.

My mother talked me into having a nap after lunch.	Mi madre me convenció para que me echase una siesta después de comer.

EL SINTAGMA VERBAL

> **!** Fíjate que en las preguntas que comienzan con *wh-* la preposición se coloca al final de la oración.
>
> Where were you brought <u>up</u>?   ¿Dónde te criaste?
>
> What is she looking <u>for</u>?   ¿Qué está buscando?

3. Verbo seguido de dos partículas, una de las cuales es un adverbio y la otra una preposición (verbo frasal adverbial-preposicional).

verbo + adverbio + preposición

He walks so fast that I can hardly <u>keep up with</u> him.	Camina tan rápido que apenas puedo seguirle.
This car is always broken. We've got to <u>do away with</u> it as soon as possible.	Este coche siempre está estropeado. Tenemos que deshacernos de él tan pronto como sea posible.

En el caso de los verbos frasales **adverbiales-preposicionales** transitivos pueden darse dos situaciones con respecto a la colocación del objeto directo dependiendo de si éste coincide con el objeto preposicional (a), o no coincide con el objeto preposicional (b).

a Coincide con el objeto preposicional. El objeto directo se coloca detrás de la preposición.

Her situation was desperate but she <u>faced up to</u> it.	Su situación era desesperada pero ella le hizo frente.

b No coincide con el objeto preposicional. El objeto directo se coloca entre el verbo y la preposición.

If you have a few minutes now, I will <u>fill</u> you <u>in on</u> the details.	Si tienes unos minutos ahora te pondré al corriente de los detalles.

Como se ha indicado anteriormente los verbos frasales en inglés son muchos y su uso es común. En este apartado se presentan únicamente los más frecuentes.

6.1 PHRASAL VERBS WITH TWO WORDS (LOS VERBOS FRASALES DE DOS PALABRAS)

1. Los verbos frasales adverbiales intransitivos

A continuación se presentan algunos de los ejemplos más comunes:

If you continue to act like this, you will <u>end up</u> in prison.	Si continúas actuando así acabarás en la cárcel.
Although my grandfather is almost 90, he still <u>gets about</u>.	Aunque mi abuelo tiene casi 90 años, todavía se mueve de un lado para otro.

back away	retirarse, abandonar
back down	echarse atrás
back off	desistir
boil over	rebosar, salirse (un líquido)
bounce back	1 recuperarse, recobrarse (economía, persona); 2 rebotar
break away	desprenderse, separarse
break out	1 evadirse, escaparse, fugarse (de la cárcel); 2 estallar (violencia, tormenta); 3 salir (sarpullido)
catch on	1 ponerse de moda; 2 darse cuenta, entender
check up	revisar, examinar
come about	ocurrir, suceder
come away	1 irse, marcharse; 2 separarse, desprenderse de
come back	1 regresar, volver; 2 contraatacar (deportes)
come down	1 bajar; 2 caer (lluvia, nieve); 3 derrumbarse (edificio, techo)
come forward	1 avanzar; 2 ofrecerse (voluntario)
come in	1 entrar; 2 llegar (tren); 3 subir (marea); 4 ponerse de moda
come on	1 progresar; 2 comenzar (película, lluvia); 3 salir a escena, aparecer (actor, actriz)
come out	1 salir (de); 2 salir (sol, foto, flor); 3 quitarse (mancha)
come round	1 doblar (una esquina); 2 volver en sí; 3 llegar (carta, cumpleaños, vacaciones)
come up	1 subir; 2 acercarse; 3 surgir (problema, pregunta)
curl up	enroscarse, acurrucarse
die down	1 extinguirse, apagarse (fuego); 2 amainar (tormenta); 3 disminuir (ruido)
die out	extinguirse
drop by	pasarse a ver a alguien, hacer una breve visita informal
drop out	1 dejar los estudios, darse de baja; 2 retirarse (concurso, competición)
end up	terminar, acabar
fade away	disiparse, apagarse lentamente (sonido, amor), marchitarse
fall apart	1 fracasar (una relación amorosa); 2 desbaratarse (plan)
fall away	1 caerse, desprenderse (roca, escayola); 2 decrecer
fall behind	1 retrasarse (trabajo); 2 quedarse atrás; 3 caerse
fall out	1 caerse (pelo, dientes); 2 discutir, reñir; 3 romper filas

fall over	**1** caerse; **2** tropezarse con algo
fall through	fracasar
fight back	**1** contraatacar; **2** defenderse
get about	**1** desplazarse, viajar; **2** circular (noticia)
get along	**1** arreglárselas; **2** llevarse bien
get up	**1** levantarse (cama, silla); **2** despertar
give in	**1** rendirse; **2** entregar; **3** sucumbir
go ahead	**1** empezar; **2** ir/seguir adelante; **3** continuar
go along	**1** proceder; **2** ir hacia delante
go around	**1** rodear; **2** andar de un lado para otro
go away	marcharse, desaparecer
go back	**1** volver; **2** retroceder
go down	**1** bajar, descender; **2** desinflarse (neumático, flotador); **3** hundirse (barco); **4** ponerse (sol, luna)
go on	**1** pasar, suceder; **2** continuar
go out	**1** salir; **2** apagarse (fuego, luz, vela); **3** pasar de moda
go up	**1** subir; **2** aumentar
grow up	**1** crecer, madurar; **2** criarse
hit out	**1** agredir verbalmente; **2** lanzar un ataque
hold on	**1** agarrarse bien; **2** aguantar; **3** esperar
lie down	**1** acostarse, echarse; **2** estar acostado/echado
look back	**1** mirar atrás; **2** recordar algo
loom up	surgir
meet up	encontrarse, reunirse
melt away	derretirse, esfumarse
move off	irse, marcharse
move over	**1** apartarse, moverse a un lado; **2** apartar, mover a un lado
opt out	borrarse de algo, optar por no participar
own up	confesar
pass away	fallecer
pay up	pagar lo que se debe
play around	**1** jugar, juguetear; **2** divertirse
pop up	aparecer, aflorar
press on	seguir adelante
push on	seguir adelante, impulsar
rise up	sublevarse, alzarse
roll over	dar una vuelta, girar

run away	1 fugarse; 2 apoderarse
run out	agotarse, quedarse sin algo
sell up	venderlo todo
set in	1 comenzar (lluvia); 2 cundir (pánico)
settle down	1 acomodarse, ponerse cómodo; 2 adaptarse; 3 calmarse
settle in	1 acostumbrarse; 2 instalarse
sink in	penetrar, calar (líquido)
sit around/about	quedarse sentado sin hacer nada
sit back	1 recostarse; 2 cruzarse de brazos
sit down	sentarse, tomar asiento
speak up	1 hablar más alto; 2 decir lo que se piensa
spring up	colgar
stand back	1 retroceder; 2 distanciarse
stand down	renunciar, dimitir
stand out	destacar, sobresalir
start out	1 empezar, iniciar; 2 partir (viaje)
stay in	quedarse en casa
stay on	quedarse en su sitio, no moverse
stay up	quedarse levantado, no acostarse
step aside	ahorrar, guardar, reservar
step down	renunciar, dimitir
step in	intervenir, tomar cartas en el asunto
stop off	hacer escala, apearse en
tune in	sintonizar (radio)
walk out	1 salir; 2 ir a una huelga
waste away	consumirse
watch out	1 tener cuidado; 2 estar atento
wear off	1 calmarse, desaparecer (dolor); 2 desgastarse (ropa)

2. **Los verbos frasales preposicionales intransitivos**

A continuación, se presentan algunos de los verbos frasales preposicionales intransitivos más usados:

I hope she gets over her flu really quickly.

Espero que se recupere del resfriado muy rápidamente.

Someone broke into the museum while the security guard was on the phone.

Alguien entró para robar en el museo mientras el guardia de seguridad estaba al teléfono.

EL SINTAGMA VERBAL 221

Téngase en cuenta que el sintagma nominal que aparece detrás de la preposición (*her flu* y *the museum*) funciona como complemento preposicional y no como objeto directo del verbo.

account for	1 explicar, justificar; 2 responder de, rendir cuentas
allow for	tener en cuenta, contar con
ask for	1 pedir, solicitar (dinero, ayuda); 2 preguntar por
bank on	contar con
break into	1 forzar, entrar por la fuerza; 2 echarse a (reir, llorar)
bump into	1 chocar contra; 2 toparse con
burst into	irrumpir en, echarse a (llorar, reír, cantar)
call for	1 exigir, requerir; 2 recoger
call on	1 apelar a; 2 visitar
care for	1 cuidar, sentir cariño hacia (persona, animal); 2 querer
come across	1 dar con (algo); 2 encontrarse con (alguien)
come by	1 toparse con; 2 pasarse por; 3 adquirir, comprar
come from	descender de (familia, ascendencia)
come into	1 entrar en; 2 heredar
come under	1 formar parte de; ser competencia de
come upon	encontrarse con, tropezarse con alguien
count on	contar con
deal with	1 tratar con; 2 ocuparse de (asunto, problema); 3 castigar; 4 concluir
dispose of	desechar, deshacerse de algo
enter into	1 firmar, cerrar (acuerdo); 2 iniciar, entablar (relaciones, conversaciones)
fall for	1 enamorarse de; 2 tragarse (mentira), caer en
fall into	caer en (gracia, desuso)
get at	1 alcanzar; 2 meterse con; 3 insinuar
get into	1 llegar a; 2 subir a un vehículo; 3 meterse en (líos, política)
get over	1 recuperarse; 2 olvidarse de; 3 vencer, superar
go about	1 salir, viajar (persona); 2 circular (noticia, rumor)
go for	1 ir a por, ir a buscar; 2 elegir, optar por; 3 atacar
head for	dirigirse hacia
jump at	aceptar/recibir con entusiasmo
keep to	atenerse a, limitarse a
laugh at	reírse de, burlarse de
live off	1 vivir de; 2 alimentarse de

live with	sobrellevar, vivir con
look after	cuidar a, ocuparse de (niño, anciano, asuntos)
look into	examinar, investigar
make for	1 dirigirse a/hacia; 2 conllevar, contribuir
meet with	1 reunirse con; 2 tropezar con (problema); 3 sufrir (accidente)
part with	desprenderse, deshacerse de
pick on	meterse con, criticar
plan on	tener intención de
play on	1 aprovecharse de; 2 seguir tocando (instrumento), seguir jugando (juego, partido)
provide for	mantener (familia)
run across	encontrarse con
run into	1 toparse con (persona); 2 chocar contra
see to	encargarse de, disponer
set about	1 emprender; 2 agredir, atacar
settle for	conformarse con, aceptar
settle on	decidirse, acordar
stand for	1 significar; 2 representar; 3 presentarse a (cargo); 4 aguantar
stem from	resultar de (algo)
take after	parecerse a, salir a (su padre)
walk into	1 chocar contra; 2 caer en (trampa); 3 toparse con (persona)
watch for	esperar

3. **Los verbos frasales adverbiales o preposicionales intransitivos**

Algunos verbos frasales pueden formarse con una preposición si es necesario mencionar el segundo elemento involucrado, o con un adverbio si se puede entender por el contexto.

En estos ejemplos se forma con una **preposición**:

There was a boy running around the tree.	Había un niño corriendo alrededor del árbol.
Finally the sun broke through the clouds and we could see the rainbow.	Finalmente el Sol salió entre las nubes y pudimos ver el arco iris.

Téngase en cuenta que el sintagma nominal que aparece detrás de la preposición (*the tree* y *the clouds*) funciona como complemento preposicional y no como objeto directo del verbo.

En estos ejemplos se forma con un **adverbio**:

We should move to a bigger house with a large garden where the kids can run around freely.	Deberíamos mudarnos a una casa con un jardín más grande donde los niños puedan corretear por todas partes libremente.
After a very dark afternoon, the sun finally came through!	Después de una tarde muy oscura, ¡el sol por fin salió!

> **!** Fíjate que cuando *around* y *through* son adverbios no necesitan ir seguidos de un sintagma nominal.

A continuación se presenta una lista de los verbos más comunes usados en oraciones intransitivas cuya segunda palabra puede funcionar tanto como adverbio o como preposición:

bend over	inclinarse
break through	penetrar, abrirse paso, atravesar
come across	**1** encontrase con (alguien); **2** dar con (algo)
come along	**1** darse prisa; **2** progresar
come by	**1** dar con, topar con; **2** pasar por
come down	**1** bajar, descender; **2** venirse abajo; **3** caer (lluvia, nieve); **4** reducirse
come in	**1** entrar; **2** llegar; **3** subir; **4** ponerse de moda
come off	**1** caerse; **2** quitarse de algo
come on	**1** comenzar; **2** progresar
come over	**1** acercarse; **2** venir a visitar
come through	**1** cruzar (túnel, puente); **2** sobrevivir, recuperarse (accidente, enfermedad); **3** penetrar (luz); **4** llegar (mensaje)
come up	**1** subir; **2** acercarse; **3** surgir
cross over	cruzar
do without	apañarse sin, prescindir de
fall behind	retrasarse, quedarse atrás
fall down	caerse, hundirse
fall off	desprenderse, caerse
get in	**1** entrar, llegar; **2** ser elegido (votación)
get off	**1** apearse, bajarse (vehículo); **2** librarse de (castigo); **3** quitarse (ropa, mancha)
get on	**1** llevarse bien; **2** arreglárselas; **3** progresar, seguir; **4** envejecer

EL SINTAGMA VERBAL

get round	**1** evitar, sortear; **2** persuadir, convencer
go about	**1** ocuparse de; **2** llevar a cabo (tarea)
go along	**1** proceder a; **2** ir hacia delante
go down	**1** bajar, descender; **2** desinflarse (neumático); **3** empeorar; **4** perder
go in	**1** entrar, ir adentro; **2** caber
go round/ around	girar, dar vueltas, rotar
go through	**1** pasar por, cruzar; **2** experimentar; **3** practicar; **4** gastar; **5** revisar (documento)
go up	**1** subir; **2** acercarse; **3** aumentar; **4** ser construido (edificio)
hang around	perder el tiempo
join in	participar en, tomar parte
lie about/ around	estar tumbado sin hacer nada
look through	**1** hojear (libro); **2** revisar, echar un vistazo (documento)
move about	**1** cambiar de sitio (objetos); **2** desplazarse (personas)
pass by	**1** pasar cerca de; **2** pasar de largo
pass over	pasar por alto, olvidar
push through	**1** abrirse paso entre; **2** llevar a buen término
run around	corretear
run down	**1** atropellar; **2** gastar (pila); **3** pararse (reloj)
run up	**1** acumular (deudas); **2** izar (bandera)
sit around/ about	quedarse sentado sin hacer nada
spill over	desbordarse
trip over	dar un tropezón

4. **Los verbos frasales adverbiales transitivos**

Estos verbos casi siempre se utilizan en oraciones transitivas porque el verbo necesita un complemento directo.

My mother went into my bedroom
and told me to put away my clothes.

Mi madre entró en mi dormitorio
y me dijo que guardara mi ropa.

We set aside some money
every month to go on
holiday next summer.

Todos los meses ahorramos
un poco de dinero para ir
de vacaciones el próximo verano.

A continuación se presenta una lista de los verbos más comunes usados en oraciones transitivas cuya segunda palabra es un adverbio:

EL SINTAGMA VERBAL 225

add on	añadir, poner encima
beat up	dar una paliza
bring about	provocar, ocasionar, traer consigo
bring along	traer
bring back	1 volver a introducir; 2 recordar, traer a la memoria; 3 devolver
bring down	1 bajar; 2 derribar; 3 rebajar (precios)
bring forward	1 adelantar; 2 presentar (idea)
bring in	1 ganar (dinero); 2 introducir, hacer entrar
bring out	1 sacar; 2 publicar; 3 resaltar, enfatizar
bring up	1 educar (niño); 2 plantear (asunto, problema); 3 vomitar
buy up	acaparar
call off	suspender, cancelar
call up	1 llamar (teléfono); 2 evocar; 3 llamar a filas
carry out	llevar a cabo, cumplir
chat up	ligar con alguien, seducir
clean out	1 limpiar a fondo; 2 vaciar; 3 desplumar (a alguien)
count out	excluir
cross off/out	tachar
cut back	1 reducir, disminuir; 2 podar una planta
cut down	1 reducir (gastos), economizar; 2 talar (árboles); 3 restringir
cut off	1 cortar (agua, electricidad, teléfono); 2 aislar (ciudad); 3 desheredar
cut up	cortar en pedazos
dig up	arrancar, desenterrar
do up	1 abrochar, atar (zapatos); 2 arreglar, renovar, reformar
dream up	fantasear, fabular
drive out	expulsar, sacar a patadas
eat up	1 terminar (comida); 2 consumir (energía)
fight off	rechazar
fill in	1 rellenar (impreso); 2 poner al corriente
fill up	1 llenar hasta el borde; 2 repostar (combustible)
filter out	ignorar
find out	1 averiguar, descubrir; 2 informarse
fix up	arreglar, reparar
follow up	poner en práctica, seguir

give away	**1** regalar, obsequiar; **2** revelar, delatar, traicionar
give back	devolver
hand in	**1** entregar (trabajo); **2** presentar (solicitud)
hand out	repartir, distribuir
hand over	entregar en mano
have on	**1** llevar puesto; **2** tomar el pelo a alguien
hold down	**1** sujetar, contener; **2** dominar
hold up	**1** sostener, soportar (columnas); **2** demorar, retener; **3** aguantar, resistir
keep back	**1** mantenerse alejado; **2** retener
kick out	echar a patadas
knock down	derribar, demoler, abaratar
knock out	dejar sin conocimiento, eliminar
knock over	tirar, volcar, arrollar
lay down	**1** dejar a un lado; **2** deponer, rendir (armas)
lay out	**1** diseñar, trazar; **2** disponer, preparar (ropa)
leave behind	**1** dejar atrás, abandonar; **2** olvidarse
leave out	**1** omitir, excluir; **2** no guardar (objetos)
let down	**1** defraudar; **2** desinflar; **3** bajar
let in	dejar entrar
let off	**1** hacer estallar (bomba); **2** perdonar; **3** dejar bajar (transporte público)
let out	**1** revelar (secreto); **2** dejar salir, liberar; **3** soltar (grito)
lift up	alzar, levantar
mess up	desordenar, ensuciar, estropear
mix up	**1** revolver, desordenar; **2** confundir con
note down	apuntar, anotar
pass down	transmitir
pass over	pasar por alto, olvidar
pass round	pasar de uno a otro
patch up	remendar, arreglar (ropa)
pay back	devolver, reembolsar
pay out	pagar, gastar
phase out	retirar paulatinamente
pick out	**1** elegir cuidadosamente; **2** reconocer, identificar
piece together	montar, juntar, reconstruir
play down	restar importancia

plug in	enchufar, conectar
point out	indicar, señalar, observar, puntualizar
print out	imprimir
pull down	**1** bajar (pantalones); **2** derribar (edificio)
push around	**1** mangonear; **2** empujar
push over	hacer caer a empujones
put across	comunicar, transmitir
put away	**1** recoger, ordenar, guardar (juguetes); **2** ahorrar; **3** encerrar (criminal)
put down	**1** sofocar (rebelión); **2** menospreciar (persona); **3** sacrificar (animal)
put forward	**1** proponer, exponer; **2** nombrar (candidato)
put off	**1** posponer, aplazar; **2** apagar (luz); **3** desalentar
put on	**1** ponerse (ropa); **2** abrir (gas), encender (luz); poner (radio); **3** tomarle el pelo a alguien
put out	**1** sacar, publicar; **2** apagar (fuego); **3** hacerse a la mar
put through	pasar con, comunicar con (teléfono)
put together	**1** reunir, juntar; **2** montar (mueble), encajar
put up	**1** alojar, hospedar; **2** aumentar
read out	leer en voz alta
rip off	**1** arrancar; **2** timar, estafar; **3** pelar
rip up	hacer pedazos
rub in	aplicar (crema)
rule out	descartar, excluir
sell off	vender, liquidar
set aside	**1** dejar a un lado; **2** ahorrar, guardar, reservar; **3** prescindir de
set back	**1** retrasar, entorpecer; **2** complicar, obstaculizar
set down	**1** poner por escrito; **2** dejar encima, poner sobre; **3** establecer (norma)
shake off	**1** sacudirse; **2** quitarse de encima, zafarse
shut out	quedarse/dejar afuera
snap up	no dejar escapar (oportunidad)
soak up	absorber
sort out	**1** solucionar, poner en orden (papeles); **2** resolver, arreglar (problema)
step up	fundar, instalar, montar, erigir
switch on	encender, prender

take apart	desmontar, deshacer, desarmar
take away	llevarse, quitar, sacar
take back	devolver, recuperar
take down	**1** derribar, derrotar; **2** anotar, tomar nota de
take in	**1** alojar, acoger; **2** asimilar; **3** engañar
take on	**1** hacerse cargo de; **2** adquirir; **3** contratar; **4** asumir; **5** enfrentarse
take up	**1** levantar; **2** hacer suyo; **3** reanudar; **4** empezar a hacer (deporte, afición)
take over	**1** apoderarse, asumir el mando; **2** absorber
tear apart	destrozar, desgarrar
tear up	romper en pedazos, arrancar de raíz
tell off	regañar, reñir
think over	considerar detenidamente, pensar bien
think through	considerar (proyecto, plan)
think up	imaginar, idear, inventar
throw away	tirar, desaprovechar, malgastar
throw out	**1** tirar (basura); **2** rechazar, expulsar; **3** desbaratar (planes)
tie up	**1** atar (animal), amarrar (algo); **2** estar liado/ocupado (*to be tied up*)
top up	llenar hasta el tope
track down	localizar, encontrar
try on	probarse (ropa)
try out	probar, poner a prueba
turn down	**1** bajar (radio, calefacción); **2** rechazar, rehusar; **3** doblar
turn on	**1** encender (luz), abrir (agua); **2** volverse en contra, atacar; **3** excitar, gustar
use up	acabar, gastar
weigh up	evaluar, sopesar, valorar
win back	recuperar, reconquistar
win over	convencer, conseguir apoyo
wipe out	borrar, aniquilar, exterminar

4.1. Existe un grupo numeroso de verbos frasales adverbiales que pueden usarse en oraciones tanto transitivas como intransitivas, aunque con cambio de significado.

Ejemplos de oraciones transitivas

Did you pass on my regards to your brother?
¿Transmitiste mis saludos a tu hermano?

The university will have to <u>call in</u> all its library books during August for stocktaking.	La universidad tendrá que pedir la devolución de todos los libros de la biblioteca para hacer inventario.

Ejemplos de oraciones intransitivas

His father <u>passed on</u> last week and he's obviously very upset.	Su padre falleció la semana pasada y obviamente él está triste.
If you think you will be at home this evening, we will <u>call in</u> to give you some books.	Si crees que estarás en casa esta noche, nos acercaremos para darte unos libros.

Algunos de los verbos más frecuentes en esta situación son:

add up	1 (tr) sumar; 2 (intr) tener sentido o lógica
bail out	1 (tr) pagar la fianza a alguien, sacar a alguien de un apuro; 2 (intr) saltar en paracaídas
call in	1 (tr) hacer pasar, hacer que entre; 2 (intr) hacer escala (navegar)
carry on	1 (tr) continuar, seguir, mantener; 2 (intr) insistir
cut out	1 (tr) recortar; 2 (tr) excluir, eliminar; 3 (intr) calarse (motor)
draw up	1 (tr) preparar, redactar (contrato); 2 (intr) detenerse (coche)
dress up	1 (tr) disfrazar; 2 (intr) disfrazarse, vestirse elegantemente
drop off	1 (tr) entregar; 2 (intr) decrecer, caer; 3 (intr) quedarse dormido
fight back	1 (tr) reprimir; 2 (intr) contraatacar
finish up	1 (tr) terminar; 2 (intr) acabar
get down	1 (tr) apuntar, tomar notas; 2 (intr) bajar
get in	1 (intr) entrar, llegar; 2 (tr) comprar, obtener
get out	1 (intr) salir; 2 (tr) sacar
get together	1 (tr) reunir; 2 (intr) reunirse, juntarse
give up	1 (tr) dejar de hacer algo; 2 (intr) darse por vencido
hold out	1 (tr) tender (una cuerda); 2 (intr) aguantar, resistir
keep off	1 (intr) mantenerse alejado; 2 mantener alejado
lay off	1 (tr) despedir (trabajo); 2 (intr) dejar en paz
look up	1 (intr) alzar la vista; 2 (tr) buscar (en un libro)
make up	1 (tr) inventar; 2 (intr) maquillarse (cara); 3 (tr) preparar (comida), maquillar
mess about	1 (intr) entretenerse, pasar el rato; 2 fastidiar (tr)
miss out	1 (intr) omitir, saltarse; 2 (tr) excluir
pass off	1 (intr) trascurrir; 2 (tr) hacerse pasar por

pay off	**1** (tr) pagar; **2** (tr) sobornar; **3** (intr) valer la pena
pull in	**1** (tr) detener (policía); **2** (tr) recoger (cuerda); **3** (intr) llegar (tren)
put in	**1** (tr) introducir, insertar; **2** (intr) presentarse a un puesto
roll up	**1** (tr) enrollar; **2** (intr) presentarse, acudir
run down	**1** (tr) atropellar; **2** (intr) agotarse
set off	**1** (intr) salir, ponerse en camino; **2** (tr) desencadenar
set out	**1** (intr) salir, ponerse en camino; **2** (tr) proponerse
show up	**1** (tr) poner de manifiesto, revelar; **2** (intr) presentarse, aparecer
split up	**1** (tr) dividir; **2** (intr) separar(se)
stick out	**1** (intr) sobresalir; **2** (tr) sacar
stick up	**1** (tr) ponerse de punta (pelo); **2** (intr) alzarse (edificio)
take off	**1** (tr) quitar (ropa); **2** (intr) despegar (avión)
throw up	**1** (tr) levantar con rapidez; **2** (intr) vomitar
turn out	**1** (tr) vaciar (armario); **2** (intr) resultar
turn round	**1** (intr) volver; **2** (intr) girar, dar vueltas
wind down	**1** (tr) bajar, reducir; **2** (intr) relajarse
wind up	**1** (intr) concluir, terminar; **2** (tr) tomar el pelo
work out	**1** (intr) resultar, salir; **2** (intr) hacer ejercicio; **3** (tr) idear, desarrollar
wrap up	**1** (tr) conseguir; **2** (tr) terminar; **3** (tr) envolver (paquete); **4** (intr) abrigarse

4.2. Hay un grupo reducido de verbos que sólo tienen un significado aunque pueden ser transitivos o intransitivos. Se les puede usar en oraciones intransitivas porque el objeto es obvio o se puede inferir a partir del contexto.

Significado transitivo

I enjoy going hiking because I have the chance to breathe in fresh air.

Me gusta ir de excursión al campo porque tengo la oportunidad de respirar aire puro.

Significado intransitivo

The doctor told me to breathe in deeply and then breathe out slowly.

El doctor me pidió que aspirase profundamente y después expulsase el aire despacio.

Verbo frasal	Transitivo	Intransitivo
breathe in	respirar	aspirar
breathe out	exhalar	espirar
clear up	recoger, ordenar	despejarse (tiempo)
cover up	encubrir (crimen)	cubrirse (con ropa)
open up	abrir, establecer, desarrollar	establecerse

4.3. Con los verbos frasales que se usan en oraciones transitivas y necesitan un objeto directo la colocación del objeto puede variar siempre que sea un nombre, un pronombre, o un sintagma nominal corto. El objeto directo se puede colocar entre las dos palabras que componen el verbo frasal o detrás del mismo.

She blushed because the delivery man handed the flowers over to her in front of everybody.

Se ruborizó porque el repartidor le entregó las flores delante de todo el mundo.

(El objeto es el sintagma nominal corto *the flowers*.)

She blew out all the candles on her birthday cake and everybody clapped.

Ella sopló las velas de su tarta de cumpleaños y todo el mundo aplaudió.

(El objeto es el sintagma nominal *the candles*.)

> **!** Fíjate que cuando un pronombre (*me, him, her, it*) realiza la función de objeto normalmente se coloca entre las dos partes del verbo frasal.
>
> The music is too loud. Can you turn it down?
>
> El volumen de la música está demasiado alto. ¿Puedes bajarlo?

Sin embargo, cuando el objeto está compuesto de un sintagma nominal largo es más probable que éste aparezca después del verbo.

The postman handed over the padded envelope.

El cartero entregó el sobre acolchado.

(El objeto es el sintagma nominal largo *the padded envelope*.)

Please, find out who is going to take on that responsibility in the company.

Por favor, averigua quién va a asumir esa responsabilidad en la compañía.

(El objeto es la oración subordinada *who is going to take responsibility in the company*.)

He took apart the old watch I had got from my grandfather.

Desmontó el viejo reloj que recibí de mi abuelo.

(El objeto es el sintagma nominal largo con una oración de relativo *the old watch I had got from my grandfather*.)

4.4. Existe un grupo de verbos que cuando se utilizan con un sentido transitivo suelen situar el objeto (generalmente con un referente humano) entre las dos partes del verbo.

I was standing at the door and he asked me in.
Yo estaba de pie junto a la puerta y me pidió que entrase.

ask in	invitar a alguien a pasar
book in	registrarse, hacer una reserva
call back	devolver la llamada
get away	irse, escaparse
mess about	1 entretenerse, pasar el rato; 2 fastidiar, engañar
move about	cambiar de sitio, desplazarse
pull about	maltratar
run through	hojear, repasar (libro)
see through	calar
send away	despedir, enviar fuera
shut up	1 cerrar; 2 callarse
sit down	sentarse
stand up	1 levantarse, ponerse de pie; 2 resistir algo
tear apart	destrozar, desgarrar
truss up	atar
turf out	poner de patitas en la calle

5. Los verbos frasales preposicionales transitivos

Los siguientes verbos se utilizan en oraciones transitivas.

I was feeling ill but he talked me into going to London for the day.
Estaba enfermo pero me convenció para pasar el día en Londres.

A continuación se presenta una lista de los verbos más comunes usados en oraciones transitivas cuya segunda palabra puede ser una preposición:

build on	agregar
hold against	guardar rencor
keep to	atenerse a, limitarse a
leave off	dejar de, parar
put on	1 encender; 2 ponerse ropa; 3 engordar
put through	comunicar con, pasar con (teléfono)
set against	contraponer, enemistar
set back	obstaculizar, retrasar, entorpecer
set on	atacar, atrapar (perro)
talk into	convencer, persuadir

6.2. PHRASAL VERBS WITH THREE WORDS (LOS VERBOS FRASALES DE TRES PALABRAS)

1. Aunque en muchas ocasiones los verbos frasales están compuestos por dos palabras, es posible encontrar ejemplos de verbos frasales con significado intransitivo que están compuestos por un verbo, un adverbio y una preposición.

He always seems to get away with copying in exams!

¡Parece ser que siempre se libra cuando copia en los exámenes!

Lista de verbos intransitivos de tres palabras más frecuentes

be in for	estar en cola para
catch up with	alcanzar a, dar alcance
come down on	caerle encima (algo a alguien)
come down to	ser cuestión de
come on to	pasar a, proceder a
come up to	llegar hasta, alcanzar
come up with	proponer (idea)
crack down on	tomar medidas contra
cut back on	reducir (algo)
date back to	remontar a, datar de
do away with	eliminar, abolir, acabar con
face up to	reconocer
fall back on	recurrir, apoyarse en
get away with	salir impune, salirse con la suya
get down to	ponerse a trabajar
get on with	llevarse bien
get up to	llegar hasta
go along with	estar de acuerdo con, consentir
go down with	coger (enfermedad)
grow out of	originarse a partir de
lead up to	anticipar, preceder
live up to	igualar, estar a la altura
look down on	despreciar, menospreciar
look forward to	tener ganas de, anhelar algo
look out for	vigilar, observar, estar pendiente de
look up to	admirar a alguien
put up with	aguantar, soportar
run away with	ganar fácilmente (carrera)
walk away from	alejarse de

2. Existe también un reducido grupo de verbos transitivos de tres palabras.

Who put you up to do it?   ¿Quién te incitó a hacerlo?

Lista de verbos transitivos de tres palabras más frecuentes

do out of	privar de
play off against	malmeter, enfrentar
put up to	incitar a alguien a hacer algo
take out on	desquitarse con alguien
take up on	estar en desacuerdo con alguien

7. VERB FORMATION (LA FORMACIÓN DE LOS VERBOS)

1. Los verbos compuestos

Existen en inglés una serie de verbos formados por dos palabras, generalmente un sustantivo y un verbo, como *ice-skate, mass-produce, overhang, counterattack*, etc. Estos verbos se denominan 'verbos compuestos'.

If you want a part-time job,   Si quieres un trabajo a media
you could babysit.   jornada, podrías cuidar niños.

Proof-read your essay   Corrige tu ensayo
before you hand it in.   antes de entregarlo.

1.1. Los verbos compuestos suelen ir separados por un guión, aunque se tiende a unir sin guión aquellos que son de uso más frecuente. Algunos verbos compuestos son:

babysit	cross-examine	hitch-hike	roller-skate
back-pedal	cross-question	ice-skate	spoon-feed
blow-dry	double-cross	ill-treat	stir-fry
bottle-feed	double-check	jack-knife	tape-record
breast-feed	dry-clean	play-act	water-ski
cross-check	ghost-write	proof-read	window-shop

1.2. Existen otros verbos en inglés que se forman añadiendo un prefijo generalmente de origen latino o griego a otro verbo ya existente.

be-: Este prefijo sirve para formar verbos como *become, befall, behave, behold, bequeath, besiege, bestow, betray, beware*.

Promise me you will behave when   Prométeme que te portarás bien
we get to my friends' house.   cuando lleguemos a casa de mis amigos.

de-: Este prefijo combina con verbos para formar otros que describen una acción contraria a la del verbo original. Algunos ejemplos son: *deactivate, decentralise, decolonise, decontaminate, dehydrate, demilitarise, demystify, depersonalise, destabilise*.

Are they going to <u>decontaminate</u> the area?	¿Van a descontaminar la zona?

dis-: Este prefijo combina con una serie de verbos para hacer referencia a la acción contraria a la denotada por el verbo original. Algunos ejemplos son: *disagree, disappear, disapprove, disconnect, disembark, disinfect, disinherit, dislike, disobey, displace, displease, disuse.*

They have to <u>disinfect</u> the public toilets every day.	Tienen que desinfectar los servicios públicos todos los días.

em-, en-: El prefijo *em-* y su variante *en-*, combinan con verbos para formar otros que hacen referencia principalmente a un cambio de condición o posición. Algunos son: *embark, embody, empower, enable, encircle, enclose, endanger, enforce, enrich, ensure.*

Be careful not to do anything that could <u>endanger</u> lives.	Ten cuidado de no hacer nada que pueda poner vidas en peligro.

mis-: Este prefijo se utiliza para formar verbos que hacen referencia a acciones que se hacen mal. Algunos ejemplos son: *misbehave, miscalculate, mishear, misinterpret, misjudge, misplace, misprint, misread, mistreat, misuse.*

My grandfather often <u>misplaces</u> his glasses.	Mi abuelo a menudo pierde sus gafas.

out-: El prefijo *out-* combina con verbos, sustantivos y adjetivos para formar nuevos verbos que indican que alguien está haciendo algo mejor o más que otra persona o personas. Algunos ejemplos son: *outdo, outgrow, outlast, outlive, outplay, outperform.*

She <u>outlived</u> all her siblings.	Vivió más que todos sus hermanos.

over-: El prefijo *over-* combina con algunos verbos para formar otros con el sentido de 'hacer algo más de la cuenta' como *overcharge, overcook, overdo, overestimate, overeat, overheat, overload, oversleep, overwork.*

Make sure you don't <u>overcook</u> the fish.	Asegúrate de no cocinar demasiado el pescado.

un-: El prefijo *un-* combina con otros verbos y tiene el sentido contrario al verbo original como, por ejemplo, *uncover, undo, undress, unlock, unmake, unpack, unplug, unroll, unwrap.*

You can <u>undress</u> in the changing room.	Te puedes desvestir en el vestuario.

III ORACIONES

1. SIMPLE SENTENCES (LAS ORACIONES SIMPLES)

Se entiende por oración simple la unidad discursiva básica que está compuesta por un sujeto y un predicado con un único verbo. El sujeto (S) es aquel del que se expresa algo y el predicado contiene la información que se expresa sobre el sujeto. El verbo (V) se encuentra en el predicado y describe la acción realizada por el sujeto.

Tom is an important lawyer.   Tom es un importante abogado.
  S   Predicado

She became a well-known novelist.   Ella se convirtió en una novelista famosa.
 S   Predicado

1.1. FUNDAMENTAL SYNTACTIC ELEMENTS OF THE SENTENCE (LOS ELEMENTOS SINTÁCTICOS FUNDAMENTALES DE LA ORACIÓN)

El verbo normalmente se encuentra en todas las oraciones y determina la presencia de otros elementos de la oración como el sujeto (S), objeto (O), complemento (C), y complemento circunstancial (CC). A continuación se indican algunas características generales de estos elementos.

1. **El sujeto**

   a Normalmente es una frase nominal compuesta por un sustantivo o pronombre que puede tener otros componentes como, por ejemplo, adjetivos.

   My wallet is in the kitchen.   Mi cartera está en la cocina.

   It is a good high-school.   Es un buen instituto de enseñanza secundaria.

   The red car stopped at the traffic-light.   El coche rojo se detuvo en el semáforo.

   b Suele aparecer delante del verbo en oraciones declarativas y detrás del auxiliar en oraciones interrogativas del tipo *Yes/No*.

   Barbara went to the beach for a walk.   Barbara fue a la playa a dar un paseo.

   Do you like horror films?   ¿Te gustan las películas de terror?

   c Indica el número y la persona del verbo.

   John and Mary were married   John y Mary estuvieron casados
   for 10 years.   durante 10 años.

   Peter was sick for three days.   Peter estuvo enfermo tres días.

   d Puede estar elidido en algunas oraciones, como en las oraciones imperativas.

   Get down, please.   Baja, por favor.

2. El objeto

a Normalmente es una frase nominal compuesta por un sustantivo o pronombre que puede tener otros componentes como, por ejemplo, adjetivos.

He took <u>the bus</u>.	Él cogió el autobús.
The little boy was lost, but Sophie found <u>him</u>.	El niño se perdió, pero Sophie lo encontró.
Howard bought <u>a new umbrella</u>.	Howard compró un paraguas nuevo.

b Suele aparecer detrás del sujeto y del verbo. Si la oración tiene dos objetos, lo más frecuente es que el objeto indirecto (OI) aparezca antes del objeto directo (OD).

His father brought <u>him</u> <u>a present.</u> Su padre le trajo un regalo.
       OI OD

c El objeto directo normalmente se convierte en sujeto en las oraciones pasivas. Para las oraciones pasivas, véase el apartado 3, página 157.

They offered Betty <u>that job.</u> Le ofrecieron a Betty ese trabajo.
        OD

<u>That job</u> was offered to Betty. Ese trabajo fue ofrecido a Betty.
 S

3. El complemento

a Puede estar formado por una frase nominal compuesta por un sustantivo o pronombre, un adjetivo o participio, o una oración subordinada.

His son became <u>Prime Minister</u>.	Su hijo llegó a ser presidente.
This cake smells <u>delicious</u>.	Este pastel huele fenomenal.
It seems <u>(that) we will need to pay an extra charge</u>.	Parece que tendremos que pagar un cargo adicional.

b Si funciona como un complemento del sujeto (o atributo), suele aparecer detrás del sujeto y del verbo y aporta información sobre el sujeto. Si funciona como un complemento del objeto, aparecerá justo después del objeto y se referirá a éste.

Chloe is becoming <u>too skinny</u>. Chloe se está quedando
      Compl. Suj. demasiado delgada.

Alison considers Chloe <u>too skinny</u>. Alison considera que Chloe
        Compl. Obj. está demasiado delgada.

4. El complemento circunstancial

Un complemento circunstancial es una palabra o grupo de palabras que se usa en una frase para añadir información sobre las circunstancias de una acción, por ejemplo, cuándo, cómo, dónde o con qué intensidad ha ocurrido. Los complementos circunstanciales son opcionales en la oración desde un punto de vista estructural, y pueden estar formados por una única palabra o frase adverbial (a), una frase preposicional o nominal (b) o una oración (c).

a They will arrive <u>tomorrow</u>. Ellos llegarán mañana.

b They will arrive <u>this afternoon</u>. Ellos llegarán esta tarde.

c They will arrive <u>before
I leave for the office</u>. Ellos llegarán antes de que
me marche a la oficina.

b Puede ocupar diferentes lugares en la oración.

They will get home <u>in the afternoon</u>. Llegarán a casa por la tarde.

<u>In the afternoon</u> they will get home. Por la tarde llegarán a casa.

1.2. TYPES OF SIMPLE SENTENCES (TIPOS DE ORACIONES SIMPLES)

Dependiendo del tipo de complementación del verbo, se pueden distinguir siete tipos de oración simple.

1. **sujeto + verbo**

   Speeding kills. La velocidad al volante mata.

   The wind is blowing. El viento sopla.

   The phone is ringing. El teléfono está sonando.

2. **sujeto + verbo + complemento del sujeto (atributo)**

   En este tipo de oraciones simples el verbo va acompañado de un complemento del sujeto y se forma con verbos como *appear, be, become, get, go, grow, look, feel, remain, seem, smell, sound, stay, stand*, etc.

   He is <u>handsome</u>. Él es guapo.

   She seems <u>worried</u>. Ella parece preocupada.

3. **sujeto + verbo + objeto directo**

   Este tipo de oraciones se caracteriza porque el verbo requiere la presencia de un objeto directo que lo complementa. Se les denomina 'verbos transitivos'. El objeto directo puede ser un nombre (a), pronombre (b) o frase nominal (c), una oración subordinada sustantiva (encabezada por *that*) (d), una oración interrogativa indirecta (e), una oración de infinitivo (f), o un verbo en forma -*ing* (g).

   a I like <u>chocolates</u>. Me gustan los bombones.

   b We love <u>it</u>. Nos encanta.

   c They have cleaned <u>the whole house</u>. Han limpiado toda la casa.

   d She thinks <u>(that) her sister
   should apologise</u>. Ella piensa que su hermana
   debería disculparse.

   e Alice doesn't know <u>what to do now</u>. Alice no sabe qué hacer ahora.

   f She decided <u>to stay at home
   for the rest of the day</u>. Ella decidió quedarse en casa
   el resto del día.

   g I love <u>playing tennis</u>. Me encanta jugar al tenis.

4. **sujeto + verbo + objeto indirecto + objeto directo**

Algunos de los verbos más frecuentes que forman oraciones de este tipo, es decir, con dos objetos son: *ask, bring, buy, cook, cost, explain, get, give, grant, hand, lend, offer, owe, promise, read, say, sell, send, serve, show, sing, teach, tell, write*. La función de objeto indirecto normalmente será desempeñada por un nombre, pronombre o frase nominal, mientras que la función de objeto directo puede ser desempeñada por un nombre, pronombre o frase nominal, una oración subordinada, etc.

The waiter brought her the bill.	El camarero le trajo (a ella) la cuenta.
OI OD	

She taught me how to drive. Ella me enseñó a conducir.
    OI OD

Sean asked Paul Sean le preguntó a Paul
     OI si podía llevarle a la estación.
if he could take him to the station.
     OD

4.1. En el caso de los verbos *admit, announce, confess, explain, mention, point out, report* y *suggest* el objeto indirecto suele ir precedido de *to* incluso cuando va situado delante del objeto directo.

The interview panel announced Los entrevistadores anunciaron
to the candidates a los candidatos
  OI que todos habían superado la prueba.
that they had all passed the test.
    OD

The firemen explained to them Los bomberos les explicaron
      OI qué hacer en caso de incendio.
what to do in case of fire.
  OD

4.2. Algunos verbos como *buy, bake, cook, find, get, reserve* usan la preposición *for* en vez de *to* delante del objeto indirecto.

Will you buy him a new T-shirt?

Will you buy ¿Le vas a comprar una
a new T-shirt for him? camiseta nueva?

My mum baked me chocolate cookies.

My mum baked Mi madre me hizo galletas
chocolate cookies for me. de chocolate.

When you go to the market,
don't forget to bring me
some cherries.

When you go to the market, Cuando vayas al mercado
don't forget to bring some no olvides traerme
cherries for me. algunas cerezas.

> **!** Fíjate que en los siguientes ejemplos se omite el objeto directo porque se sobreentiende por el contexto y se elide la preposición.
>
> You promised me.   Me lo prometiste.
> (You promised it to me).

5. **sujeto + verbo + objeto directo/indirecto + complemento del objeto directo/indirecto**

   El complemento del objeto directo puede ser un nombre (pronombre o frase nominal), una forma no personal del verbo (infinitivo, *-ing* o participio de pasado), una frase preposicional o un adjetivo o participio.

   The football team appointed him captain.   El equipo de fútbol lo eligió capitán.
                  OI   Compl.

   That little mistake kept me busy for hours.   Ese pequeño error me tuvo ocupado durante horas.
           OI Compl.

   Can you get my bike out of the garage?   ¿Puedes sacar mi bici del garaje?
              OD   Compl.

6. **sujeto + verbo + complemento circunstancial**

   En este tipo de oraciones el complemento circunstancial o adjunto es obligatorio. Sin él el sentido de la frase queda incompleto.

   My house is in front of hers.   Mi casa está enfrente de la suya.
               CC

7. **sujeto + verbo + objeto directo + complemento circunstancial**

   En este tipo de oraciones el complemento circunstancial o adjunto también es obligatorio.

   Please, put the book on the table.   Por favor, pon el libro encima de la mesa.
             OD   CC

> **!** Fíjate que en los tipos de oración simple que se han descrito anteriormente se han incluido los componentes básicos. Todas las estructuras pueden contener otros elementos opcionales como complementos circunstanciales.
>
> I saw him in the park last week.   Lo vi en el parque la semana pasada.

1.3. OTHER GENERAL CHARACTERISTICS OF SIMPLE SENTENCES (OTRAS CARACTERÍSTICAS GENERALES DE LAS ORACIONES SIMPLES)

1. Omisión del sujeto

Como norma general el sujeto siempre está presente en las oraciones en inglés. En algunas ocasiones, sin embargo, éste se puede elidir cuando se trata de un registro coloquial.

Got it! (I got it.)	¡Lo tengo!
Looks like he is ill. (It looks like he is ill.)	Parece que está enfermo.
Want a word? (Do you want to have a word with me?)	¿Quieres decirme algo?

En las oraciones compuestas, coordinadas o yuxtapuestas, se puede omitir el sujeto en la segunda oración para no ser redundante.

He went into the house, got a book and came back.	Él entró en la casa, cogió un libro y volvió.

> ❗ Fíjate que en español se omite el sujeto con más frecuencia que en inglés. Esto se debe, principalmente, a que al haber en español una flexión verbal diferente para todas las personas del singular y del plural ('canto, cantas, canta, cantamos, cantáis, cantan'), se puede conocer con facilidad de qué persona se trata fijándonos en el verbo.

2. La negación

A continuación se presentan algunas formas de expresar la negación en inglés.

a En el caso del imperativo con *Let's*, los verbos modales (*can, could, may, might*, etc.) y los verbos auxiliares (*be, have, shall, will*, etc.) se forma la negación añadiendo el adverbio *not* ('no') al verbo. Algunos ejemplos de negación con verbos en imperativo son:

Let's not bother.	No nos preocupemos.
Let's not go into detail.	No entremos en detalles.

Algunos ejemplos de negación con verbos modales son:

It cannot (can't) be true.	No puede ser verdad.
I could not (couldn't) finish my homework in time.	No pude acabar mi tarea a tiempo.
You must not (mustn't) waste your time.	No debes malgastar tu tiempo.

> Recuerda que en algunas ocasiones los verbos modales pueden contraerse con el adverbio *not* de la negación (véase apartado 5.1., página 200).

Algunos ejemplos de negación con verbos auxiliares son:

She <u>is not</u> (isn't) coming with us today.	Ella no viene con nosotros hoy.
We <u>will not</u> (won't) go on holidays this year.	No iremos de vacaciones este año.

> Recuerda que el verbo *to be* en negativa puede contraerse de dos modos distintos, con el sujeto o con la negación.
>
> They'<u>re not</u> coming over for dinner.
>
> They <u>aren't</u> coming over for dinner.   No vienen a cenar.

b También se forma la negación con el auxiliar *do* seguido de *not* para el presente y el imperativo, y *did* seguido de *not* para el pasado. Igualmente se pueden contraer como *don't* y *didn't*.

I <u>don't</u> like Mondays.	No me gustan los lunes.
He <u>doesn't</u> talk to his brother that often.	Él no habla con su hermano tan a menudo.
<u>Don't</u> shout at him!	¡No le grites!
They both went to the gym but they <u>didn't</u> see each other.	Ambos fueron al gimnasio pero no se vieron.

Véanse los apartados 2.1. y 2.3., páginas 115 y 125, para encontrar más ejemplos.

c Hay muchas palabras con sentido negativo que también se usan en inglés para formar la negación como *never, nobody, none, nowhere, no more*, etc.

When we reached the summit we could see there was <u>nobody</u> else there.	Cuando alcanzamos la cima no vimos a nadie allí.
<u>No one</u> said a word.	Nadie dijo una palabra.

2.1. La doble negación

> Una característica propia del lenguaje hablado en inglés, y especialmente del lenguaje coloquial, es la formación de la doble negativa, es decir, la presencia de una palabra con sentido negativo cuando el verbo está ya en forma negativa. Se trata de un uso común en la letra de canciones.
>
> I <u>don't</u> love you <u>no</u> more.   Ya no te quiero.
>
> Las palabras con sentido negativo en inglés más frecuentes y que pueden aparecer en una oración con doble negativa son: *no, none, neither, nothing, nobody, nowhere, never, no more* y *no longer*.

La doble negación se puede evitar de dos formas.

a Usando el verbo en forma negativa pero con palabras que no están marcadas negativamente del tipo como, por ejemplo, *any, either, anything, anybody, anyone, anywhere, ever, yet, any more* y *any longer*.

Sorry but I'm not staying any longer.	Perdona pero ya no me quedo más tiempo.
There isn't anything I can do to help her, I'm afraid.	Me temo que no hay nada que pueda hacer para ayudarla.

b Usando la palabra marcada negativamente con el verbo en afirmativa.

There is nothing I can do to help her, I'm afraid.	Me temo que no hay nada que pueda hacer para ayudarla.
I will never come back to this country.	Nunca volveré a este país.

3. La interrogación

Como característica general de las preguntas en inglés es preciso destacar que generalmente se usa un verbo auxiliar si el verbo principal no es *to be*, o un verbo modal.

Do you like bananas?	¿Te gustan los plátanos?
Have you ever been to Paris?	¿Has estado alguna vez en París?
Did you enjoy the play?	¿Te gustó la obra de teatro?
Can we go out tonight?	¿Podemos salir esta noche?

Normalmente las preguntas en inglés se clasifican en tres grandes tipos: preguntas tipo Sí/No (*Yes/No questions*) (a), preguntas tipo *Wh-* (*Wh- questions*) (b), y preguntas alternativas (*alternative questions*) (c).

a Preguntas tipo Sí/No (*Yes/No questions*)

Este tipo de preguntas suele empezar con un verbo auxiliar y, además, se espera una respuesta afirmativa o negativa al contenido de la pregunta.

Do you like Asian food?	¿Te gusta la comida asiática?
Did you say anything?	¿Dijiste algo?
Have you got a pen, please?	¿Tienes un bolígrafo, por favor?
Will you help him with his moving?	¿Vas a ayudarle con la mudanza?

> La entonación de estas preguntas generalmente es ascendente.

b Preguntas tipo *Wh-* (*Wh- questions*)

Se trata de preguntas que comienzan con un interrogativo iniciado por las letras *Wh-*. Los interrogativos que comienzan con *Wh-* son:

who? <u>Who</u> knows?	¿quién? ¿Quién sabe?
whom? <u>Whom</u> did you visit?	¿a quién? ¿A quién visitaste?
whose? <u>Whose</u> idea was this?	¿de quién? ¿De quién fue esta idea?
which? <u>Which</u> of these coats do you prefer?	¿cuál? ¿Cuál de estos abrigos prefieres?
what? <u>What</u> kind of dog is that?	¿qué? ¿Qué raza de perro es esa?
where? <u>Where</u> did you go last weekend?	¿dónde? ¿A dónde fuiste el fin de semana pasado?
when? <u>When</u> did you start playing the piano?	¿cuándo? ¿Cuándo empezaste a tocar el piano?
why? <u>Why</u> did you choose to live in Madrid?	¿por qué? ¿Por qué decidiste vivir en Madrid?
how <u>How</u> do you feel?	¿cómo? ¿Cómo te encuentras?

Los ejemplos anteriores suelen tener una entonación descendente.

Fíjate que las preguntas con el interrogativo *how* también se incluyen en este mismo grupo: *how, how much, how many, how long, how often*, etc.

<u>How much</u> do you want to spend?   ¿Cuánto quieres gastar?

<u>How long</u> does it take to fly to South Africa from here?   ¿Cuánto se tarda de aquí a Suráfrica en avión?

Se debe tener en cuenta que cuando el interrogativo va precedido de una preposición hay dos construcciones posibles.

a Colocar la preposición antes del interrogativo.

<u>To whom</u> do you want to speak?   ¿Con quién quieres hablar?

b Poner el interrogativo al comienzo de la oración y la preposición al final.

<u>Who</u> do you want to speak <u>to</u>?   ¿Con quién quieres hablar?

> Este segundo tipo de construcción es común en inglés oral.

> Fíjate que en algunos casos, como en las preguntas *what's … for?* '¿para qué sirve/es …?' o *what's … like?* '¿cómo es …?', sólo se puede colocar la preposición al final de la oración interrogativa.
>
> What is this kitchen utensil for? ¿Para qué es este utensilio de cocina?
>
> What's your sister like? ¿Cómo es tu hermana?

c Preguntas alternativas (*Alternative questions*)

En este tipo de preguntas se espera que se elija una de las alternativas ofrecidas.

Do you prefer tea or coffee? ¿Prefieres té o café?

Would you like to go
by bus or on foot? ¿Quieres ir en autobús o a pie?

Where can we go, to Paris or Brussels? ¿A dónde podemos ir, a París o Bruselas?

3.1. Question tags

Las llamadas *question tags* son preguntas breves que se colocan al final de oraciones con varias funciones comunicativas. La traducción más frecuente en español para este tipo de preguntas es '¿verdad?' o '¿no?'.

Se pueden distinguir dos tipos de *question tags*:

a Aquellas que se forman con signo contrario al de la oración a la que acompañan, es decir, si la oración es afirmativa, la *question tag* irá en negativa y si la oración es negativa, la *question tag* será afirmativa. Contienen un verbo auxiliar (*be, do, will, have*, etc.) o el auxiliar *do* y un pronombre que encuentra su referente en la oración que le precede.

They are late, aren't they? Llegan tarde, ¿verdad?

You don't drink coffee, do you? Tú no bebes café, ¿verdad?

We are almost there, aren't we? Casi hemos llegado, ¿verdad?

He doesn't like his job, does he? No le gusta su trabajo, ¿verdad?

Tim isn't too young
to ride horses, is he? Tim no es demasiado joven
para montar a caballo, ¿verdad?

You will call me back, won't you? Me devolverás la llamada, ¿verdad?

She hasn't studied hard
enough, has she? Ella no ha estudiado
lo suficiente, ¿verdad?

> **!** Fíjate que cuando la oración de la que depende la *question tag* es negativa, para formar la *question tag* siempre se utiliza el mismo auxiliar que se ha empleado en la negación.
>
> They <u>didn't</u> let you in, <u>did</u> they?   No te dejaron entrar, ¿verdad?

> **!** Fíjate que en el caso de *I am*, la *question tag* que se utiliza es *aren't I*.
>
> I'm your best friend, <u>aren't I</u>?   Soy tu mejor amigo, ¿verdad?

Cuando la oración está formada con un verbo que no es auxiliar es necesario usar el auxiliar *do/did*.

He likes his job, <u>doesn't he</u>?	A él le gusta su trabajo, ¿verdad?
You know how to sail, <u>don't you</u>?	Tú sabes navegar, ¿verdad?
Your father bought you a pair of new shoes, <u>didn't he</u>?	Tu padre te compró un par de zapatos nuevos, ¿verdad?
Their uncle plays golf all the time, <u>doesn't he</u>?	Su tío juega al golf a todas horas, ¿verdad?

> 💬 Con las *question tags* se suele utilizar una entonación ascendente si no se está seguro del contenido de la oración, y una entonación descendente si se tiene certeza del contenido de la oración pero se quiere pedir confirmación.
>
> Entonación ascendente   No se está seguro.
>
> It is windy today, <u>isn't it</u>? ↗
>
> You want coffee, <u>don't you</u>? ↗
>
> Entonación descendente   Sí se está seguro pero se
> He is a good boy, <u>isn't he</u>? ↘   pide confirmación.
>
> You want tea, <u>don't you</u>? ↘

b Aquellas que se forman con el mismo signo al de la oración que acompañan, es decir, la oración es afirmativa y la *question tag* es afirmativa, y la oración es negativa y la *question tag* es negativa. Este tipo de *question tag* es menos frecuente que la anterior y suele usarse para resumir la oración que la precede y a veces pedir confirmación con sorpresa. Contienen un verbo auxiliar o el auxiliar *do* y un pronombre que encuentra su referente en la oración que la precede.

You phoned to book a table for us, <u>did you</u>?   Llamaste por teléfono para reservarnos una mesa, ¿verdad?

> Este tipo de *question tag* tiene una entonación ascendente.
>
> She wrote my name on the list for the excursion, <u>did she</u>? ↗
>
> Ella me apuntó en la lista para la excursión, ¿verdad?

c Se suelen usar *question tags* en imperativo (segunda persona del singular y del plural) tanto con sentido afirmativo como negativo con las estructuras *will you?* o *won't you?* para mitigar una orden y convertirla en una petición educada o invitación. Una traducción adecuada para estas *question tags* sería '¿lo harás?':

Don't tell her I have told you, <u>will you</u>?	No le digas que te lo he contado, ¿lo harás?
Don't forget to come and see me, <u>will you</u>?	No te olvides de venir a verme, ¿lo harás?
Now file it with the other stuff, <u>will you</u>?	Ahora archívalo con las otras cosas, ¿lo harás?
Come to see me soon, <u>won't you</u>?	Ven a verme pronto, ¿lo harás?

d Se usa el auxiliar *shall* con el imperativo de primera persona del plural para pedir el consentimiento o la conformidad del interlocutor.

Now, let's clean this up, <u>shall we</u>?   Ahora, vamos a limpiar esto, ¿de acuerdo?

e Para responder a una *question tag* se puede utilizar una forma breve (*Yes/No*) u otra un poco más larga que emplea el mismo auxiliar o verbo auxiliar de la *question tag*.

- You don't like this hotel, do you?	- No te gusta este hotel, ¿verdad?
- <u>No</u>.	- No.
- He wants us to work for him, <u>doesn't</u> he?	- Quiere que trabajemos para él, ¿verdad?
- <u>Yes</u>, he <u>does</u>.	Sí, quiere.
- They are beautiful pictures, <u>aren't</u> they?	- Son unas fotos preciosas, ¿verdad?
- <u>Yes</u>, they <u>are</u>.	- Sí, lo son.

2. COMPOUND SENTENCES (LAS ORACIONES COMPUESTAS)

En el apartado anterior se explica la oración simple que tiene un único núcleo verbal. Aquí se aborda la oración compuesta que puede tener dos o más cláusulas con sentido completo, y que pueden mantener diferentes tipos de relación entre sí; pueden estar coordinadas, o puede estar una subordinada a la otra.

En el caso de las oraciones coordinadas, varias oraciones aparecen unidas a un mismo nivel.

He is a good chess player and he deserves to win.   Es buen jugador de ajedrez y se merece ganar.

We went to his house, found him watching TV and (we) left without interrupting him.	Fuimos a su casa, lo encontramos viendo la televisión y nos marchamos sin interrumpirle.
It's a nice hotel, but very expensive.	Es un hotel bonito, pero muy caro.
He never apologised, I assure you.	Nunca se disculpó, te lo aseguro.

En el caso de las oraciones complejas, puede haber dos o más cláusulas unidas; una de ellas será la oración principal mientras que la(s) otra(s) expresa(n) un significado subordinado.

They won the World Cup <u>because</u> they played very well.	Ganaron la Copa del Mundo porque jugaron muy bien.
We went to the cinema <u>after</u> we had had dinner.	Fuimos al cine después de cenar.
<u>While</u> we were walking home, it started to rain.	Mientras caminábamos a casa, empezó a llover.
The Canary Islands is <u>where</u> my parents go for their holidays.	Las Islas Canarias es donde van mis padres de vacaciones.

Las preguntas y las órdenes también pueden contener oraciones subordinadas.

How will you contact him <u>if</u> he doesn't show up?	¿Cómo vas a contactar con él si no aparece?
<u>If</u> he misbehaves, don't hesitate to tell him off.	Si se porta mal, no dudes en reñirle.

2.1. COORDINATE CLAUSES (LAS ORACIONES COORDINADAS)

Para indicar la relación de coordinación entre varias oraciones se utilizan las conjunciones coordinadas que se pueden colocar entre ambas cláusulas. Algunas de las conjunciones coordinadas más comunes para formar oraciones compuestas son las siguientes:

and	y	nor	ni	then	entonces, pues
but	pero	or	o	yet	sin embargo

The Moon turns around the Earth, <u>and</u> the Earth turns around the Sun.	La Luna da vueltas alrededor de la Tierra, y la Tierra da vueltas alrededor del Sol.
Jack isn't used to speaking in public, <u>but</u> he gave a good speech.	Jack no está acostumbrado a hablar en público, pero dio un buen discurso.
We can go to the beach for a walk, <u>or</u> we can stay home <u>and</u> (we can) have a rest.	Podemos ir a la playa a dar un paseo, o podemos quedarnos en casa y descansar un poco.

1. Cuando unimos varias oraciones con una conjunción coordinada es frecuente que se omitan algunos elementos. Con las conjunciones *and*, *or* y *then*, no es necesario repetir el sujeto en la segunda frase. Sí se suele repetir con las conjunciones *but*, *so* y *yet*.

I got up and (I) got dressed.	Me levanté y me vestí.
She intended to call you, but she didn't.	Ella tenía la intención de llamarte, pero no lo hizo.

    Cuando se unen oraciones con distintos sujetos, no es preciso repetir todos los elementos de la oración a no ser que se desee mostrar énfasis.

My older son was born in Cádiz and the younger one (was born) in Madrid.	Mi hijo mayor nació en Cádiz y el menor en Madrid.

2. **Otros usos de las conjunciones coordinadas**

    Las conjunciones coordinadas también pueden usarse para unir verbos, pronombres, sustantivos, adjetivos, adverbios, preposiciones, etc.

You can cut and paste this information on a new document.	Puedes cortar y pegar esta información en un nuevo documento.
Mary and Peter care for each other a lot.	Mary y Peter se cuidan mucho mutuamente.
Paul or Steve can help me with this new project.	Paul o Steve me pueden ayudar con este nuevo proyecto.
Her teacher said that she was intelligent but lazy.	Su profesor dijo que ella era inteligente pero perezosa.
The boat was sailing smoothly and fast.	El barco estaba navegando suave y rápidamente.
Airlines flying in and out of Europe must reduce the CO_2 emissions.	Las compañías aéreas que vuelan a y desde Europa deben reducir las emisiones de CO_2.

    > **!** Fíjate que en ocasiones dos o más oraciones pueden estar unidas por un signo de puntuación como una coma (,) o punto y coma (;). A estas oraciones compuestas se las conoce como 'yuxtapuestas'.
    >
    > | | |
    > |---|---|
    > | People were celebrating the victory; they just filled the streets. | La gente estaba celebrando la victoria; simplemente inundaron las calles. |

2.2. SUBORDINATE CLAUSES (LAS ORACIONES SUBORDINADAS)

Para indicar la relación de subordinación entre dos oraciones se pueden utilizar las conjunciones subordinadas. La oración subordinada añade información sobre algún aspecto relacionado con la cláusula principal. Existen varios tipos de conjunciones subordinadas, dependiendo del tipo de oración de que se trate y algunas de ellas serán detalladas en los siguientes apartados. A continuación se presentan algunos ejemplos de oraciones compuestas en las que se ha subrayado la oración subordinada.

The seafood <u>that we had for dinner</u> was not fresh.	El marisco que tomamos en la cena no estaba fresco.
A bee got into the car <u>while he was driving</u>.	Una abeja entró en el coche mientras él conducía.
You can use my phone <u>whenever you need it</u>.	Puedes usar mi teléfono siempre que lo necesites.
<u>Unless you hurry up</u>, you will miss the train.	A menos que te des prisa, perderás el tren.

> ❗ Fíjate que en el ejemplo anterior, la oración subordinada precede a la principal y están separadas por una coma.

A grandes rasgos, se pueden distinguir tres tipos de oraciones subordinadas: subordinadas adverbiales, subordinadas de relativo y estilo indirecto.

2.2.1. Subordinate adverbial clauses (Las oraciones subordinadas adverbiales)

Las oraciones subordinadas adverbiales suelen situarse detrás de la oración principal. Sin embargo, en muchos casos se puede colocar la oración subordinada antes de la principal por cuestiones de estilo o énfasis. En pocas ocasiones se suele colocar en el centro de la oración principal.

<u>When she came out of hospital</u>, she went straight to eat at a good restaurant.	Cuando salió del hospital fue directa a comer a un buen restaurante.
<u>Wherever you hide</u>, we will find you.	Dondequiera que te escondas, te encontraremos.

A continuación se explican los distintos tipos de oraciones subordinadas:

2.2.1.1. Time clauses (Las oraciones de tiempo)

La oración subordinada de tiempo suele funcionar como un complemento circunstancial de tiempo en la oración compleja. Las conjunciones subordinadas de tiempo más comunes son:

after	después de	now that	ahora que
as	mientras, según	once	una vez que
as long as	mientras	since	desde que
as soon as	en cuanto	the moment (that)	en cuanto
before	antes de que	till/until	hasta que
by the time	para cuando	when	cuando
each time	cada vez	whenever	siempre que
every time	cada vez	while/whilst	mientras

a Se puede usar el presente en una oración subordinada temporal con las conjunciones *after, as soon as, before, by the time, the moment, till, until* y *when* para hacer referencia a una acción futura.

I'll come <u>as soon as</u> I can.	Vendré tan pronto como pueda.
Phil will feed the animals <u>when</u> he comes.	Phil dará de comer a los animales cuando venga.

> ❗ Fíjate que en este caso el verbo en presente de la oración subordinada se traduce por presente de subjuntivo.

> ❗ Un error frecuente cometido por los hispanohablantes es colocar los dos verbos en futuro.
>
> ~~The gates of the city will be closed by the time we will arrive.~~
>
> The gates of the city will be closed <u>by the time</u> we arrive. — Las puertas de la ciudad estarán cerradas para cuando lleguemos.

b Se puede usar el pretérito perfecto compuesto en la oración subordinada temporal para indicar que una acción estará acabada en el futuro.

The moment I <u>have finished</u> my exams, I'll have a party.	En cuanto haya acabado los exámenes, haré una fiesta.

> ❗ Fíjate que en este caso el verbo en pretérito perfecto compuesto de la oración subordinada se traduce en subjuntivo.

c Para expresar que algo siempre ocurre u ocurrió en las mismas circunstancias, se pueden usar las conjunciones subordinadas *when, whenever, each time* y *every time*.

<u>Every time</u> I try to call her, she hangs up.	Cada vez que intento llamarla, me cuelga el teléfono.
<u>Whenever</u> he had a chance, he sent me a postcard.	Siempre que tenía ocasión, me mandaba una postal.

> ✏️ Fíjate que cuando la oración subordinada de tiempo se coloca al principio de la oración va seguida por una coma.

d Se suele utilizar la conjunción subordinada *while* con un pasado continuo para indicar que había dos acciones simultáneas, o que una acción interrumpió a otra.

Martha was taking notes <u>while</u> I was speaking.	Marta tomaba notas mientras yo hablaba.

It started to rain <u>while</u>	Empezó a llover mientras
they were canoeing.	estaban haciendo piragüismo.

e Ten en cuenta que un participio pasado o una cláusula con gerundio (*-ing*) también pueden formar parte de una oración subordinada de tiempo.

<u>Having</u> said that,	Una vez dicho esto,
we can now move on.	podemos continuar.

Once <u>signed</u>, the contract	Una vez firmado, el contrato
could not be broken.	no se podía romper.

f Para hacer algunas afirmaciones relacionadas entre sí en el tiempo, se puede usar una frase subordinada con las conjunciones subordinadas temporales *when*, *while*, *once*, *until* o *till* seguida de una frase preposicional.

<u>When</u> in Rome, do as the Romans do.	Donde fueres haz lo que vieres.

2.2.1.2. Purpose clauses (Las oraciones finales)

La oración subordinada final expresa la finalidad o el propósito de la acción descrita en la oración principal. Para identificar si se trata de una subordinada de finalidad se puede preguntar '¿por qué?' o '¿para qué?'. Las oraciones finales comienzan con un infinitivo o con una conjunción subordinada final como:

and so	y así	so	para
in order that	a fin de	so as to	para
in order to	para, a fin de, con el fin de	so that	para que
		to	para

a Se puede expresar finalidad con la estructura *to* + infinitivo, llamada 'infinitivo de finalidad'. La misma persona realiza la acción de la oración principal y del infinitivo.

You will have to study harder	Tendrás que estudiar más
<u>to pass</u> the exam.	para aprobar el examen.

The fridge is empty. We will go to	El frigorífico está vacío. Iremos al
the supermarket <u>to buy</u> some food.	supermercado a comprar comida.

b También se pueden formar oraciones subordinadas finales con *in order to* o *so as to* + infinitivo aunque estas estructuras resultan más formales.

<u>In order to</u> travel abroad, you need	Para viajar al extranjero necesitas
to have a valid passport.	tener el pasaporte en regla.

I always go to work by car	Siempre voy al trabajo en coche
<u>so as to</u> arrive in time.	para llegar a tiempo.

c Para referirse a la finalidad o utilidad de un objeto se usa la construcción *for* + *-ing*.

Bleach can be used <u>for cleaning</u>	La lejía puede usarse
around the kitchen.	para limpiar toda la cocina.

d Las oraciones subordinadas finales también pueden ir introducidas por las conjunciones subordinadas *in order that*, *so that* o *so*. En este caso normalmente contienen un verbo modal como *can*, *may*, *will* o *shall*.

| Aristotle said: 'We give up leisure <u>in order that</u> we may have leisure, just as we go to war <u>in order that</u> we may have peace.' | Aristóteles dijo: 'Dejamos el ocio a fin de que podamos tener ocio, del mismo modo que vamos a la guerra a fin de que podamos tener paz.' |

Si el verbo de la oración principal va en pasado, entonces se utilizarán los modales *could*, *might*, *should* o *would* en la oración subordinada.

| My sister took my son for a walk <u>so that</u> I could keep on working. | Mi hermana se llevó a mi hijo a dar un paseo para que yo pudiera seguir trabajando. |

> En el lenguaje oral suele usarse *so* en vez de *so that*.
>
> | Give me some money <u>so</u> I can buy you the newspaper. | Dame dinero para que pueda comprarte el periódico. |

2.2.1.3. Reason clauses (Las oraciones causales)

La oración subordinada causal expresa la causa de la acción descrita en la oración principal. Las conjunciones subordinadas causales más comunes son:

as	puesto que, porque	in as much as	en la medida en que
because	porque	just in case	por si acaso
in case	en caso de que, por si	since	ya que, puesto que

a Se utilizan las conjunciones *because*, *since* y *as* cuando se quiere simplemente expresar la razón de algo.

| <u>As</u> we had a few pounds left, we bought some chocolates at the airport. | Puesto que nos quedaban unas cuantas libras, compramos unos bombones en el aeropuerto. |
| I was late <u>because</u> I missed the bus. | Llegué tarde porque perdí el autobús. |

> Fíjate que las subordinadas introducidas por la conjunción *because* suelen ir en posición final, las introducidas por *since* en posición inicial y las introducidas por *as*, en cualquiera de las dos posiciones.

b Otras conjunciones subordinadas causales menos frecuentes como *in case* y *just in case* se pueden utilizar para hacer referencia a una situación futura que está dentro de lo posible, aunque el verbo de la oración subordinada vaya en presente.

| Take this whistle with you <u>in case</u> you get lost in the forest. | Toma este silbato por si acaso te pierdes en el bosque. |

254 ORACIONES

2.2.1.4. Result clauses (Las oraciones consecutivas)

La oración subordinada consecutiva expresa el resultado de la acción descrita en la oración principal y siempre aparece detrás de ésta. Las conjunciones subordinadas consecutivas más comunes son:

and so	y por ello	so … that	para que
so	para	such … that	tan … que
so that	para que		

> Fíjate que las oraciones subordinadas consecutivas guardan estrecha relación con las oraciones subordinadas causales. Ten en cuenta que mientras las consecutivas expresan el resultado de la acción, las causales expresan la causa.

a Se emplea, por ejemplo, *so that* para indicar el resultado de un acontecimiento.

The mincer had been designed so that components could be easily taken to pieces.	La picadora había sido diseñada para que los componentes pudieran ser desmontados fácilmente.
We should be accompanied by our legal adviser so that we can be sure that we fully understand the terms of the contract.	Deberíamos estar acompañados por nuestro consejero legal para que podamos estar seguros de que entendemos completamente los términos del contrato.

> Fíjate que la conjunción subordinada *so that* puede expresar tanto finalidad como consecuencia. Cuando indica consecuencia suele ir precedida por una coma.
>
> Finalidad ('para que')
>
> | I will lend you the money so that you can pay these bills. | Te prestaré el dinero para que puedas pagar estas facturas. |
> |---|---|
>
> Consecuencia ('de manera que')
>
> | I have painted the rail with waterproof paint, so that it won't rust again. | He pintado la barandilla con pintura impermeable de manera que no se vuelva a oxidar. |
> |---|---|

b Se puede formar una oración subordinada consecutiva con la estructura *such a/an* + (adjetivo) + sustantivo contable singular (+ *that*). En este tipo de estructura se expresa que la acción de la oración subordinada ocurre porque algo tiene una cualidad especial.

It is such a good book that it became a bestseller in a few weeks.	Es un libro tan bueno que, en pocas semanas, se convirtió en un éxito editorial.

ORACIONES 255

Ted was <u>such</u> a good runner <u>that</u> he went to the Olympics.	Ted era un corredor tan bueno que fue a las Olimpiadas.

c Se puede formar una oración subordinada consecutiva con la estructura *such* + adjetivo + sustantivo incontable (+ *that*). Al igual que en el caso anterior, en este tipo de estructura se expresa que la acción de la oración subordinada ocurre porque algo tiene una cualidad especial.

It was <u>such</u> good oil <u>that</u> they sold out very quickly.	Era un aceite tan bueno que lo vendieron rápidamente.
Bats have <u>such</u> small eyes <u>that</u> they cannot see at night.	Los murciélagos tienen ojos tan pequeños que no pueden ver durante la noche.

2.2.1.5. Concessive clauses (Las oraciones concesivas)

La oración subordinada concesiva expresa un contraste, objeción u oposición entre ideas. Por lo general lo que se expresa en la oración principal contrasta con lo que se expresa en la oración subordinada y resulta sorprendente. Las conjunciones subordinadas concesivas más comunes son:

although	aunque	no matter how	no importa cómo
despite	a pesar de	not that	no es que
even if	aunque	though	aunque
even though	aunque	whereas	mientras que
except that	salvo que	while	mientras que
in spite of	a pesar de	whilst	mientras que
much as	por muy		

a Se utilizan las conjunciones *although*, *though*, *even though* y *while* cuando se quiere expresar simplemente el contraste entre dos afirmaciones.

<u>Although</u> tired and running out of provisions, the French had a good defensive position.	Aunque estaban cansados y quedándose sin provisiones, los franceses tenían una buena posición defensiva.
<u>Even though</u> there are excellent bookshops in town, I prefer to buy my books on line.	Aunque hay excelentes librerías en la ciudad, yo prefiero comprar mis libros por Internet.

> **!** Fíjate que *although*, *though* y *even though* tienen la misma traducción ('aunque'). Sin embargo, *although* es más formal, por lo que se usa a menudo en el lenguaje escrito. En el lenguaje oral, *though* es más frecuente. *Even though* se utiliza especialmente para mostrar énfasis.

> **!** El orden de la oración principal y subordinada puede alterarse sin ningún cambio de significado.

b Ten en cuenta que un participio pasado o una cláusula con gerundio (*-ing*) también pueden formar subordinadas concesivas con las conjunciones *although*, *though*, *while*, y *whilst*. Cualquiera de las dos estructuras siguientes sería posible:

<u>Whilst he was a modest man,</u>
he owned one of the biggest
fortunes in the world.

<u>Whilst being a modest man,</u> Aún siendo un hombre
he owned one of the biggest modesto, poseía una de las
fortunes in the world. mayores fortunas del mundo.

c Las conjunciones *in spite of* y *despite* tienen el mismo significado. Debe tenerse en cuenta que pueden ir seguidas de un sustantivo, gerundio (*-ing*) o una cláusula que comience por *the fact* (*that*).

<u>In spite of/Despite</u> the objections, A pesar de las objeciones, decidieron
they decided to go ahead with the plan. continuar adelante con el plan.

<u>In spite of/Despite</u> being hit hard A pesar de haber sido golpeada con
by recession, the company has fuerza por la recesión, la compañía
opened 12 new shops. ha abierto 12 nuevas tiendas.

<u>In spite of/Despite</u> the fact that A pesar de que no me permitieron
I was not allowed to attend the labour, asistir al parto, la paternidad
fatherhood is a great experience. es una gran experiencia.

> **!**
>
> Ten en cuenta que *in spite of/despite* nunca pueden ir seguidas de la forma personal del verbo.
>
> ~~In spite of/Despite he is a good artist, he does not sell his paintings~~.
>
> In spite of/Despite <u>being</u> a good A pesar de ser un buen
> artist, he does not sell his paintings. artista, no vende sus cuadros.

2.2.1.6. Place clauses (Las oraciones de lugar)

La oración subordinada de lugar suele funcionar como un complemento circunstancial de lugar en la oración compleja y suele ir situada al final. Las conjunciones subordinadas de lugar más comunes son:

where donde	wherever dondequiera que

Donald said he would Donald dijo que se quedaría
stay <u>where</u> he was. donde estaba.

It got dark and we didn't know Se hizo de noche y no sabíamos
<u>where</u> we would sleep. dónde íbamos a dormir.

With your passport you can Con tu pasaporte puedes
travel <u>wherever</u> you wish. viajar a dondequiera que desees.

In Marbella, <u>wherever</u> you go, you En Marbella, dondequiera que vayas,
come across tourists in the summer. encuentras turistas en verano.

ORACIONES 257

> En inglés formal o en lenguaje literario la oración subordinada introducida por *where* a veces se coloca al principio.
>
> Where Mrs Marple found the corpse, there was nothing now.
> Donde la señora Marple encontró el cadáver, ahora no había nada.

2.2.1.7. Clauses of manner (Las oraciones de modo)

La oración subordinada de modo se utiliza para hacer referencia al comportamiento de alguien o al modo en que se ha hecho algo, y suele colocarse detrás de la oración principal. Las conjunciones subordinadas de modo más comunes son:

as	como, lo mismo que	just as	justo cuando
as if	como si	like	como, como si
as though	como si	much as	tal como, de la misma forma que

One of the burglars ran away just as the police arrived.
Uno de los ladrones salió corriendo justo cuando llegó la policía.

It was much as I had expected.
Fue tal y como yo había esperado.

She reacted as though she had not seen him before.
Ella reaccionó como si no lo hubiera visto antes.

He reacted in a way that surprised us all.
Él reaccionó de un modo que nos sorprendió a todos.

> ! Fíjate que las expresiones *the way*, *in a way* y *in the way* también pueden usarse para introducir oraciones subordinadas de modo.

a Se pueden usar las oraciones subordinadas de modo para comparar el modo en el que se hace algo. En este caso la colocación dentro de la oración compuesta es más libre.

You can always ask him, just as I do.
Siempre puedes perguntarle, como hago yo.

She took care of Sara as her own daughter.
Ella cuidaba a Sara como si fuese su propia hija.

b Un participo pasado o una cláusula en gerundio (*-ing*) también pueden formar parte de una oración subordinada de modo.

He spoilt our evening, complaining about absolutely everything.
Nos estropeó la velada, quejándose de absolutamente todo.

After the explosion, he felt as if stunned.
Después de la explosión se sintió como si estuviese aturdido.

2.2.1.8 Conditional clauses (Las oraciones condicionales)

Las oraciones subordinadas condicionales expresan una condición de la que depende la acción de la oración principal, esto es, para que se dé el hecho o resultado de la oración principal son necesarias las circunstancias o condiciones de la oración subordinada.

Los hechos descritos en las oraciones condicionales pueden ser presentes, pasados o futuros, y esto determina que se suela hablar de cuatro tipos de condicionales: las que describen verdades generales (tipo cero); las que describen situaciones posibles o probables (tipo I); las que describen situaciones posibles pero poco probables o hipotéticas (tipo II); y, las que describen situaciones pasadas que ya resultan imposibles (tipo III).

Las oraciones condicionales suelen ir introducidas por la conjunción *if*. La colocación de la oración subordinada responde únicamente a cuestiones estilísticas por lo que puede ir antes o después de la oración principal.

1. Condicionales tipo cero

En las condicionales de tipo cero se habla siempre de verdades generalmente aceptadas. Se trata de situaciones que siempre ocurren bajo ciertas circunstancias, como, por ejemplo, hechos científicos. La estructura típica de este tipo de condicional es:

If + **presente**,   **presente**
oración subordinada   oración principal

If you heat water to 100 degrees, it boils.	Si calientas agua a 100 grados, hierve.
If you get into the water, you get wet.	Si te metes en el agua, te mojas.
If plants aren't watered regularly, they dry up.	Si las plantas no se riegan regularmente, se secan.

2. Condicionales tipo I

En las condicionales de tipo I la condición puede cumplirse o no, por lo que también se habla de condicionales abiertas. Las estructuras posibles con este tipo de condicional son:

a *If* + **presente**,   **futuro**
oración subordinada   oración principal

If you want, I'll go with you.	Si quieres, iré contigo.
If she gets up earlier, she'll be there in time.	Si se levanta más temprano, llegará a tiempo.
If you eat too much, you'll have stomach ache.	Si comes mucho, tendrás dolor de estómago.

b *If* + **presente**,   **imperativo**
oración subordinada   oración principal

If they don't turn down the music, call the police.	Si no bajan la música, llama a la policía.

ORACIONES 259

If it <u>rains</u>, <u>take</u> an umbrella.	Si llueve, coge un paraguas.
If you <u>get</u> there ahead of time, <u>give</u> me a call.	Si llegas antes de tiempo, llámame.

En estos casos, se usa la oración condicional para dar una orden.

> **!** También se pueden utilizar los modales con las condicionales de tipo I para dar instrucciones (*must*, *have to*); dar consejos (*should*); o hablar de posibilidades de futuro (*can*, *could*, *may*, *might*).
>
> | | |
> |---|---|
> | If you want to be the first in your class, you <u>must</u> study a lot. | Si quieres ser el primero de tu clase, debes estudiar un montón. |
> | If you want to get fit, you <u>have to</u> do more exercise. | Si quieres ponerte en forma, tienes que hacer más ejercicio. |
> | If they are not happy at work, they <u>should</u> tell their boss. | Si no están contentos en su trabajo, deberían decírselo a su jefe. |
> | If you want, we <u>can</u> go fishing. | Si quieres, podemos ir a pescar. |
> | If you like Indian food, we <u>could</u> go to that restaurant. | Si te gusta la comida india, podríamos ir a ese restaurante. |

3. Condicionales tipo II

En las condicionales de tipo II se describen situaciones que son posibles aunque poco probables en el futuro. En este caso se habla de condicionales hipotéticas, por lo que, al traducir al español, la oración subordinada va en subjuntivo. La estructura típica de este tipo de condicional es:

***If* + pretérito perfecto simple, condicional (o verbo modal en *past simple*)**
oración subordinada   oración principal

If I <u>won</u> the lottery, I <u>would go</u> to live in the Caribbean.	Si me tocara la lotería, me iría a vivir al Caribe.
If you <u>studied</u> English, you <u>would find</u> a job more easily.	Si estudiaras inglés, encontrarías un trabajo más fácilmente.
If I <u>had</u> a boat, I <u>would go</u> <u>fishing</u> every weekend.	Si tuviera un barco, iría a pescar todos los fines de semana.

La oración principal puede contener un verbo modal en pasado como *could*, *might* o *should*.

If you had some free time, we <u>could</u> go to the theatre.	Si tuvieras tiempo libre, podríamos ir al teatro.
If my friend Diane came from the US, I <u>could</u> practise my English.	Si mi amiga Diane viniera de los EE.UU., yo podría practicar mi inglés.
If I could go back in time, I <u>might</u> study something different at university.	Si pudiera volver atrás en el tiempo, puede que estudiase algo diferente en la universidad.

> Fíjate que con la primera y tercera persona del singular del verbo *to be* se puede usar tanto *was* como *were* (este último es más frecuente).
>
> | | |
> |---|---|
> | If I <u>was/were</u> a teacher, I would pass all my students. | Si yo fuese profesor, aprobaría a todos mis estudiantes. |
> | If he <u>was/were</u> ill, he wouldn't come to work. | Si estuviese enfermo, no vendría a trabajar. |
>
> Sin embargo, *If I were you* es una expresión hecha en la que *were* no se puede sustituir por *was*. Se utiliza para dar consejos.
>
> | | |
> |---|---|
> | <u>If I were you</u>, I wouldn't buy a second hand car. | Yo que tú, no compraría un coche de segunda mano. |
> | <u>If I were you</u>, I would learn how to cook. | Yo que tú, aprendería a cocinar. |

> En la condicional de tipo II nos encontramos con el fenómeno gramatical de *inversion*. Con este fenómeno se elide la conjunción subordinada *if* y se usa la expresión *was/were* + sujeto + verbo en infinitivo con *to*.
>
> | | |
> |---|---|
> | <u>Were you to win</u> the lottery, what would you do? (If you won ...) | Si ganases la lotería, ¿qué harías? |
> | <u>Were we to change</u> jobs, we'd be teachers. (If we changed ...) | Si cambiasemos de trabajo, seríamos maestros. |
> | <u>Was Pete to leave</u> the country, he'd travel to Africa. (If Pete left ...) | Si Pete dejara el país, viajaría a África. |
>
> Hay que tener en cuenta que el fenómeno de *inversion* se usa en el lenguaje formal.

4. **Condicionales tipo III**

En las condicionales de tipo III se describen situaciones pasadas que no ocurrieron y que ya no son posibles. Se las llama también 'condicionales imposibles' y se las utiliza para especular. La estructura típica de este tipo de condicional es:

<u>*If* + pretérito pluscuamperfecto</u>,
    oración subordinada
condicional perfecto (o modal *could have/might have* + participio)
        oración principal

If I <u>had had</u> the opportunity, <u>I would have done</u> my degree abroad.	Si hubiera tenido la oportunidad, habría estudiado mi carrera en el extranjero.

ORACIONES 261

If Bob <u>had listened</u> to your advice, he <u>wouldn't be</u> in trouble now.	Si Bob hubiese hecho caso de tus consejos, ahora no estaría metido en líos.
If you <u>had told me</u>, I <u>would have helped</u> them.	Si me lo hubieses dicho, les habría ayudado.

> **!** Un error frecuente al construir la oración condicional del tipo III es colocar un verbo condicional tanto en la oración principal como en la subordinada.
>
> ~~If they would have arrived earlier, they wouldn't have missed the train.~~
>
> | | |
> |---|---|
> | If they <u>had arrived</u> earlier, they <u>wouldn't have missed</u> the train. | Si hubiesen llegado más temprano, no habrían perdido el tren. |

En español, el verbo en *past perfect* de la oración subordinada se traduce por pretérito pluscuamperfecto de subjuntivo, es decir, 'yo hubiera/hubiese cantado'.

If I <u>had known</u>, I would have called her.	Si lo <u>hubiese sabido</u>, la habría llamado.

La oración principal puede contener un verbo modal como *could have* o *might have* seguido de participio pasado.

If she had studied harder, she <u>could have passed</u> all her exams.	Si hubiese estudiado más, podría haber aprobado todos los exámenes.

> **!** En la condicional de tipo III aparece el fenómeno de *inversion* igual que en la condicional de tipo II (véase página anterior). Se puede, por tanto, elidir la conjunción subordinada *if* e invertir el orden del verbo y del sustantivo, siempre en la oración condicional. Fíjate que al tratarse de tiempos verbales compuestos se coloca el sujeto entre el auxiliar y el verbo principal.
>
> | | |
> |---|---|
> | <u>Had I known</u> it was his birthday, I would have sent him a present.
(If I had known …) | Si hubiese sabido que era su cumpleaños, le hubiese mandado un regalo. |
> | They wouldn't have invited her to the barbecue, <u>had they been told</u> she was a vegetarian.
(… if they had been told …) | No la habrían invitado a la barbacoa si les hubiese dicho que es vegetariana. |
>
> Recuerda que el fenómeno de *inversion* se usa en el lenguaje formal.

5. Otras formas de construir oraciones condicionales son:

a Se puede usar la conjunción subordinada *unless* ('a menos que') para expresar una condición negativa como alternativa a *if not*. La oración subordinada introducida por *unless* con frecuencia aparece detrás de la oración principal.

I won't let you in <u>unless</u> you buy a ticket.	No te dejaré pasar a menos que compres una entrada.

I won't let you in <u>if</u> you <u>don't</u> buy a ticket.	No te dejaré pasar si no compras una entrada.

Otros ejemplos con *unless* son:

Don't do it <u>unless</u> you have to.	No lo hagas a menos que no tengas más remedio.
You can't open the emergency door <u>unless</u> it is needed.	No debéis abrir la puerta de emergencia a menos que sea necesario.
You will be late for work <u>unless</u> you hurry up.	Llegarás tarde al trabajo a menos que te des prisa.
Frank won't stay in the company <u>unless</u> he is promoted.	Frank no se quedará en la empresa a menos que sea ascendido.

> **!** Fíjate que el verbo de la oración con *unless* se traduce al español en subjuntivo.

b Otras conjunciones subordinadas menos frecuentes para expresar condición son *as long as* ('siempre que') y *so long as* ('mientras que'). Estas conjunciones resaltan la idea de que la condición se debe cumplir para que tenga lugar la acción del verbo principal.

You can leave <u>as long as</u> the bill has been paid.	Te puedes marchar siempre y cuando la factura se quede pagada.
You can't stay here <u>so long as</u> you continue smoking.	No puedes quedarte aquí mientras sigas fumando.

> **!** Fíjate que el verbo de la oración con *as long as* y *so long as* se traduce al español en subjuntivo.

c Otra forma de enfatizar que la condición debe cumplirse para que tenga lugar la acción del verbo principal es a través de las conjunciones *provided* (*that*) y *providing* (*that*) ('siempre que', 'sólo en el caso de que'), y *only if* ('sólo si').

The use of this software is free <u>provided that</u> the following conditions are met.	El uso de este software es gratis siempre que se cumplan las siguientes condiciones.
You can borrow my computer <u>providing that</u> you don't use the Internet.	Puedes tomar prestado mi ordenador sólo en el caso de que no uses Internet.
I will invite them <u>only if</u> you want.	Los invitaré sólo si tú quieres.

d Para indicar que una situación no afectará a otra se utiliza *even if* ('incluso si').

<u>Even if</u> you take a taxi, you will still miss your plane.	Incluso si coges un taxi, perderás el avión.

e Se pueden expresar condiciones hipotéticas con sentido negativo con la conjunción *but for* ('si no llega a ser por').

But for that goal, we would have
lost the World Cup.

Si no llega a ser por ese gol, habríamos
perdido la Copa del Mundo.

f Hay un uso especial de *should* en oraciones condicionales que se puede encontrar en las condicionales de tipo I y II.

If Paul should come, tell him
we will be back at midnight.

Si Paul viniera, dile que
volveremos a media noche.

(*If Paul should come* … es más probable que *If Paul comes*…)

g Se pueden unir dos oraciones por medio de coordinación o yuxtaposición para expresar un significado condicional.

Coordinación

Do that again and you will regret it.
(If you do that again, you will regret it.)

Hazlo otra vez y te arrepentirás.
(Si lo haces otra vez, te arrepentirás.)

Hurry up or you will be the last
one to cross the finishing line!
(If you don't hurry up, you will be
the last one to cross the finishing line!)

¡Date prisa o serás el último
en cruzar la línea de meta!
(¡Si no te das prisa, serás el último
en cruzar la línea de meta!)

Yuxtaposición

You move, you are dead!
(If you move, you are dead!)

¡Muévete y estás muerto!
(¡Si te mueves, estás muerto!)

Resumen de conjunciones subordinadas adverbiales

Tipo de conjunción subordinada	Conjunciones
de tiempo	after, as, as long as, as soon as, before, by the time, each time, every time, now that, once, since, the moment (that), till/until, when, whenever, while/whilst
final	and so, in order to, in order that, so, so as to, so that, to
causal	as, because, in case, in as much as, just in case, since
consecutiva	and so, so, so that, so … that, such … that
concesiva	although, despite, even if, even though, except that, in spite of, much as, no matter how, not that, though, whereas, while, whilst
de lugar	where, wherever

de modo	as, as if, as though, just as, like, the way, much as
condicional	as long as, if, even if, so long as, only if, provided (that), providing (that), unless

2.2.1.9. Clauses with non-finite verb forms (Las oraciones con formas no finitas del verbo)

Existen dos tipos de oraciones subordinadas con formas no finitas del verbo (infinitivo, gerundio o participio), las que van introducidas por una conjunción y las que no. Algunos ejemplos de este tipo de oración subordinada introducida por conjunción son:

We need to gather altogether
in order to discuss the situation.

Tenemos que reunirnos
para discutir la situación.

(El verbo de la oración subordinada va en infinitivo.)

She called her while sitting
with me in the restaurant.

La llamó mientras aún estaba sentada
conmigo en el restaurante.

(El verbo de la oración subordinada va en gerundio.)

Algunos ejemplos que no van introducidos por conjunción son:

He entered the room,
looking all around him.

Entró en la habitación mirando
alrededor suyo.

(El verbo de la oración subordinada va en gerundio.)

He wanted to go home to take a rest.   Él quería ir a casa a descansar un poco.

(El verbo de la oración subordinada va en infinitivo.)

2.2.2. Subordinate relative clauses (Las oraciones subordinadas de relativo)

Las oraciones subordinadas de relativo no dependen del verbo de la oración principal sino que desempeñan la función de un adjetivo, es decir, complementan a un sustantivo o a un pronombre que se encuentra en la oración principal y al que se llama 'antecedente'.

Existen dos tipos de oraciones subordinadas de relativo, dependiendo de si aportan información que resulta esencial o no sobre el antecedente. Las subordinadas de relativo especificativas (llamadas en inglés *defining*) proporcionan información imprescindible sobre el antecedente y sin ellas el sentido de la oración principal quedaría incompleto. Las subordinadas de relativo explicativas (llamadas en inglés *non-defining*) proporcionan información sobre el antecedente que no resulta esencial para el sentido de la oración principal. Este segundo tipo de oración de relativo suele aparecer entre comas.

Especificativas (*defining*)

I thanked the man who helped me
with the bags at the shopping centre.

Di las gracias al hombre que me ayudó
con las bolsas en el centro comercial.

This is the car (that) I like.	Este es el coche que me gusta.
Are these the keys (that) you had lost?	¿Son éstas las llaves que habías perdido?

Explicativas (*non-defining*)

Isabel, who works with me at the office, was born in London.	Isabel, que trabaja conmigo en la oficina, nació en Londres.
The student, who was admitted to study in Cambridge, was very happy.	El estudiante, que fue admitido para estudiar en Cambridge, estaba muy contento.
Birmingham, which is in the West Midlands, grew rapidly into a major industrial centre during the Industrial Revolution.	Birmingham, que está en las Midlands Occidentales, rápidamente se convirtió en un importante centro industrial durante la Revolución Industrial.

Como se puede ver en los ejemplos anteriores, existen varios tipos de pronombres de relativo y pueden desempeñar diferentes funciones. En los apartados siguientes se especificará su uso con cada tipo de oración de relativo.

2.2.2.1. Defining relative clauses (Las oraciones de relativo especificativas)

a En este tipo de subordinadas de relativo siempre se puede usar el pronombre relativo *that*, indistintamente de si se trata de persona o cosa (o animal) o de si tiene función de objeto o sujeto de la oración principal. Sin embargo, *who* sólo se puede usar cuando nos referimos a una persona o grupo de personas, mientras que *which* hace referencia sólo a una cosa (o animal). Por otro lado, *whose* ('cuyo, cuya, cuyos, cuyas') se usa cuando la oración subordinada indica posesión. Cuando nos referimos a una persona (o personas) que actúan como objeto de la oración principal, usamos el pronombre relativo *whom* ('a quien') aunque, en este caso, también se pueden usar los pronombres *who* o *that*. Véase el siguiente cuadro explicativo.

		Referente a personas	Referente a cosas
Función del pronombre	Sujeto	who/that	which/that
	Objeto	who, whom/that	
	Posesivo	whose	whose

Hannah liked the biscuits (that/which) you brought to the party.	A Hannah le gustaron las galletas que trajiste a la fiesta.
I like travelling to places that/which are far away.	Me gusta viajar a lugares que están lejos.
The police officer (who/that/whom) you saw on the road is my neighbour.	El policía que viste en la carretera es mi vecino.
That is the man that/who lent me his mobile phone.	Ese es el hombre que me prestó su teléfono móvil.
I like the film (that/which) they are showing on TV tonight.	Me gusta la película que ponen en televisión esta noche.

This is the writer <u>whose</u>
novel I enjoyed so much.

Este es el escritor cuya
novela me gustó tanto.

> El pronombre de relativo *whom*, que corresponde a la forma objeto de *who*, es propio del inglés escrito en registros formales.
>
> She came across a distant relative <u>whom</u> she hadn't seen for years.   Ella se encontró con un pariente lejano al que no había visto en años.

b El pronombre de relativo puede omitirse cuando no desempeña la función de sujeto en la oración subordinada de relativo. Por eso se muestra entre paréntesis en los ejemplos anteriores. Una pista que puede ayudar a identificar si el relativo se puede omitir o no es que si va seguido de un sujeto (sustantivo o pronombre) entonces probablemente éste sea el sujeto de la oración subordinada y el relativo se pueda omitir. El relativo *whom* nunca puede omitirse.

c En algunas ocasiones los pronombres de relativo *which*, *who* y *whom* están ligados a una preposición que expresa lugar, tiempo o causa. En este caso, la preposición se sitúa antes del pronombre de relativo en los contextos formales, y al final de la oración de relativo en los contextos informales.

Formal

This is the lawyer <u>from</u> whom
I have learnt so much.

Informal

This is the lawyer who
I have learnt so much <u>from</u>.

Éste es el abogado del que
he aprendido tanto.

Formal

The university <u>to</u> which you
applied is a very good one.

La universidad para la que has hecho
la solicitud es muy buena.

Informal

The university which you
applied <u>to</u> is a very good one.

La universidad a la que solicitaste
admisión es muy buena.

2.2.2.2. Non-defining relative clauses (Las oraciones de relativo explicativas)

		Referente a personas	Referente a cosas
Función del pronombre	Sujeto	who	which/that
	Objeto	who, whom	
	Posesivo	whose	

The postman, <u>who</u> usually
comes early <u>every day</u>,
has not arrived yet.

El cartero, que normalmente
viene temprano todos los días,
aún no ha llegado.

These books, <u>which</u> were originally written in Latin, have been translated into several languages.	Estos libros, que fueron escritos inicialmente en latín, han sido traducidos a muchas lenguas.
Leonardo Da Vinci, <u>who</u> lived in the 15th and 16th centuries, has often been described as the archetype of Renaissance man.	Leonardo Da Vinci, que vivió en los siglos XV y XVI, con frecuencia ha sido descrito como el arquetipo del hombre renacentista.
This painting, <u>which</u> I bought from an art dealer, is very valuable.	Este cuadro, que compré a un marchante de arte, es muy valioso.
Samantha, <u>whose</u> family lives in Oklahoma, often travels to the US.	Samantha, cuya familia vive en Oklahoma, a menudo viaja a los EE.UU.

Como se ha indicado anteriormente, las oraciones de relativo explicativas van entre comas, o también pueden ir entre una coma y un punto que indica el final de la oración.

I hope you like my new motorbike, <u>which</u> was not expensive at all.	Espero que te guste mi nueva motocicleta, que no ha sido nada cara.

> Recuerda que en las oraciones de relativo explicativas (*non-defining*):
>
> - Los pronombres de relativo nunca se omiten.
>
> - *Who* y *which* no pueden ser reemplazados por *that*.

2.2.2.3. Other considerations about subordinate relative clauses
(Otras consideraciones de las oraciones subordinadas de relativo)

a En las oraciones de relativo formadas con un tiempo compuesto con gerundio se puede omitir el relativo y el verbo *to be* (sólo queda el gerundio del verbo principal) sin que haya cambio de significado.

The headmaster is the man <u>who</u> is sitting by my wife.	
The headmaster is the man <u>sitting</u> by my wife.	El director del colegio es el hombre que está sentado junto a mi mujer.
The boy, <u>who</u> was waiting for his parents outside the Sports Pavilion, started to cry.	
The boy, <u>waiting</u> for his parents outside the Sports Pavilion, started to cry.	El niño que estaba esperando a sus padres fuera del pabellón de deportes empezó a llorar.

b Se puede utilizar el relativo *where* tanto en oraciones especificativas como explicativas. *Where* no puede actuar como sujeto ni tampoco puede elidirse y debe siempre tener un antecedente referido a lugar.

En las subordinadas especificativas *where* equivale a *to which* o *in which*.

Madrid is the city <u>where</u> I have been
living for the last 10 years.

Madrid is the city <u>in which</u> I have been Madrid es la ciudad en la que he
living for the last 10 years. vivido los últimos 10 años.

En las subordinadas explicativas la oración con el relativo *where* también va separada por comas.

He was born in Nottingham, Él nació en Nottingham,
<u>where</u> he has lived ever since. donde ha vivido desde entonces.

c Se puede utilizar *when* para introducir oraciones subordinadas de relativo. En este caso el antecedente siempre tendrá una referencia temporal.

Especificativas (*defining*)

This is the year <u>when</u> Este es el año en el que nuestra
our situation will change. situación cambiará.

There was a time <u>when</u> Hubo un tiempo en el que
we were young. éramos jóvenes.

Explicativas (*non-defining*)

I will never forget the year 2007, Nunca olvidaré el año 2007,
<u>when</u> my son was born. cuando nació mi hijo.

We can meet at nine o'clock, Podemos reunirnos a las nueve,
<u>when</u> we get to the office. cuando lleguemos a la oficina.

d También puede utilizarse *what* para introducir una subordinada de relativo especificativa con el sentido de 'lo que/aquello que'.

I don't approve of <u>what</u> No apruebo lo que hizo
he did to get the job. para conseguir el trabajo.

He said <u>what</u> he was expected to say. Dijo lo que se esperaba que dijera.

e Se puede utilizar *why* en oraciones especificativas después de la palabra *reason*:

The <u>reason why</u> we cannot La razón por la que no podemos
predict human behaviour predecir el comportamiento humano
is that it is too complex. es que éste es demasiado complejo.

2.2.3. Indirect speech (Estilo indirecto)

El estilo directo se utiliza para reproducir con exactitud las palabras que otra persona ha dicho en un determinado momento.

He said: 'I love you.' Él dijo: 'Te quiero'.

Normalmente las palabras exactas que se reproducen van entre comillas y son una cita. El estilo indirecto, en cambio, se utiliza para comunicar lo que otra persona ha dicho en un determinado momento pero sin necesidad de utilizar las palabras exactas.

He said he loved her.　　　　　　　　Él dijo que la quería.

Como se puede ver en este último ejemplo, la oración en estilo indirecto suele ir introducida por algún verbo como *say*, *tell*, *explain*, *warn*, *ask*, etc.

Una cuestión que hay que tener muy en cuenta con el estilo indirecto es el tiempo verbal al que nos estamos refiriendo, es decir, al presente o pasado, pues esto determinará si hay que cambiar o no los tiempos verbales. Por ejemplo, si alguien dice en el momento actual:

'I am an English student.'　　　　　　'Soy estudiante de inglés'.

La transformación a estilo indirecto será también en presente.

He says (that) he is an English student.　　Él dice que es estudiante de inglés.

Sin embargo, si nos estuviésemos refiriendo a una acción que tuvo lugar en el pasado, sería necesario transformar el verbo de la oración al convertirla en estilo indirecto.

He said he was an English student.　　Él dijo que era estudiante de inglés.

Esta transformación también es necesaria en español.

a A continuación se presenta un cuadro con los cambios de tiempo verbal que son necesarios en la oración subordinada cuando nos referimos a acciones que ocurrieron en el pasado, es decir, cuando el verbo de la oración principal está en pasado.

Estilo directo	Estilo indirecto
Simple present I sing	Simple past I sang
Present continuous I am calling	Past continuous I was calling
Simple past I studied	Simple past/Past perfect I studied/I had studied
Past continuous I was sleeping	Past continuous/Past perfect continuous I was sleeping/I had been sleeping
Present perfect I have cooked	Past perfect I had cooked
Present perfect continuous I have been driving	Past perfect continuous I had been driving
Future I will read	Conditional I would read
can	could
may	might
must	must/had to
will	would
shall	should/would

> **!** Ten en cuenta que los verbos modales *could*, *should* y *would* no cambian en estilo indirecto.
>
> He said: 'You could stay with me.'   Él dijo: 'Te puedes quedar conmigo.'
>
> He said (that) he could stay with him.   Él dijo que se podía quedar con él.

'It's the last time I lend you my car', Andrew said. Andrew said (that) it was the last time he lent him his car.	Andrew dijo: 'Es la última vez que te presto el coche.' Andrew dijo que era la última vez que le prestaba el coche.
Jessica said: 'I'm bringing some dessert.' Jessica said (that) she was bringing some dessert.	Jessica dijo: 'Yo traigo el postre.' Jessica dijo que ella traía el postre.
'I stood all the time', Sean said. Sean said (that) he had stood all the time.	'Estuve de pie todo el tiempo', Sean dijo. Sean dijo que había estado de pie todo el tiempo.
Elisabeth said: 'I wasn't feeling very well.' Elisabeth said (that) she wasn't feeling very well. Elisabeth said (that) she hadn't been feeling very well.	Elizabeth dijo: 'No me estaba sintiendo muy bien.' Elizabeth dijo que no se estaba sintiendo muy bien. Elizabeth dijo que no se había estado sintiendo muy bien.
Edward said: 'I have been here before.' Edward said (that) he had been there before.	Edward dijo: 'Yo he estado aquí antes.' Edward dijo que había estado allí antes.
'I have been working all day', Pat said. Pat said (that) she had been working all day.	'He estado trabajando todo el día', Pat dijo. Pat dijo que había estado trabajando todo el día.
Tim said: 'I'll read this book.' Tim said (that) he would read that book.	Tim dijo: 'Leeré este libro.' Tim dijo que leería aquel libro.
'I can do it', Mary said. Mary said (that) she could do it.	'Yo puedo hacerlo', Mary dijo. Mary dijo que ella podía hacerlo.
John said: 'I may be late.' John said (that) he might be late.	John dijo: 'Puede que llegue tarde.' John dijo que podría llegar tarde.
Helen said: 'It must be raining.' Helen said (that) it had to be raining.	Helen dijo: 'Debe estar lloviendo.' Helen dijo que debía estar lloviendo.
'I will help you', Robert said. Robert said (that) he would help me.	'Te ayudaré', Robert dijo. Robert dijo que me ayudaría.

Pamela said: 'I <u>shall speak</u> to the teacher.'	Pamela dijo: 'Hablaré con el profesor.'
Pamela said (that) she <u>should/would speak</u> to the teacher.	Pamela dijo que hablaría con el profesor.

b También hay que tener en cuenta los cambios que pueden experimentar dependiendo del referente los pronombres personales y posesivos al pasar a estilo indirecto.

Estilo directo	Estilo indirecto	Estilo directo	Estilo indirecto
I	he/she	we	they
you	he/she	you	they
me	him/her	us	them
my	his/her	our	their
mine	his/hers	ours	theirs

Jason asked: 'Can <u>I</u> call him later?'	Jason preguntó: '¿Puedo llamarle más tarde?'
Jason asked if <u>he</u> could call him later.	Jason preguntó si podía llamarle más tarde.
Katherine said: '<u>You</u> have got to play in <u>our</u> team, Len.'	Katherine dijo: 'Tienes que jugar en nuestro equipo, Len.'
Katherine said that <u>he</u> (Len) had to play in <u>their</u> team.	Katherine le dijo a Len que tenía que jugar en su equipo.

c Hay otras expresiones temporales o referencias que suelen cambiar en estilo indirecto.

Estilo directo	Estilo indirecto
this	that
these	those
here	there
now	then
ago	before
today	that day
tonight	that night
tomorrow	the next/following day
tomorrow morning	the next/following morning
yesterday	the previous day/the day before
yesterday afternoon	the previous afternoon/the afternoon before
last week/month/year	the previous week/month/year
a week/month/year ago	the week/month/year before a week/month/year before

1. **Tipos de enunciados en estilo indirecto**

Existen cuatro tipos principales de enunciados en estilo indirecto: aseveraciones, preguntas, órdenes y recomendaciones, y exclamaciones.

1.1. Aseveraciones

Las aseveraciones del estilo directo pasan al estilo indirecto con una oración subordinada sustantiva introducida por *that*, que puede ser opcional.

En el apartado anterior (a) se han visto numerosos ejemplos de aseveraciones reproducidas en estilo indirecto. La colocación de *that* entre paréntesis indica que su uso es opcional. En el caso de aseveraciones en negativa, simplemente hay que añadir la negación a la oración en estilo indirecto.

He said: 'I don't remember where I have parked my car.'	Él dijo: 'No recuerdo dónde he aparcado el coche.'
He said (that) he didn't remember where he had parked his car.	Él dijo que no recordaba dónde había aparcado el coche.
'I can't wait any longer', she said.	'No puedo esperar más', ella dijo.
She said (that) she couldn't wait any longer.	Ella dijo que no podía esperar más.

1.2. Preguntas

En el caso de preguntas, algunos de los verbos que se suelen utilizar en estilo indirecto son *ask*, *know* y *wonder*. Los cambios de los tiempos verbales, los pronombres y las referencias temporales son similares a las oraciones aseverativas.

a Las preguntas de tipo Sí/No (*Yes/No questions*) van normalmente introducidas en estilo indirecto por las conjunciones *if* o *whether*.

He asked me: 'Are you done with your lunch?'	Él preguntó: '¿Has acabado tu almuerzo?'
He asked me if/whether I was done with my lunch.	Él me preguntó si había acabado mi almuerzo.
'Do you like Mexican food?', she asked Betty.	'¿Te gusta la comida mejicana?', ella le preguntó a Betty.
She asked Betty if/whether she liked Mexican food.	Ella le preguntó a Betty si le gustaba la comida mejicana.

b Las preguntas formadas con los interrogativos tipo Wh- (*Wh- questions*) cambian a estilo indirecto formando una oración aseverativa (sin inversión del sujeto y el verbo, como en las preguntas) encabezada por el interrogativo del estilo directo. Los auxiliares de la oración interrogativa <u>no</u> se usan en estilo indirecto.

He asked: 'Where are we going?'	Él preguntó: '¿A dónde vamos?'
He asked where we were going.	Él preguntó que a dónde íbamos.
She asked: 'What do you want?'	Ella preguntó: '¿Qué quieres?'
She asked what she wanted.	Ella preguntó qué quería.

Este tipo de preguntas en estilo indirecto también se puede introducir con la expresión *want to know*.

He asked: 'Where can I buy some fruit?'	Él preguntó: '¿Dónde puedo comprar algo de fruta?'
He wanted to know where he could buy some fruit.	Él quería saber dónde podía comprar algo de fruta.

c Las preguntas alternativas, es decir, que ofrecen dos posibilidades, normalmente usan la conjunción *whether* en estilo indirecto.

He asked her: 'What do you prefer, daisies or daffodils?'	Él le preguntó: '¿Qué prefieres, margaritas o narcisos?'
He asked her <u>whether</u> she preferred daisies or daffodils.	Él le preguntó si prefería margaritas o narcisos.

En el siguiente caso de pregunta alternativa con respuesta afirmativa o negativa se ofrecen dos posibilidades de formación en estilo indirecto.

She asked: 'Did you buy the tickets for the play?'	Ella preguntó: '¿Compraste las entradas para la obra?'
She asked <u>whether or not</u> she had bought the tickets for the play.	
She asked <u>whether</u> she had bought the tickets for the play <u>or not</u>.	Ella preguntó si había comprado las entradas para la obra o no.

En este último ejemplo se podría usar *if* en vez de *whether*.

> ❗ Fíjate que en estilo indirecto las preguntas no mantienen el orden típico de las preguntas, es decir, verbo + sujeto, sino que adoptan el orden propio de una oración afirmativa, esto es, sujeto + verbo.
>
> Recuerda también que en estilo indirecto no se utiliza el signo de interrogación.

1.3. Órdenes y recomendaciones

a Las órdenes generalmente se transforman en estilo indirecto poniendo el verbo de la oración subordinada en infinitivo con *to*. En cuanto al verbo de la oración principal, los verbos *tell* y *say* se pueden transformar en otros verbos que por su significado indican el tipo de acción descrita en la oración subordinada. Algunos de los verbos más frecuentes en la oración principal son: *advise*, *ask*, *tell* y *warn*.

Simon told me: 'Watch your step.' Simon warned me <u>to watch</u> my step.	Simon me dijo: 'Mira dónde pisas.' Simon me avisó que mirase dónde pisaba.
His mother said to him: 'Come on in.' His mother told him <u>to come</u> in.	Su madre le dijo: 'Entra.' Su madre le dijo que entrase.
The sign said: 'Beware of the dog.' The sign warned us <u>to beware</u> of the dog.	La señal decía: 'Cuidado con el perro.' La señal avisaba que tuviésemos cuidado con el perro.
The doctor said to me: 'Don't go to work today.' The doctor advised me not <u>to go</u> to work that day.	El médico me dijo: 'No vayas a trabajar hoy.' El médico me aconsejó que no fuese a trabajar ese día.

> **!** Fíjate que para formar la negación simplemente se pone *not* delante del verbo en infinitivo.

> **!** Fíjate que en todos los casos se traduce la oración en estilo indirecto con un verbo en subjuntivo.

b Una construcción alternativa a la formación del estilo indirecto con infinitivo + *to* es la formación del estilo indirecto con una oración subordinada con *if*, como puede verse a continuación.

She asked me: 'Will you do the dishes?'	Ella me preguntó: '¿Vas a lavar los platos?'
She asked me <u>if</u> I would do the dishes.	Ella me preguntó si iba a lavar los platos.

c Para transformar a estilo indirecto el imperativo de primera persona del plural (*Let's*) normalmente se usa el verbo *suggest* seguido del verbo en gerundio (*-ing*).

Margaret said: 'Let's do something different tomorrow.'	Margaret dijo: 'Hagamos algo distinto mañana'.
Margaret <u>suggested doing</u> something different the following day.	Margaret propuso hacer algo distinto al día siguiente.

1.4. Exclamaciones

a El estilo indirecto de las exclamaciones se suele formar con una oración subordinada que comienza con la palabra que introduce la exclamación.

Julia told Susan: 'How fit you are!'	Julia le dijo a Susan: '¡Qué en forma estás!'
Julia told Susan <u>how</u> fit she was.	Julia le dijo a Susan que estaba muy en forma.
Jeff said: 'What a beautiful and colourful orchid!'	Jeff dijo: '¡Qué orquídea tan bonita y colorida!'
Jeff said <u>what</u> a beautiful and colourful orchid it was.	Jeff dijo que era una orquídea muy bonita y colorida.

b Se puede usar también el verbo *exclaim* con las exclamaciones en estilo indirecto.

'I want to break free!', he exclaimed.	'¡Quiero sentirme libre!', exclamó él.
He <u>exclaimed</u> that he wanted to break free.	Él exclamó que quería sentirse libre.

1.5. Otras consideraciones del estilo indirecto

a Es preciso tener en cuenta algunas diferencias entre los verbos *say* y *tell* que con frecuencia generan problemas a los hispanohablantes.

Si el verbo *tell* ('decir, contar') va seguido de un sustantivo o pronombre que desempeña la función de complemento indirecto, nunca lleva la preposición *to*.

| He told me to keep off the grass. | Me dijo que no pisara el césped. |

Sin embargo, si el objeto directo precede al objeto indirecto, es preciso usar la preposición *to*.

I told him the truth.   Le dije la verdad.
     OI   OD

I told the truth to him.   Le dije la verdad a él.
     OD   OI

El verbo *say* ('decir') no necesita un objeto indirecto que lo complemente, pero si lo lleva debe ir precedido por la preposición *to*.

He said hello to me.   Me dijo hola a mí.
         OI

b Otros verbos menos frecuentes que *say* y *tell* pero que también se pueden utilizar en la oración principal para introducir la oración en estilo indirecto son los siguientes. Su significado muestra el modo en que se habla en estilo directo.

add	añadir	explain	explicar
admit	admitir	inform	informar
advise	aconsejar	inquire	preguntar
agree	estar de acuerdo	insist	insistir
announce	anunciar	invite	invitar
ask	preguntar	observe	observar
argue	discutir	order	ordenar
beg	suplicar	promise	prometer
believe	creer, pensar	recommend	recomendar
complain	quejarse	refuse	rechazar
confess	confesar	suggest	sugerir
declare	declarar	swear	jurar
demand	exigir	threaten	amenazar
deny	negar	urge	instar
expect	esperar		

c Cuando se utiliza tanto el estilo directo como el indirecto se puede proporcionar más información sobre el modo en que se dice algo añadiendo un adverbio o una fase preposicional al verbo principal.

| 'OK, I will take you with me', he accepted reluctantly. | 'Está bien, te llevaré conmigo', aceptó él de mala gana. |
| She cried in despair (that) she couldn't stand it any more. | Gritó con desesperación que no podía aguantar más. |

d En estilo directo, la cita se puede colocar tanto al principio como al final de la oración.

| 'I'll see you tomorrow', he said to me. | 'Te veré mañana', me dijo. |

276 ORACIONES

Howard said to Janet: Howard dijo a Janet:
'I missed you yesterday.'   'Ayer te eché de menos.'

e Cuando no se desea mencionar a la persona que habla o hace una declaración en estilo indirecto, no se conoce, o simplemente es un conocimiento comúnmente extendido, se puede usar un verbo en pasiva.

It is assumed in Spanish society that children will live with their parents until they become economically independent.

En la sociedad española se asume que los hijos vivirán con sus padres hasta que sean económicamente independientes.

It is now believed that Pluto is not a planet.

Ahora se piensa que Plutón no es un planeta.

It was said that millions of euros would be invested in technological development.

Se dijo que se invertirían millones de euros en desarrollo tecnológico.

IV ADVERBIOS, FRASES Y LOCUCIONES ADVERBIALES

Para expresar el modo, grado, frecuencia, etc. en el que tiene lugar la acción del verbo podemos usar adverbios (*slowly*, *there*, etc.), frases adverbiales, en las que el adverbio aparece modificado por otra palabra (*very fast*, *reasonably well*, etc.), y locuciones adverbiales formadas por sintagmas nominales, preposicionales u otra serie de estructuras (*on Monday morning*, *day by day*, etc.) que funcionan como adverbio dentro de una oración. Todos ellos pueden modificar a:

a un verbo, en cuyo caso funcionan como complemento circunstancial

I'll be back immediately.   Estaré de vuelta inmediatamente.

b un adjetivo

He is extremely intelligent.   Es extremadamente inteligente.

c otro adverbio

They played terribly badly.   Jugaron terriblemente mal.

d una oración

Unfortunately, I couldn't attend the conference.   Desgraciadamente no pude asistir a la conferencia.

e un pronombre, nombre o sintagma nominal

In Scotland there is heavy rain all the year around.   En Escocia hay abundante lluvia todo el año.

f una preposición

The stone went right through the window.   La piedra entró directamente por la ventana.

1. TYPES OF ADVERBS (TIPOS DE ADVERBIOS)

Existen varios tipos de adverbios y expresiones adverbiales que se peresentan en los siguientes apartados.

1.1. ADVERBS OF TIME (LOS ADVERBIOS DE TIEMPO)

Los adverbios, frases y locuciones adverbiales de **tiempo** indican cuándo se realiza la acción expresada por el verbo. Algunos de los adverbios de tiempo más frecuentes son:

after	después	instantly	instantáneamente
afterwards	después	lately	últimamente
again	otra vez	long before	hace mucho tiempo
already	ya	long ago	hace mucho tiempo
at first	al principio	now	ahora
at the beginning	al principio	nowadays	hoy en día, actualmente
at last	por fin	once	una vez
at once	de inmediato	on time	puntualmente
before	antes	presently	actualmente, ahora
earlier	más temprano	previously	previamente
early	temprano	recently	recientemente
eventually	finalmente	shortly	dentro de poco
finally	finalmente	shortly after	poco después
first	primero	soon	pronto
forever	para siempre	soon after	poco después
in a moment	en un momento	then	entonces
in the beginning	al principio	today	hoy
in the end	al final	tomorrow	mañana
immediately	inmediatamente	tonight	esta noche
initially	inicialmente	yesterday	ayer

Please, take a seat. The doctor will be back <u>in a moment</u>.

Por favor, siéntese. El médico estará de vuelta en un momento.

I would like the meeting to start <u>on time</u>.

Me gustaría que la reunión empezara con puntualidad.

1. Los adverbios de tiempo suelen colocarse al principio o al final de la oración.

<u>On Saturdays</u> I go shopping.

I go shopping <u>on Saturdays</u>.

Voy de compras los sábados.

2. Sin embargo, algunos adverbios como *soon*, *now* y *then* pueden ir delante del verbo principal o detrás de los verbos auxiliares o modales.

She <u>now</u> works in Paris.

Ella trabaja ahora en París.

My brother is <u>now</u> living in Ireland.

Mi hermano está viviendo ahora en Irlanda.

I can <u>soon</u> visit you.

Pronto podré visitarte.

3. Si queremos indicar que una situación continúa todavía en el presente, usamos *still* ('aún'). Se suele emplear en oraciones afirmativas, en preguntas y en oraciones negativas con énfasis.

Speak quietly! The baby is <u>still</u> sleeping.	¡Habla más bajo! El bebé aún está durmiendo.
Are we <u>still</u> friends?	¿Todavía somos amigos?
I <u>still</u> don't understand why he is angry with me.	Todavía no entiendo por qué está enfadado conmigo.

4. Si queremos decir que algo no ha ocurrido todavía, entonces podemos usar el adverbio *yet*. *Yet* tiene dos significados dependiendo del tipo de oración en el que se emplee. Por un lado, significa 'todavía' en oraciones negativas o interrogativas-negativas y suele colocarse al final de la frase.

Haven't you studied the lesson <u>yet</u>?	¿Todavía no te has estudiado la lección?
I haven't seen him <u>yet</u>.	Todavía no lo he visto.

Por otro lado, *yet* significa 'ya' en preguntas cuya respuesta puede ser tanto afirmativa como negativa.

Have you finished working <u>yet</u>?	¿Has terminado de trabajar ya?

5. Si queremos indicar que una situación que ocurrió en el pasado ya no ocurre en el presente usamos *no longer* ('ya no').

He is <u>no longer</u> my friend.	Ya no es mi amigo.
The apartament is <u>no longer</u> available.	El apartamento ya no está disponible.

6. Si queremos decir que algo ya existe o ha tenido lugar usamos el adverbio *already* ('ya'). Se usa en oraciones afirmativas o en preguntas para las que el hablante espera una respuesta afirmativa y se coloca delante del verbo principal.

He has <u>already</u> left for the office.	Ya se ha marchado a la oficina.
I have <u>already</u> talked to her about the matter.	Ya he hablado con ella sobre el asunto.
Have you eaten <u>already</u>?	¿Has comido ya?

7. El adverbio *ago* ('hace') se coloca detrás del sintagma al que modifica.

I saw him two hours <u>ago</u>.	Lo vi hace dos horas.
He had a car accident two months <u>ago</u>.	Tuvo un accidente de coche hace dos meses.

1.2. ADVERBS OF FREQUENCY (LOS ADVERBIOS DE FRECUENCIA)

Los adverbios, frases y locuciones adverbiales de frecuencia indican con qué **frecuencia** ocurre la acción expresada por el verbo. Algunos adverbios de frecuencia son:

again and again	una y otra vez	hardly ever	rara vez, casi nunca
all the time	todo el tiempo	infrequently	rara vez
always	siempre	monthly	mensualmente
annually	anualmente	never	nunca
biannually	dos veces al año	normally	normalmente
continually	continuamente	now and again	de vez en cuando
constantly	constantemente	occasionally	ocasionalmente
continuously	continuamente	often	a menudo
daily	diariamente	periodically	periódicamente
ever	alguna vez	rarely	rara vez
frequently	frecuentemente	regularly	regularmente
from time to time	de vez en cuando	seldom	rara vez
generally	generalmente	sometimes	algunas veces
habitually	habitualmente	usually	usualmente

In the wintertime,
the bus comes regularly.

Durante el invierno el autobús
viene regularmente.

When we were children,
we hardly ever went to the beach
with our parents.

Cuando éramos niños
casi nunca fuimos a la playa
con nuestros padres.

1. Los adverbios de frecuencia suelen ir delante del verbo principal o detrás del verbo *to be*, y de los verbos auxiliares y modales. Si el tiempo es perfecto, entonces se colocan entre el auxiliar y el verbo principal.

    She often sleeps until
    late in the morning.

    A menudo duerme hasta
    tarde por la mañana.

    My son is always happy.

    Mi hijo siempre está contento.

    Martha has seldom
    complained about anything.

    Martha rara vez
    se ha quejado por nada.

2. Para indicar frecuencia también se puede utilizar *once* ('una vez'), *twice* ('dos veces') o la palabra *times* precedida de un número (*three times*, *four times*, etc.). Si queremos especificar que algo ocurre un número de veces por semana, mes, año, etc., podemos usar expresiones como *twice a day*, *three times a month*, *four times a year*, etc. Estas expresiones suelen ir al principio o al final de la oración.

    We usually go to the opera
    three times a year.

    Solemos ir a la ópera
    tres veces al año.

    Please, think twice before
    you talk to Magdalene.

    Por favor, piénsalo dos veces antes
    de hablar con Magdalene.

ADVERBIOS, FRASES Y LOCUCIONES ADVERBIALES

> ⓘ Recuerda que un error muy común entre hispanohablantes es traducir 'soler' por *use to* en lugar de *usually*.
>
> ~~I use to visit my grandmother every Sunday~~.
>
> I <u>usually</u> visit my grandmother every Sunday.
>
> Suelo visitar a mi abuela todos los domingos.

3. Si no queremos ser muy precisos sobre la frecuencia con la que algo ocurre, podemos usar palabras como *almost, about, almost, nearly,* etc. (*almost every week, nearly every week*).

   They met <u>almost every week</u> for <u>nearly three years</u>.
   Se reunieron casi todas las semanas durante casi tres años.

4. Si queremos decir que algo ocurre de formar regular, podemos usar expresiones como *every day, every five minutes, every week, every Thursday,* etc.

   I go to the swimming-pool <u>every Thursday</u>.
   Voy a la piscina todos los jueves.

   He kept calling me <u>every five minutes</u> for almost an hour.
   Me estuvo llamando cada cinco minutos durante casi una hora.

5. Si queremos decir que algo ocurre cada dos o tres días, años, meses, etc., podemos usar las expresiones *every other day, every other month, every second day, every other Monday,* etc.

   He used to get sick <u>every other month</u>, but fortunately he hasn't been sick for almost a year.
   Solía enfermar cada dos meses, pero afortunadamente lleva casi un año sin estar enfermo.

   <u>Every second day</u> I clean my bedroom.
   Limpio mi habitación cada dos días.

6. Se puede usar la preposición *on* con los días de la semana (*on Mondays, on Wednesdays*) y la preposición *in* con las partes del día (*in the morning, in the afternoon, in the evening*). También se puede usar la expresión *at night*.

   The documentary I like most is <u>on Mondays</u> on Channel 1 at 4 pm.
   El documental que más me gusta lo ponen los lunes en el Canal 1 a las 4 de la tarde.

   Foxes can see better than we do <u>at night</u>.
   Los zorros pueden ver mejor que nosotros por la noche.

7. Para decir que algo ocurre año tras año, día a día, etc. usamos la preposición *by* (*year by year, day by day,* etc.).

   You seem to grow younger <u>year by year</u>!
   ¡Pareces rejuvenecer año tras año!

   <u>Day by day</u> I watch my child grow.
   Veo a mi hijo crecer día a día.

1.3. ADVERBS OF DURATION (LOS ADVERBIOS DE DURACIÓN)

Los adverbios, frases y locuciones adverbiales de **duración** indican durante cuánto tiempo se realiza una acción. Algunos adverbios de duración son *always, briefly, forever, indefinitely, overnight, permanently, temporarily*. También se pueden usar frases preposicionales como *for a month, for an hour, for a day, for a long time, for a while, for the summer, for the next few days, for Easter, for centuries, for years, for months*.

The tennis match has been postponed indefinitely due to the bad weather conditions.	El partido de tenis ha sido pospuesto por tiempo indefinido debido a las malas condiciones meteorológicas.
For centuries, the lighthouse has been used by sailors.	Durante siglos el faro ha sido usado por marineros.

1. Si queremos ser menos precisos, podemos usar expresiones con *about, almost, nearly, around, more than*, etc. (*for about two days, for about a year, for more than a week*).

I have been waiting my whole life for someone like you.	He estado esperando toda mi vida a alguien como tú.
The old man was lost in the forest for about two days, but fortunately he was found by the police.	El anciano estuvo perdido en el bosque casi dos días, pero afortunadamente fue encontrado por la policía.

2. Para indicar que algo dura o se realiza durante un período completo usamos *all* seguido de un sustantivo (*all day, all night, all morning, all afternoon*, etc.). También podemos usar *whole* (*a whole year, the whole time, the whole of my first month, my whole life*) o *all through* (*all through the day*) y *throughout* (*throughout the 90s*).

I have been up all night!	¡He estado despierto toda la noche!
I spent the whole time trying to talk to her.	Estuve todo el tiempo intentando hablar con ella.
This shop is open at weekends throughout the year.	Esta tienda está abierta los fines de semana todo el año.

3. Si queremos indicar desde cuándo tiene lugar una acción usamos *since* (*since Easter, since three o' clock, since February, since the day he was born, since before the winter*, etc.).

I haven't seen him since Easter.	No lo veo desde Semana Santa.
Tom's father has been in hospital since January.	El padre de Tom está en el hospital desde enero.

4. Si queremos indicar cuándo termina la acción, usamos *until* (*until one o' clock, until lunch, until the following spring, until tomorrow*, etc.).

You can borrow my bike until tomorrow.	Puedes coger prestada mi bici hasta mañana.
We didn't see each other again until the following year when we met in Madrid.	No nos volvimos a ver hasta el año siguiente cuando nos encontramos en Madrid.

ADVERBIOS, FRASES Y LOCUCIONES ADVERBIALES

5. Para indicar cuándo comienza y cuándo termina una acción usamos *from … to/until/till* (*from 2nd November to 3rd December, from three in the morning until 11 at night,* etc.). También se puede usar *between … and* (*between 2009 and 2010, between Monday and Friday,* etc.).

Between 2009 and 2010 half a million jobs have been lost in this country.	Entre 2009 y 2010 se han perdido medio millón de puestos de trabajo en este país.
The baby kept on crying from three to five in the morning.	El bebé estuvo llorando desde las tres a las cinco de la madrugada.

1.4. ADVERBS OF PLACE (LOS ADVERBIOS DE LUGAR)

Los adverbios, frases y locuciones adverbiales de **lugar** indican dónde tiene lugar la acción del verbo. Algunos de los más frecuentes son:

abroad	en el extranjero	northward	hacia el norte
ahead	delante, al frente	offshore	costa afuera
aloft	en alto	outdoors	fuera (de un edificio)
ashore	en/a tierra	overseas	en ultramar
away	lejos	southward	hacia el sur
downstairs	en el piso de abajo	there	allí
downtown	en el centro de la ciudad	underfoot	debajo de los pies
eastward	hacia el este	underground	bajo tierra
halfway	a medio camino	underwater	bajo agua
here	aquí	universally	universalmente
indoors	dentro (de un edificio)	upstairs	en el piso de arriba
inland	hacia el interior	uptown	hacia los exteriores
midway	a mitad de camino	upwind	contra el viento
nearby	cerca	worldwide	por todo el mundo

Due to the economical situation, more and more people are spending their holidays in their country rather than abroad.	Debido a la situación económica, cada vez más gente pasa las vacaciones en su país más que en el extranjero.
Due to the high risk of a tornado, the police have advised people to stay indoors and close all windows.	Debido al riesgo alto de tornado, la policía ha aconsejado a la gente que se quede en sus casas y que cierren las ventanas.

1. Los adverbios de lugar se suelen colocar al final de la oración.

284 ADVERBIOS, FRASES Y LOCUCIONES ADVERBIALES

~~I saw there a rabbit~~.	
I saw a rabbit <u>there</u>.	Vi un conejo allí.
We always sleep <u>upstairs</u>.	Siempre dormimos en la planta de arriba.

2. Los adverbios *here* y *there* pueden ir al comienzo de la oración cuando queremos enfatizar el lugar. En esos casos el orden de los elementos en la oración es adverbio + verbo + sujeto, excepto cuando el sujeto es un pronombre personal en cuyo caso el sujeto se coloca detrás del adverbio (adverbio + sujeto + verbo).

<u>Here</u> comes Mark!	¡Aquí viene Mark!
<u>Here</u> he comes!	¡Aquí viene él!
<u>There</u> goes your teacher!	¡Ahí va tu profesora!
<u>There</u> she goes!	¡Ahí va ella!

3. Existen también algunas partículas adverbiales que pueden usarse como adverbios o preposiciones.

above	sobre	in	en
alongside	al lado de	inside	dentro de
behind	detrás	near	cerca
below	debajo	off	de, afuera
beneath	bajo	opposite	enfrente
beside	al lado de	outside	fuera, afuera
beyond	más allá	over	sobre
down	abajo	up	arriba

Thousands of men used to work <u>underground</u> in the coal mines.	Miles de hombres solían trabajar bajo tierra en las minas de carbón.
Let's move <u>inside</u>. It is starting to rain.	Entremos. Está empezando a llover.

4. Existen también algunos adverbios o locuciones adverbiales que sirven para indicar un lugar que no está definido: *anywhere* ('en cualquier lugar'), *everywhere* ('por todas partes'), *nowhere* ('en ningún lugar'), *somewhere* ('en algún lugar').

I would go <u>anywhere</u> to find her.	Iría a cualquier sitio para encontrarla.
Have you seen my keys? I have looked <u>everywhere</u> without success.	¿Has visto mis llaves? He buscado por todas partes sin éxito.
I think he lives <u>somewhere</u> in the Alps.	Creo que vive en algún lugar de los Alpes.
The dog is <u>nowhere</u> to be found.	No encontramos al perro por ninguna parte.

5. Aunque existen algunos adverbios de lugar, en la mayoría de las ocasiones se utilizan sintagmas preposicionales para indicar el lugar donde se realiza la acción (véase apartado 2.2.1.6., página 257).

He stood <u>in the middle</u> of the street.		Él se quedó de pie en medio de la calle.	
My father has just returned <u>from his trip to Italy</u>.		Mi padre acaba de llegar de su viaje a Italia.	

1.5. ADVERBS OF MANNER (LOS ADVERBIOS DE MODO)

Los adverbios, frases y locuciones adverbiales de **modo** indican la manera en la que se realiza la acción del verbo. La mayoría de los adverbios de modo en inglés se forman añadiendo el sufijo *-ly* que equivale al español '-mente'. Algunos de los adverbios de modo más frecuentes son:

accidentally	accidentalmente	happily	felizmente
aloud	en voz alta	heavily	fuertemente
badly	mal	honestly	honestamente
beautifully	hermosamente	nicely	agradablemente
brightly	brillantemente	loudly	en voz alta
calmly	tranquilamente	patiently	pacientemente
carefully	cuidadosamente	peacefully	con tranquilidad
carelessly	descuidadamente	perfectly	perfectamente
clearly	claramente	poorly	mal
clumsily	torpemente	quickly	rápidamente
coldly	fríamente	quietly	tranquilamente
comfortably	cómodamente	rapidly	rápidamente
correctly	correctamente	readily	fácilmente
deliberately	deliberadamente	reasonably	razonablemente
directly	directamente	roughly	aproximadamente, más o menos
discreetly	discretamente	safely	con cuidado
distinctly	claramente	seriously	seriamente
easily	fácilmente	silently	en silencio
efficiently	eficientemente	slowly	despacio
fast	rápido	smoothly	suavemente
firmly	firmemente	softly	suavemente
fluently	con fluidez	systematically	sistemáticamente
freely	libremente	thoroughly	completamente
gladly	de buena gana	well	bien
gradually	gradualmente	wonderfully	maravillosamente
greatly	enormemente	wrongly	equivocadamente

This plant is growing very quickly.	Esta planta está creciendo muy rápido.		
His father lost his sight gradually in the last years of his life.	Su padre perdió la vista gradualmente en los últimos años de su vida.		
I did badly in the exam.	Me fue mal en el examen.		

1. Los adverbios de modo suelen colocarse detrás del verbo.

   He speaks very quickly. — Él habla muy rápido.

   You performed wonderfully. — Actuaste de maravilla.

2. En ocasiones, en lugar de utilizar un adverbio de frecuencia se puede optar por un sintagma preposicional o nominal.

   You don't need to learn the story by heart, you can tell it in your own words. — No tienes que aprenderte la historia de memoria, la puedes contar con tus propias palabras.

1.6. ADVERBS OF DEGREE (LOS ADVERBIOS DE GRADO)

Los adverbios, frases y locuciones adverbiales de **grado** indican con qué intensidad se realiza una acción. A continuación se presenta una lista de los adverbios de grado más frecuentes:

absolutely	absolutamente	immensely	inmensamente
adequately	adecuadamente	incredibly	increíblemente
almost	casi	intensely	intensamente
amazingly	increíblemente	largely	en gran parte
awfully	terriblemente	moderately	moderadamente
badly	mal	noticeably	perceptiblemente
completely	completamente	perfectly	perfectamente
considerably	considerablemente	poorly	mal
enormously	enormemente	powerfully	poderosamente
entirely	totalmente, completamente	profoundly	profundamente
exceedingly	extremadamente	radically	radicalmente
extensively	extensamente	really	verdaderamente
extraordinarily	extraordinariamente	reasonably	razonablemente
extremely	extremadamente	remarkably	sorprendentemente
fairly	justamente	significantly	considerablemente
fantastically	fantásticamente	simply	simplemente, sencillamente
fully	totalmente	slightly	ligeramente
greatly	enormemente	somewhat	algo, un tanto

soundly	profundamente	tremendously	tremendamente
strongly	sólidamente, totalmente, fuerte	truly	realmente
sufficiently	suficientemente	unbelievably	increíblemente
surprisingly	sorprendentemente	virtually	prácticamente
terribly	terriblemente	well	bien
totally	totalmente	wonderfully	maravillosamente

The first time I saw that painting it impressed me <u>enormously</u>.

La primera vez que vi ese cuadro me impresionó enormemente.

Thank you. You have helped me <u>tremendously</u>.

Gracias. Me has ayudado tremendamente.

1. La mayoría de los adverbios de grado se pueden colocar al final de la oración, o delante o detrás del verbo principal, pero no suelen aparecer al principio de la oración.

   Before you sign the contract, you must <u>fully</u> understand its terms and conditions.

   Before you sign the contract, you must understand <u>fully</u> its terms and conditions.

   Before you sign the contract, you must understand its terms and conditions <u>fully</u>.

   Antes de firmar el contrato, debes entender completamente sus términos y condiciones.

   Sin embargo, algunos adverbios de grado como *almost*, *largely*, *nearly*, *really* y *virtually* se suelen colocar delante del verbo principal.

   ~~He is there almost.~~

   He is <u>almost</u> there.

   Ya casi está allí.

   ~~I enjoyed really our dinner.~~

   I <u>really</u> enjoyed our dinner.

   Disfruté realmente de la cena.

2. Se pueden usar algunos adverbios de grado delante de otros adverbios para modificarlos.

   You need to hit the ball <u>very</u> hard.

   Tienes que golpear la pelota muy fuerte.

   The team played <u>extremely</u> well.

   El equipo jugó extremadamente bien.

1.7. ADVERBS OF QUANTITY (LOS ADVERBIOS DE CANTIDAD)

Los adverbios, frases y locuciones adverbiales de **cantidad** sirven, como su nombre indica, para expresar cantidad. Algunos son *little* ('poco'), *a little* ('un poco'), *much* ('mucho'), *twice* ('dos veces'), *very* ('muy'), *very little* ('muy poco'), *very much* ('mucho'). Suelen colocarse al final de la oración.

I value your comments <u>very much</u>.

Valoro mucho tus comentarios.

It is important that you enjoy yourself a little.

Es importante que te diviertas un poco.

1.8. ADVERBS OF PROBABILITY (LOS ADVERBIOS DE PROBABILIDAD)

Los adverbios, frases y locuciones adverbiales de **probabilidad** son *maybe* ('quizás'), *perhaps* ('quizás'), *possibly* ('posiblemente'), *probably* ('probablemente'), *definitely* ('definitivamente'), *certainly* ('ciertamente'), etc.

Tim is probably on his way home.

Tim está probablemente de camino a casa.

Perhaps I have been a bit unfair to you.

Quizás haya sido un poco injusta contigo.

Maybe you and I could be friends.

Quizás tú y yo podamos ser amigos.

> ❗ Fíjate en las dos últimas frases. Mientras que en inglés utilizamos *maybe* o *perhaps* con un verbo en indicativo, en español usamos 'quizás' más un verbo en subjuntivo.

1.9. ADVERBS OF AFFIRMATION (LOS ADVERBIOS DE AFIRMACIÓN)

Los adverbios, frases y locuciones adverbiales de **afirmación** en inglés son, entre otros, *certainly* ('ciertamente'), *decidedly* ('decididamente'), *indeed* ('en efecto'), *obviously* ('obviamente'), *naturally* ('naturalmente'), *of course* ('por supuesto'), *surely* ('seguramente').

I'm very impressed indeed by her intelligence and beauty.

Efectivamente estoy muy impresionado por su inteligencia y belleza.

She walks decisively.

Ella anda decididamente.

1.10. ADVERBS OF NEGATION (LOS ADVERBIOS DE NEGACIÓN)

Los adverbios, frases y locuciones adverbiales de **negación** son *never* ('nunca'), *no* ('no'), *not* ('no'), *not at all* ('en absoluto').

- Do you mind if I open the window? It is very hot in here.
- Not at all.

- ¿Te importa si abro la ventana? Hace mucho calor aquí dentro.
- En absoluto.

As far as he could remember, he had never seen that woman before.

Hasta donde él recordaba, nunca había visto a esa mujer antes.

My father said no.

Mi padre dijo que no.

1.11. COMPOUND ADVERBS (LOS ADVERBIOS COMPUESTOS)

Los adverbios compuestos se forman con *here*, *there* y *where*. Algunos de los más frecuentes son:

hereby	por la presente	therein	ahí
hereafter	de aquí en adelante, en lo sucesivo	thereof	del mismo
herein	aquí	thereto	a esto
hereinafter	más adelante	therewith	de la misma
hereto	aquí	whereby	a través del cual
herewith	adjunto	wherefore	por qué
hitherto	hasta ahora, hasta la fecha	whereof	de lo que
thereafter	apartir de entonces	whereupon	con lo cual
thereby	de ese modo		

The person selling the land, known hereafter as the vendor, will pay 25% tax on the proceeds.

La persona que vende la propiedad, en adelante 'el vendedor', pagará 25% de impuestos para cubrir los gastos del trámite.

There is no other way whereby a solution can be reached.

No hay otra forma por la cual se pueda llegar a una solución.

2. POSITION OF ADVERBS (COLOCACIÓN DE LOS ADVERBIOS)

Cuando en una misma frase encontramos más de un adverbio, frase o locución adverbial seguidos, éstos se colocan siguiendo el orden: modo + lugar + tiempo.

John played the guitar very nicely
                              Adv. modo
in the concert last week.
  Adv. lugar   Adv. tiempo

John tocó la guitarra bastante bien en el concierto la semana pasada.

Sin embargo, cuando el adverbio de lugar indica movimiento suele ir detrás del verbo.

They came back from their honeymoon yesterday.

Volvieron de su luna de miel ayer.

3. ADVERBS: COMPARATIVE AND SUPERLATIVE FORM (LOS ADVERBIOS: FORMA COMPARATIVA Y SUPERLATIVA)

Los adverbios forman el comparativo y el superlativo igual que los adjetivos (véase el apartado 4.3., página 86). Si el adverbio tiene una sílaba, se añade -er para formar el compartivo y -est para el superlativo.

Adverbio	Comparativo	Superlativo
fast	faster	fastest
soon	sooner	soonest
late	later	latest
hard	harder	hardest
early	earlier	earliest

Last night I went to bed <u>earlier</u> than usual.

Anoche me acosté más temprano de lo normal.

You should study <u>harder</u>.

Deberías estudiar más.

Your brother drives <u>faster</u> than mine.

Tu hermano conduce más rápido que el mío.

Tom ran <u>fastest</u>.

Tom fue el que más rápido corrió.

1. Si el adverbio tiene dos o más sílabas, se utiliza *more* delante del mismo para la forma en comparativo y *most* para el superlativo.

Adverbio	Comparativo	Superlativo
boldly	more boldly	most boldly
brightly	more brightly	most brightly
carefully	more carefully	most carefully
generously	more generously	most generously
regularly	more regularly	most regularly

You should visit us <u>more regularly</u>.

Deberías visitarnos con más regularidad.

You should drive <u>most carefully</u> in this area.

Deberías conducir con la máxima precaución en esta zona.

2. También existen algunos adverbios que tienen formas irregulares para el comparativo y el superlativo.

Adverbio	Comparativo	Superlativo
well	better	best
badly	worse	worst
little	less	least
much	more	most
far	farther	farthest
-	further	furthest

I have felt much <u>better</u> today than yesterday.

Me he sentido mucho mejor hoy que ayer.

3. Muchos adverbios como *here*, *really*, *there*, *then*, etc. carecen de una forma en comparativo o superlativo.

4. Existen algunas palabras en inglés que pueden ser tanto adjetivos como adverbios. En esos casos, hay que recordar que el adjetivo modifica a un sustantivo y el adverbio a un verbo. Algunas de estas palabras son: *direct*, *fast*, *fine*, *hard*, *early*, *late*, *high*, *low*, *slow*, *straight*.

That's a very fast car! Adjetivo	¡Ese es un coche muy rápido!
Please, don't drive so fast! Adverbio	¡Por favor, no conduzcas tan rápido!
She's had a hard life. Adjetivo	Ella ha tenido una vida dura.
Mary works hard every day. Adverbio	Mary trabaja duro todos los días.

> ⚠️ Fíjate en los dos últimos ejemplos y observa que el adverbio de *hard* es también *hard* y no *hardly*. En inglés *hardly* significa 'apenas'.
>
> There was hardly any food left.   Apenas quedó comida.

> ⚠️ Recuerda que el adverbio de *good* es *well* y que el de *bad* es *badly*.
>
> | | |
> |---|---|
> | She's a good singer. | Ella es una buena cantante. |
> | ~~She sings good.~~
 She sings well. | Ella canta bien. |
> | Sweets are bad for your teeth. | Los caramelos son malos para tus dientes. |
> | They never invite anyone to dinner because they cook so badly. | Nunca invitan a nadie a cenar porque cocinan muy mal. |

Resumen de los tipos de adverbios y expresiones adverbiales

Tipo	Adverbio/Expresión adverbial
Tiempo	after, afterwards, again, already, at first, at the beginning, at last, at once, before, earlier, early, eventually, finally, first, for ever, in a moment, in the beginning, in the end, immediately, initially, instantly, lately, long ago, long before, now, nowadays, on time, presently, previously, recently, shortly, shortly after, soon, soon after, then, today, tomorrow, tonight, yesterday

Frecuencia	again and again, all the time, always, annually, biannually, continually, constantly, continuously, daily, ever, frequently, from time to time, generally, habitually, hardly ever, infrequently, monthly, never, normally, now and again, occasionally, often, periodically, rarely, regularly, seldom, sometimes, usually
Duración	always, briefly, forever, indefinitely, overnight, permanently, temporarily for a month, for an hour, for a day, for a long time, for a while, for the summer, for the next few days, for Easter, for centuries, for years, for months
Lugar	abroad, ahead, aloft, ashore, away, downstairs, downtown, eastward, halfway, here, indoors, inland, midway, nearby, northward, offshore, outdoors, overseas, southward, there, underfoot, underground, underwater, universally, upstairs, uptown, upwind, worldwide
Modo	accidentally, aloud, badly, beautifully, brightly, calmly, carefully, carelessly, clearly, clumsily, coldly, comfortably, correctly, deliberately, directly, discreetly, distinctly, easily, efficiently, fast, firmly, fluently, freely, gladly, gradually, greatly, happily, heavily, honestly, nicely, loudly, patiently, peacefully, perfectly, poorly, quickly, quietly, rapidly, readily, reasonably, roughly, safely, seriously, silently, slowly, smoothly, softly, systematically, thoroughly, well, wonderfully, wrongly
Grado	absolutely, adequately, almost, amazingly, awfully, badly, completely, considerably, enormously, entirely, exceedingly, extensively, extraordinarily, extremely, fairly, fantastically, fully, greatly, immensely, incredibly, intensely, largely, moderately, noticeably, perfectly, poorly, powerfully, profoundly, radically, really, reasonably, remarkably, significantly, simply, somewhat, soundly, strongly, sufficiently, surprisingly, terribly, totally, tremendously, truly, unbelievably, virtually, well, wonderfully
Cantidad	little, a little, much, twice, very, very little, very much
Probabilidad	maybe, perhaps, possibly, probably, definitely, certainly
Afirmación	certainly, decidedly, indeed, obviously, naturally, of course, surely
Negación	never, no, not, not at all
Compuestos de *here*, *there* y *where*	hereby, hereafter, herein, hereinafter, hereto, herewith, hitherto, thereafter, thereby, therefore, therein, thereof, thereto, therewith, whereby, wherefore, whereof, whereon, whereupon

V   PREPOSICIONES

Las preposiciones se utilizan en inglés para proporcionar información relativa al lugar donde se realiza una acción, el lugar donde se encuentra algo, el lugar hacia el que alguien o algo se dirige, la dirección del movimiento, o para situar una acción en el tiempo. Las preposiciones van seguidas de un objeto que suele ser un nombre, un pronombre o un sintagma nominal y que en su conjunto forman una frase preposicional, que generalmente funciona dentro de la frase como un complemento circunstancial.

Las preposiciones suelen estar formadas por una única palabra (*above*, *along*, *below*, *into*, *over*, *within*, etc.), aunque también es posible encontrar preposiciones formadas por dos o más palabras (*all over*, *close to*, *near to*, *on top of*, etc.).

Es preciso tener en cuenta que el uso de las preposiciones en inglés puede resultar muy complicado dado que varias preposiciones pueden tener significados muy similares, o una misma preposición puede tener distintos significados. Por este motivo, el uso de las preposiciones debe consultarse cuando sea posible en un diccionario o en un corpus lingüístico.

Algunas preposiciones pueden ser también adverbios de lugar. A continuación se presentan algunos ejemplos y una lista de las más frecuentes.

Preposición

There is something <u>about</u> this old house that I don't like.

Hay algo de esta vieja casa que no me gusta.

It was raining so much that I decided to wait for them <u>inside</u> the house.

Estaba lloviendo tanto que decidí esperarles dentro de la casa.

Adverbio

There were a lot of people <u>about</u>.

Había mucha gente por allí.

He asked me to come <u>inside</u>.

Me pidió que entrase.

aboard	below	in	outside
about	beneath	in between	over
above	beside	inside	round
alongside	beyond	near	throughout
around	close by	off	underneath
behind	down	opposite	up

1. POSITION OF PREPOSITIONS (COLOCACIÓN DE LAS PREPOSICIONES)

Como norma general las frases preposicionales admiten varias posiciones dentro de la oración. Sin embargo, lo más frecuente es encontrar las frases preposicionales de lugar detrás de verbos de posición (*be, hang, lie, sit, stand, stay,* etc.) o movimiento (*go, lead, take,* etc.).

He was tired and sat on the floor.	Él estaba cansado y se sentó en el suelo.
She went into the garage and took some tools.	Ella entró en el garaje y cogió algunas herramientas.

1. Las preposiciones y las frases preposicionales también pueden ir al principio de una oración cuando se desea mostrar énfasis.

In the park she was reading a novel.	En el parque ella estaba leyendo un novela.
Near the house I found a poisonous snake.	Cerca de la casa encontré una serpiente venenosa.
Towards the end of the street you can find the butcher's shop.	Hacia el final de la calle puedes encontrar la carnicería.

> ! Recuerda que las preposiciones pueden colocarse también al final de oraciones interrogativas (véase el apartado 3, página 244), y al final de oraciones de relativo (véase el apartado 2.2.2.1., página 266).

2. TYPES OF PREPOSITIONS (TIPOS DE PREPOSICIONES)

2.1. PREPOSITIONS OF PLACE (LAS PREPOSICIONES DE LUGAR)

Las preposiciones de lugar se utilizan para indicar el lugar en el que se encuentra algo o alguien, o el lugar en el que ocurre una acción.

Algunas de las preposiciones de lugar más frecuentes son:

aboard	astride	down	opposite
about	at	from	out of
above	away from	in	outside
across	before	in front of	past
against	behind	inside	through
ahead of	below	near	under
along	beneath	near to	underneath
alongside	beside	next to	up
amidst	between	off	upon
among	beyond	on	with
around	by	on top of	within

PREPOSICIONES 295

Which of today's animals lived <u>alongside</u> dinosaurs?	¿Cuál de los animales actuales vivió en la época de los dinosaurios?
You can hang your coat <u>behind</u> the door.	Puedes colgar tu abrigo detrás de la puerta.
I don't think we should buy this house <u>next to</u> the railway.	No creo que debamos comprar esta casa tan cerca del ferrocarril.
They were <u>within</u> a few metres of the summit when it started to snow.	Estaban a unos pocos metros de la cumbre cuando empezó a nevar.

> **!** Fíjate que las preposiciones *near*, *near to* y *close to* tienen una forma comparativa.
>
> | | |
> |---|---|
> | Which is <u>nearer</u>, Edinburgh or Glasgow? | ¿Qué está más cerca, Edimburgo o Glasgow? |
> | My new apartment is <u>nearer to</u> work than the old one. | Mi nuevo apartamento está más cerca del trabajo que el viejo. |
> | Come <u>closer to</u> me. | Acércate a mí. |

1. Para indicar la localización de algo o alguien y la distancia a la que se encuentra de otro objeto o lugar, se pueden usar las preposiciones que se indican a continuación:

above	below	down	past
along	beneath	inside	under
behind	beyond	outside	up

A total of 33 countries have land <u>below</u> sea level.	Un total de 33 países tienen terreno bajo el nivel del mar.
The kite was hovering a few metres <u>above</u> our heads.	La cometa se sostenía en el aire a unos metros de nuestras cabezas.
I planted lavender <u>along</u> the edge of the garden.	Planté lavanda a lo largo del perímetro del jardín.

2.2. PREPOSITIONS OF DIRECTION OR MOVEMENT (LAS PREPOSICIONES DE DIRECCIÓN O MOVIMIENTO)

Las preposiciones de dirección o movimiento se utilizan para indicar el destino hacia el que se dirige algo o alguien.

Algunas de las preposiciones que indican dirección o movimiento más frecuentes son:

aboard	at	inside	toward
across	away from	into	towards
all over	beside	near	up
along	down	off	round
alongside	from	onto	through
around	in	out of	to

The lamp fell <u>onto</u> the table.	La lámpara cayó sobre la mesa.
The company's employees travel <u>all over</u> the world.	Los empleados de la compañía viajan por todo el mundo.
John got nervous as Bill stood up and walked <u>towards</u> him.	John se puso nervioso cuando Bill se puso de pie y caminó hacia él.

1. Para indicar movimiento en varias direcciones se utilizan las preposiciones *about*, *round*, *around* y *all over*.

They have never abandoned their project for a trip <u>round</u> the world.	Nunca han abandonado su proyecto de hacer un viaje alrededor del mundo.
He enjoys travelling and he has been <u>all over</u> the country.	Le gusta viajar y ha estado por todo el país.

2. La preposición *from* se puede poner delante de otras preposiciones (*above*, *abroad*, *behind*, *below*, *outside*, etc.) para indicar el punto de comienzo de un movimiento.

All the goods <u>from</u> abroad need to go through a customs check.	Todos los productos del extranjero tienen que ser inspeccionados en las aduanas.
Having lunch at work is very expensive and in the future I will bring a sandwich <u>from</u> home.	Almorzar en el trabajo es muy caro y en el futuro traeré un sándwich de casa.

2.3. PREPOSITIONS OF TIME (LAS PREPOSICIONES DE TIEMPO)

Las preposiciones se pueden utilizar también para situar una acción en el tiempo. Algunas de las preposiciones más frecuentes son *at*, *on* e *in*.

Se usa *at* con las horas, las partes del día, la edad y las fiestas.

at eleven o'clock	a las once en punto
at lunchtime	a la hora de comer
at night	por la noche
at twelve	a las doce
at ten	cuando tenía diez años
at Christmas	en Navidades

Se usa *on* con los días de la semana, las fechas y la fiestas señaladas.

on Saturday	el sábado
on 17th March	el 17 de marzo
on New Year's Eve	en Nochevieja

> **!** Fíjate que cuando escribimos la fecha, por ejemplo, on *17th March* no añadimos *the* ni *of*. Sin embargo, en el lenguaje oral sí se dicen: on <u>the</u> *17th* <u>of</u> *March*.

Se usa *in* con las partes del día, los meses, las estaciones del año, los años, las décadas, los siglos, las eras, etc.

in the morning	por la mañana
in the evening	por la tarde
in January	en enero
in August	en agosto
in (the) winter	en invierno
in fall	en otoño
in the 60s	en los años 60
in the 19th century	en el siglo XIX
in 1492	en 1492
in the Middle Ages	en la Edad Media
in the Palaeolithic era	en el Paleolítico

1. Se pueden utilizar las preposiciones *about*, *around*, *during*, *over* y *before* para hacer referencia a acontecimientos de los que no se conoce el momento exacto.

At <u>about</u> five o'clock in the morning we went home. — A eso de las cinco de la mañana nos fuimos a casa.

It was <u>around</u> midnight when he called me. — Era hacia la media noche cuando me llamó por teléfono.

Until <u>about</u> 1100, Old English was the language spoken in England. — Hasta alrededor del año 1100, el inglés antiguo era la lengua que se hablaba en Inglaterra.

<u>During</u> the night I developed a terrible earache. — Durante la noche me entró un terrible dolor de oídos.

If we want to go hunting, we need to get up <u>before</u> dawn. — Si queremos ir a cazar, debemos levantarnos antes del amanecer.

2. Las siguientes preposiciones se suelen utilizar para hacer referencia a un tiempo poco determinado.

after	by	following	prior to
before	during	over	

We hope to finish the harvest <u>before</u> noon. — Esperamos terminar la siega antes del mediodía.

<u>During</u> the summer, I played tennis every other day. — Durante el verano, he jugado al tenis un día sí y otro no.

<u>Prior to</u> moving to Milan, I couldn't speak any Italian. — Antes de mudarme a Milán, no hablaba una palabra de italiano.

3. *During* puede usarse igual que *in* con las partes del día, meses, estaciones, años, décadas, siglos, etc.

<u>In/During</u> the morning, I will be rather busy. — Por la mañana estaré bastante ocupado.

| Most paintings in this room were painted in/during the 18th century. | La mayoría de los cuadros de esta sala fueron pintados durante el siglo XVIII. |
| In/During 1930, this nice hotel was built here. | En 1930 se construyó este bonito hotel aquí. |

4. *Over* se suele utilizar con *winter*, *summer* y periodos especiales del día, así como con periodos inmediatamente anteriores o posteriores al momento de hablar.

Her editor has asked her to finish her book over the winter.	Su editor le ha pedido que acabe el libro durante el invierno.
A significant expansion of this company in Asia is expected over the next decade.	Se espera una gran expansión de esta compañía en Asia durante la próxima década.
They have been working non-stop over the past 24 hours.	Han estado trabajando contra reloj durante las pasadas 24 horas.

2.4. PREPOSITIONS OF CIRCUMSTANCE (LAS PREPOSICIONES DE CIRCUNSTANCIA)

Las preposiciones como *by*, *in*, *on* y *with* se usan para indicar modo o circunstancia en el que se realiza, o se debería realizar una acción.

Kate was looking at me in a strange way.	Kate me estaba mirando de un modo extraño.
Martina covered her mouth with her hand so that we couldn't see her teeth.	Martina se cubrió la boca con la mano para que no pudiéramos verle los dientes.
Shall we go home by bus or on foot?	¿Vamos a casa en autobús o a pie?

2.5. OTHER USES OF PREPOSITIONS (OTROS USOS DE LAS PREPOSICIONES)

2.5.1. With adjectives (Con adjetivos)

Existen algunos adjetivos que suelen ir seguidos por una preposición determinada (véase el apartado 4.6., página 109).

1. Adjetivos que suelen ir seguidos por la preposición *to*:

accustomed	engaged	resistant
allergic	injurious	similar
close	proportional	subject
devoted	related	susceptible

| I was very happy to hear that Bob got engaged to Stacy. They make a good couple. | Me alegró mucho oír que Bob se comprometió con Stacy. Hacen buena pareja. |

I bought a sweater that was very similar to the one I had before.

Me compré un jersey muy parecido al que tuve antes.

2. Adjetivos que suelen ir seguidos de la preposición *of*:

afraid	envious	jealous
ashamed	fond	mindful
aware	frightened	proud
capable	full	representative
characteristic	guilty	tired
conscious	incapable	

My sister is incapable of lying.

Mi hermana es incapaz de mentir.

You should be ashamed of yourself!

¡Deberías avergonzarte de ti mismo!

3. Adjetivos que suelen ir seguidos de la preposición *with*:

compatible	happy	fraught
disappointed	filled	satisfied

I hope you are not too disappointed with me for getting that wrong.

Espero que no estés demasiado desilusionado conmigo por equivocarme.

I am satisfied with the way things have turned out.

Estoy satisfecha con el modo en que han salido las cosas.

2.5.2. With nouns (Con sustantivos)

1. Existen algunos sustantivos que suelen ir seguidos por una preposición determinada.

Sustantivos que suelen ir seguidos de la preposición *to*:

access	approach	reply
addiction	aversion	resistance
allergy	exception	solution
allusion	fidelity	tendency
alternative	immune	threat
answer	reference	witness

He has allergies to certain dairy products.

Él tiene alergia a ciertos productos lácteos.

After children become immune to mumps, they can no longer infect other people.

Cuando los niños se hacen inmunes a las paperas, ya no pueden infectar a otra gente.

2. Sustantivos que suelen ir seguidos de la preposición *for*:

admiration	disregard	responsibility
appetite	hunger	room
aptitude	love	substitute
credit	need	sympathy
cure	quest	synonym
demand	recipe	taste
dislike	remedy	thirst

She has always had a <u>taste for</u> the exotic.

Ella siempre ha tenido gusto por lo exótico.

Can you find a <u>synonym for</u> 'conspicuous'?

¿Puedes encontrar un sinónimo para 'evidente'?

3. Sustantivos que suelen ir seguidos de la preposición *on*:

attack	effect	pity
ban	hold	reflection
comment	insistence	restriction
dependence	lecture	tax

The President refused to make a <u>comment on</u> the current situation.

El Presidente rehusó hacer un comentario sobre la situación actual.

In spite of our <u>dependence on</u> oil, we have never looked for alternative energy resources.

A pesar de nuestra dependencia del petróleo, nunca hemos buscado fuentes de energía alternativa.

4. Sustantivos que suelen ir seguidos de la preposición *with*:

affinity	correspondence	familiarity
collision	date	link
connection	dissatisfaction	quarrel
contrast	encounter	relationship

The collection contains his <u>correspondence with</u> some Latin American writers.

La colección contiene su correspondencia con algunos escritores latinoamericanos.

I have a good <u>relationship with</u> all my colleagues at work.

Mantengo una buena relación con todos mis colegas en el trabajo.

5. Sustantivos que suelen ir seguidos por otras preposiciones:

crime against	anger at	excerpt from
insurance against	departure from	awareness of
reaction against	escape from	control over

They took out <u>insurance against</u> theft for their new car.

Sacaron un seguro de robo para su coche nuevo.

The Roman <u>departure from</u> Britain is thought to have been complete by 410 AD.

La salida de los romanos de Gran Bretaña se considera terminada en el año 410 d.C.

PREPOSICIONES

2.5.3. With verbs (Con verbos)

Existen algunos verbos que suelen ir seguidos por una preposición determinada.

1. Verbos que suelen ir seguidos por una preposición determinada:

against		of	
react against		accuse of	learn of
between		complain of	think of
alternate between		consist of	tire of
for		**on**	
appeal for	long for	bet on	feed on
apply for	opt for	count on	insist on
care for	pay for	**to**	
from		adhere to	introduce to
detract from	stem from	allude to	lead to
emerge from	suffer from	amount to	listen to
in		appeal to	object to
acquiesce in	interfere in	attend to	refer to
believe in	invest in	belong to	relate to
consist in	participate in	**with**	
delight in	result in	alternate with	flirt with
indulge in	split in	associate with	sympathize with

We have been longing for another baby since we bought the house.	Hemos estado deseando tener otro bebé desde que compramos la casa.
If you sympathize with someone's feelings, you understand them.	Si te compadeces de los sentimientos de alguien, los entiendes.

2. Para una lista de verbos frasales intransitivos que suelen ir seguidos por una preposición concreta véase el apartado 6, página 216.

> ❗ Recuerda que ante la duda es recomendable consultar un diccionario para comprobar qué preposición suele acompañar a un determinado verbo, sustantivo o adjetivo pues en muchas ocasiones son varias las preposiciones que pueden usarse con una misma palabra.

VI PRÁCTICA

En esta sección se pueden encontrar frases que serán útiles para practicar los contenidos léxicos y gramaticales incluidos en este manual. La forma de trabajar los contenidos es similar a la usada ya en el resto del libro, es decir, cubrir una columna u otra para hacer práctica de traducción directa o inversa. Al final de cada frase se indica la página o páginas donde se puede encontrar la explicación a los contenidos gramaticales tratados.

1.	Al abrir la puerta la vi tumbada en el suelo. ¡Deberías llamar a la policía lo antes posible.	As I opened the door, I saw her lying on the floor. You should call the police as soon as possible! *[p. 128; 211]*
2.	En la Tierra existen distintos tipos de fenómenos meteorológicos como el viento, la lluvia, la nieve y la niebla.	On Earth there are different types of weather phenomena including wind, rain, snow and fog. *[p. 21]*
3.	– Ella me dijo: "Preferiría nadar en un estanque con cocodrilos antes que casarme contigo". – Si fuera tú, le compraría unas flores.	– She said to me: "I would sooner swim in a pool with crocodiles than marry you". – If I were you, I would buy her some flowers. *[p. 212; 115]*
4.	Durante el naufragio, el capitán se quedó a bordo hasta que el último pasajero hubo abandonado el barco. Hizo lo que se esperaba que hiciera.	During the shipwreck, the captain stayed on board until the last passenger had abandoned the boat. He did what he was expected to do. *[p. 140; 269]*
5.	El director del colegio es el hombre que está sentado junto a mi mujer. Él nació en Nottingham, donde ha vivido desde entonces.	The headmaster is the man who is sitting by my wife (the man sitting by my wife). He was born in Nottingham, where he has lived ever since. *[p. 268; 269]*
6.	Si la devastación continua a este ritmo, la mayor parte de la selva amazónica habrá sido destruida antes de final de siglo.	If the devastation continues at this rate, much of the Amazon rainforest will have been destroyed by the end of the century. *[p. 161]*
7.	Un informe publicado ayer advierte que la credibilidad del gobierno está actualmente en juego.	A report made public yesterday warns that the government's credibility is currently at stake. *[p. 42]*
8.	Cuando salió del hospital fue directa a comer a un buen restaurante. Creo que ella te echa mucho de menos. Con frecuencia me ha preguntado por ti.	When she came out of hospital, she went straight to eat at a good restaurant. I think she really misses you. She has often asked me about you. *[p. 251; 134]*

9.	A pesar de las técnicas de conservación de la comida enlatada, preocupan los metales de los que están hechas las latas.	Despite the preservation techniques for tinned food, there are concerns about the metal used for the tins. *[p. 102]*
10.	Para cuando llegue Mary aquí, entenderás que el lavado en seco usa disolventes químicos con poco o sin agua para quitar manchas.	By the time Mary gets here, you will understand that dry-cleaning uses chemical solvents with little or no water to remove stains. *[p. 152; 31]*
11.	No es empleada de media jornada; trabaja como diseñadora de camisetas y mañana a esta hora estará volando a los EE UU.	She is not a part-time worker; she works as a T-shirt designer and this time tomorrow she will be flying to the US. *[p. 107; 32; 150]*
12.	Siempre que tenía ocasión, John me preguntaba si podría ayudarle con las adendas.	Whenever he had the chance, John asked me if I could help with the addenda. *[p. 252; 129; 21]*
13.	Desafortunadamente, soy menos optimista que tú; es cierto que son respetuosos con la ley, pero están publicando información no actualizada en sus páginas web.	Unfortunately, I am less optimistic than you; it's true that they are law-abiding but they are publishing out-of-date information on their web pages. *[p. 89; 107; 108]*
14.	Tan pronto como puedas, empieza con esto y usa aquellas pinzas, no tus dedos; estoy inquieto por la salud de mi padre.	As soon as you can, start with this and use those pincers not your fingers; I am worried about my father's health. *[p. 252; 23; 109]*
15.	Ha sido el invierno más frío registrado pero esta variedad de verduras es resistente a condiciones frías.	It has been the coldest winter on record but this type of vegetable is resistant to cold conditions. *[p. 93; 100]*
16.	Su informe sobre seguridad vial fue conciso e interesante de leer y no tenía apéndices, diagramas o tablas.	Her report on road safety was concise and interesting to read and did not have any appendices, diagrams or tables. *[p. 179; 56; 21]*
17.	Había gente que no creía que fuera buena idea porque no le resultará fácil hacer amigos en su nuevo colegio.	There were people who did not think it was a good idea because it won't be easy for him to make friends in his new school. *[p. 55; 180]*
18.	En cuanto hayan acabado con ese trabajo, la compañía necesita que los programadores desarrollen un nuevo software antivirus.	As soon as they have finished that job, the company needs the programmers to develop a new antivirus software. *[p. 252; 114]*
19.	Divertíos; ojalá haga una tarde estupenda.	Enjoy yourselves; I hope the weather is splendid this afternoon. *[p. 50; 115; 148]*

20.	Alguien podría haberle oído hablar en el bar del dinero que ganó en la lotería y haber decidido robarle. Ahora estamos sin blanca y, si no hay otra solución, venderemos la casa.	Someone might have heard him talking in the pub about the money he won in the lottery and decided to mug him. We are completely broke now and if there is no other solution, we will sell the house. *[p. 209; 147]*
21.	Unas buenas vacaciones no implican necesariamente gastar una gran cantidad de dinero. Nos vamos a mudar a una casa nueva y necesitamos ahorrar tanto dinero como podamos.	A good holiday does not necessarily mean spending a great deal of money. We are going to move to a new house and we need to save as much money as we can. *[p. 198; 147]*
22.	Ya que has sido tan buen chico, tendrás un helado. Prométeme que te portarás bien cuando lleguemos a la casa de mis amigos.	Since you have been such a good boy, you shall have an ice-cream. Promise me you will behave when we get to my friends' house. *[p. 207; 235]*
23.	Llevaba intentando contactar contigo dos horas. Si fuera una persona cínica, que no lo soy, habría dicho que tu intención principal era evitarme.	I had been trying to contact you for two hours. If I was a cynical person, which I am not, I would have said that your main intention was to avoid me. *[p. 143; 101]*
24.	Se marcha a una expedición y podríamos no verle durante ocho semanas. Si lo hubiese sabido, habría aceptado su invitación para salir a tomar una cerveza.	He is going on an expedition and we might not see him for eight weeks. If I had known it, I would have accepted his invitation to go out for a beer. *[p. 207; 208]*
25.	Llevábamos puestos pantalones negros y botas impermeables. Cuando llegamos allí nos dimos cuenta de que la tienda no era suficientemente grande como para albergar a seis personas.	We were wearing black trousers and waterproof boots. When we got there we realised that the tent was not big enough to accommodate six people. *[p. 23; 179]*
26.	No es lo bastante mayor como para conducir un coche; ojalá supiera montar en bici.	He isn't old enough to drive a car; I wish he knew how to ride a bike. *[p. 179; 115; 155]*
27.	Llevábamos cultivando calabazas durante cinco años antes de ganar el premio. Creo que la clave estuvo en que había sido el invierno más lluvioso registrado.	We had been growing pumpkins for five years before we won the prize. I think the key was that it had been the wettest winter on record. *[p. 142; 93]*
28.	Yo nunca hubiera pensado que serías capaz de hacer algo así; deberías avergonzarte de tu comportamiento – fue un acto engañoso e irresponsable.	I would never have thought you would be capable of doing something like that; you should be ashamed of your behaviour – it was a deceitful and irresponsible act. *[p. 110; 102]*

29.	A pesar de las técnicas de la comida enlatada, preocupan los metales de los que están hechas las mismas; se deben estar ocupando de este problema en la reunión de directivos de hoy.	Despite the preservation techniques for tinned food, there are concerns about the metals used for the tins; they must be addressing this problem in the board meeting today. *[p. 102; 207]*
30.	No estábamos acostumbrados a hablar en inglés y éramos incapaces de hacerlo sin reírnos.	We weren't used to speaking in English and we were unable to do so without laughing. *[p. 99; 216]*
31.	No tengo ninguna buena razón para seguir trabajando en esta empresa; tan pronto como pueda, cogeré el trabajo en Madrid.	I don't have any good reason to carry on working in this company; as soon as I can I'll take the job in Madrid. *[p. 103; 252; 204]*
32.	Las verduras de hoja verde son bajas en calorías y altas en proteína, fibra, hierro y calcio.	Leafy vegetables are low in calories and high in protein, fibre, iron and calcium. *[p. 106]*
33.	La gimnasia rítmica es un deporte en el que los competidores tienen que manipular uno o varios de los siguientes instrumentos: la cuerda, la pelota, el aro, las mazas y la cinta.	Rhythmic gymnastics is a sport in which competitors have to manipulate one or several of the following apparatus; ropes, balls, hoops, clubs and ribbons. *[p. 103]*
34.	Nunca antes he vivido en una ciudad tan grande como Nueva York; tendré que acostumbrarme a viajar en metro.	I have never lived in a city as big as New York before; I will have to get used to travelling on the underground. *[p. 216; 31]*
35.	Solo querían advertirle de lo poco esperanzador que es el caso; los extranjeros no pueden entrar en los EE.UU. sin un visado en vigor o un billete de ida y vuelta.	They only wanted to warn him how hopeless the case is; foreigners can't enter the US without a valid visa or a return ticket. *[p. 105; 209]*
36.	Estoy en tan buena forma que puedo correr dos horas sin cansarme; te reto a correr hasta la pista de tenis.	I am in such good form that I can run for two hours without getting tired; I challenge you to run to the tennis court. *[p. 204; 214; 32]*
37.	Acabo de mirar el pronóstico del tiempo. Tendremos mal tiempo toda la semana que viene; tan pronto como el barco esté listo empezaremos a navegar.	I have just seen the weather forecast. We'll have bad weather all next week; as soon as the boat is ready we'll set sail. *[p. 145; 146]*
38.	No tienes que aprenderte la historia de memoria, la puedes contar con tus propias palabras.	You don't need to learn the story by heart, you can tell it in your own words. *[GIH, p. 287]*
39.	Cualquiera de las dos personas es ideal para el puesto. Mantienen una buena relación con todos sus colegas en el trabajo.	Either person is ideal for the position. They have a good relationship with all their colleagues at work. *[GIH, p. 71, 301]*

40.	Los entrevistadores anunciaron a los candidatos que todos habían superado la prueba. Los empleados de la compañía viajan por todo el mundo.	The interview panel announced to the candidates that they had all passed the test. The company's employees travel all over the world. *[GIH, p. 240, 297]*
41.	Según un informe reciente, la diferencia de los ingresos entre ricos y pobres en Sudamérica es una de las mayores del mundo. ¿Qué podemos hacer al respecto?	According to a recent report, the income gap between the rich and the poor in South America is one of the largest in the world. What can we do about it? *[GIH, p. 83]*
42.	Un ultramicroscopio es un tipo de microscopio utilizado para estudiar partículas que son demasiado pequeñas para verlas con un microscopio corriente. Ésta fue la pregunta más difícil para todos los examinados.	An ultramicroscope is a type of microscope used to study particles that are too small to see with an ordinary microscope. This was the hardest question for all the examinees. *[GIH, p. 37, 40]*
43.	No cogeremos el tren para Paris. En cambio volaremos. Debo cancelar mi asistencia al congreso internacional.	We won't take the train to Paris. We will fly, instead. I must cancel my attendance at the international conference. *[GIH, p. 212]*
44.	Los presidentes debatieron posibles respuestas a los cambios climáticos globales y Obama admitió que estaba perplejo ante la oposición a su propuesta.	The presidents discussed possible response to global climate changes and Obama admitted that he was puzzled by the opposition to his proposal. *[GIH, p. 101]*
45.	Si al menos la tripulación les hubiera puesto al corriente, no habrían tenido que hacer frente a una situación tan desesperada.	If only the crew had kept them informed, they wouldn't have had to face such a desperate situation. *[p. 218; 217; 248]*
46.	Era hacia la medianoche en Nochevieja cuando de repente, John preguntó: "¿Cuánto se tarda de aquí a Suráfrica en avión?"	It was around midnight on New Year's Eve when suddenly John asked: "How long does it take to fly from here to South Africa?" *[p. 298, 297, 245]*
47.	Pilar es la mujer más guapa que ha visto nunca; la conoce desde hace años y la echa mucho de menos, ¿verdad?	Pilar is the most beautiful woman he has ever seen; he has known her for years and he misses her a lot, doesn't he? *[p. 134; 134; 137; 246]*
48.	Lleva trabajando de abogada desde hace ocho años y acaba de mudarse a una casa más grande; es con diferencia la mujer que conozco que más éxito ha tenido en el trabajo.	She has been working as a lawyer for eight years and she's just moved to a bigger house; she's by far the most successful woman I know in her career. *[p. 136; 135; 95; 97]*
49.	Los dinosaurios no vivieron ni en la Edad Media ni en el Paleolítico, ¿verdad?	The dinosaurs didn't live in the Middle Ages or in the Palaeolithic era, did they? *[p. 296; 298; 247]*

50.	Llevo esperándole desde hace tres horas. ¿Cuánto se tarda en coche desde Birmingham a Londres?	I've been waiting for him for three hours. How long does it take by car from Birmingham to London? *[p. 245; 136; 133]*
51.	Cuando venga Ana, a menos que acepte mi regalo, voy a decirle estas palabras: "Ana, te quiero; ojalá sintieras por mí lo mismo que yo siento por ti."	When Ana comes, unless she accepts my present, I'm going to say these words to her: "Ana, I love you; I wish you felt for me the same as I feel for you". *[p. 252; 251; 115]*
52.	Preferiría estar relajándome en una playa que haciendo la maleta para ir a Finlandia. Sólo hay tiempo para unas horas de sueño antes de coger el avión.	I would sooner be relaxing on a beach than packing my suitcase to go to Finland. There is just time for a few hours sleep before taking the plane. *[p. 184, 29]*
53.	Vete sin recoger y te meterás en líos. Fue un acto de irresponsabilidad dejar los trozos de cristal en el suelo.	Go out without tidying up and you're asking for trouble. It was an act of irresponsibility to leave the pieces of glass on the floor. *[p. 114, 34]*
54.	Después del accidente, los cinco miembros de la tripulación estuvieron hospitalizados durante dos meses. Lo acabo de escuchar en las noticias.	After the accident, the five crew were in hospital for two months. I have just heard it in the news. *[p. 29, 133]*
55.	Mi madre me convenció para que me deshiciera de todos mis cactus. He estado limpiando el jardín desde el jueves.	My mother talked me into doing away with all my cacti. I have been cleaning the garden since Thursday. *[p. 127, 218, 20, 135]*
56.	Se culpó a sí mismo por el desafortunado error. Lo que necesito es alguien fiable. Me gustaría que la reunión empezara con puntualidad.	He blamed himself for the unfortunate mistake. What I need is someone reliable. I would like the meeting to start on time *[p. 51, 53, 279]*
57.	Me sorprendió oír que Chloe se comprometió con Finley. Tengo una buena relación con ella, pero es incapaz de hacer amigos.	I was surprised to hear that Chloe got engaged to Finley. I have a good relationship with her, but she is incapable of making friends *[p. 299, 301, 300]*
58.	Ella es la profesora de la que aprendí tanto. Enseña en la universidad a la que mi hermano ha solicitado admisión.	She is the teacher from whom I learnt so much. She teaches at the university to which my brother has applied. *[p. 267]*
59.	Turquía es el sexto fabricante de maquinaria más grande de Europa. He estado viendo un programa en la tele sobre comercio europeo.	Turkey is the sixth largest manufacturer of machinery in Europe. I have been watching a TV programme on European trade. *[p. 15, 25, 96, 135]*

#	Español	English
60.	Ahora voy a ponerte al corriente de los detalles; primero, decir que sus ojos azules se volvieron fríos como piedras es quedarse corto.	Now I am going to fill you in on the details; first, to say that her blue eyes went as cold as stone is something of an understatement. *[p. 218; 30; 37]*
61.	¿Por qué has sacado un seguro de robo para el coche? Siempre está estropeado y deberíamos deshacernos de él tan pronto como sea posible.	Why have you taken out insurance against theft for the car? It's always broken and we should get rid of it as soon as possible. *[p. 301; 218]*
62.	Dijo "El abanico de posibilidades es infinito" y en ese momento una araña salió de debajo de una piedra.	He said "The range of possibilities is infinite" and at that moment a spider came out from underneath a stone. *[p. 105; 30]*
63.	Este interesante artículo habla de cómo Leonardo da Vinci, que vivió en los siglos XV y XVI, con frecuencia ha sido descrito como el arquetipo del hombre renacentista.	This interesting article talks about how Leonardo da Vinci, who lived in the fifteenth and sixteenth centuries, has often been described as the archetypal Renaissance man. *[p. 102; 268]*
64.	Llevo dos días explicándoles que tenemos que tomar una decisión sobre qué día se celebrará el acontecimiento.	I have been explaining to them for two days that we have to take a decision about which day to hold the event. *[p. 240; 136-137; 214]*
65.	Quiero que vayas al mercado tan pronto como puedas y que me traigas algunas cerezas, aceite de oliva, y un diente de ajo.	I want you to go to the market as soon as you can and bring me some cherries, olive oil, and a clove of garlic. *[p. 240, 252, 25]*
66.	El año pasado por estas fechas me encontré con un pariente lejano nuestro al que no había visto en años y que tiene el pelo rizado como el nuestro.	This time last year I met a distant relative of ours who I hadn't seen for years and who has curly hair like ours. *[p. 129; 267; 50]*
67.	Nos explicó que conoce a Isabel desde hace años y sabe que ella lleva diez años trabajando de abogada.	He explained to us that he has known Isabel for years and he knows that she has been working as a lawyer for ten years. *[p. 240, 135, 137]*
68.	El anciano estuvo perdido en el bosque casi dos días, pero afortunadamente fue encontrado por la policía.	The old man was lost in the forest for about two days, but fortunately he was found by the police. *[p. 283]*
69.	Era un día precioso; el mar estaba en calma y el sol brillaba. El barco estaba navegando suave y rápidamente.	It was a beautiful day; the sea was calm and the sun was shining. The boat was sailing smoothly and fast. *[p. 283]*
70.	Mi madre me dijo que entrase y me preguntó si iba a lavar los platos.	My mother told me to come in and she asked me if I would do the dishes. *[p. 274; 275]*

71.	Ella preguntó si había comprado las entradas para la obra o no, y Jessica dijo que ella las traía.	She asked whether she had bought the tickets for the play or not (whether or not she had bought the tickets for the play), and Jessica said (that) she was bringing them. *[p. 274; 271]*
72.	El sábado pasado mi abuela tuvo que ir al hospital para una revisón médica. Alguien debería estar pendiente de ella porque no se encuentra bien.	Last Saturday my grandmother had to go to hospital for a check-up. Someone ought to keep an eye on her because she is not feeling well. *[p. 67; 62]*
73.	Mi hermano ha trabajado como piloto durante muchos años. Soñaba con llegar a ser ingeniero.	My brother has worked as a pilot for many years. He dreamed of becoming an engineer. *[p. 62]*
74.	Aunque hay excelentes librerías en la ciudad, yo prefiero comprar mis libros por Intenet.	Even though there are excellent bookshops in town, I prefer to buy my books on-line. *[p. 256]*
75.	Están ahorrando un tercio de su sueldo cada mes para comprar una casa nueva.	They are saving one third of their earnings each month to buy a new house. *[p. 79]*
76.	Jack no está acostumbrado a hablar en público, pero dio un buen discurso. Hay un cierto encanto en la forma en la que habla.	Jack isn't used to speaking in public, but he gave a good speech. There is a certain charm in the way he speaks. *[p. 249; 63]*
77.	Habíamos estado cultivando orquídeas durante cinco años antes de ganar el premio. Jeff dijo que era una orquídea muy bonita y colorida.	We had been growing orchids for five years before we won a prize. Jeff said it was a beautiful and colourful orchid. *[p. 142; 275]*
78.	No nos volvimos a ver hasta el año siguiente cuando nos encontramos en Madrid.	We didn't see each other again until the following year when we met in Madrid. *[p. 283]*
79.	Amanda es mi hermana mayor. No lo aguanto. Siempre me está diciendo lo que debo hacer.	Amanda is my eldest sister. I can't stand it. She is always bossing me around. *[p. 96; 115]*
80.	Los médicos mostraron su escepticismo sobre la utilidad de la nueva vacuna contra la gripe.	The doctors expressed their scepticism about the usefulness of the new vaccine against the flu. *[p. 61]*
81.	Aunque estaban cansados y quedándose sin provisiones, los franceses tenían una buena posición defensiva.	Although tired and running out of provisions, the French had a good defensive position. *[p. 256]*
82.	Éste es el séptimo de una serie de artículos que analizan los problemas en la educación superior y sus posibles soluciones.	This is the seventh in a series of articles analysing problems in higher education and their possible solutions. *[p. 78]*

#	Español	English
83.	Casi un tercio de la población se evacuó a causa de la erupción del volcán.	Almost a third of the population was evacuated due to the volcanic eruption. *[p. 79]*
84.	Mi hermano es una de las personas más generosas de mi familia. Él reaccionó de un modo que nos sorprendió a todos.	My brother is one of the most generous people in my family. He reacted in a way that surprised us all. *[p. 93; 258]*
85.	Conocí a mi novio cuando estaba en mi tercer año de la universidad. Nos cuidamos mucho mutuamente.	I met my boyfriend when I was in my third year at university. We care for each other a lot. *[p. 78; 250]*
86.	El partido de tenis ha sido pospuesto por tiempo indefinido debido a las malas condiciones meteorológicas.	The tennis match has been postponed indefinitely due to the bad weather conditions. *[p. 283]*
87.	Me gustaría que la reunión empezara con puntualidad para que después podamos hablar y conocernos mejor.	I would like the meeting to start on time so that afterwards we can talk and get to know each other better. *[p. 279; 255; 54]*
88.	Se cuidan mutuamente y sé que John había estado intentando contactar con ella durante al menos dos horas.	They take care of each other and I know that John had been trying to contact her for at least two hours. *[p. 250; 143]*
89.	Puede que esté en la planta de arriba; por si acaso voy a mirar allí.	It may be upstairs; I'm going to look there just in case. *[p. 269; 284-6; 254]*
90.	Espero que esto te sea útil para resolver tus problemas; aquí están los dos primeros capítulos de mi tesis doctoral y tienen que ver principalmente con el nacimiento de la lingüística.	I hope this will be useful to you in solving your problems; here are the first two chapters of my doctoral thesis and they are mainly concerned with the birth of linguistics. *[p. 51; 78]*
91.	Deberíamos ir a las reuniones acompañadas por nuestro consejero legal para que podamos estar seguros de que entendemos completamente los términos del contrato.	We ought to go to the meeting with our legal representative so that we can be sure that we completely understand the terms of the contract. *[p. 255]*
92.	Este niño está siendo criado con mucho amor y cuidado como si fuera mi propio hijo.	This boy is being raised with a lot of loving care as if he was my own child. *[p. 159; 258]*
93.	Te echo mucho de menos; eres una de las personas más generosas que he conocido nunca, probablemente una de las personas más generosas del mundo.	I miss you badly; you are one of the most generous people I have ever met, probably one of the most generous people in the world. *[p. 277; 92; 93]*
94.	Para cuando lleguemos ya habrá conocido a tus nueras; son las personas más activas que he conocido nunca.	By the time we arrive he will have met your daughters-in-law; they are the most active people I have ever met. *[p. 252; 32; 92]*

95.	Era una historia tan interesante que yo quería contársela a John pero tú dijiste que deberíamos irnos a casa sin interrumpirle.	It was such an interesting story that I wanted to tell it to John but you said that we ought to go home without interrupting him. *[p. 255; 249]*
96.	Verás a los ancianos sentados en el banco leyendo su periódico; no están acostumbrados a quedarse en casa.	You will see the old men sitting on the bench reading their newspaper; they are not used to staying at home. *[p. 63; 249]*
97.	Me dijo que no recordaba dónde había aparcado el coche y le dije que yo no lo veía por ninguna parte pero que tenía que estar en algún lugar.	He told me he didn't remember where he had parked the car and I told him that I couldn't see it anywhere but it had to be somewhere. *[p. 273; 284-6]*
98.	Puesto que es importante que te diviertas un poco, te voy a dar este libro; es tan bueno que en pocas semanas se convirtió en un éxito editorial.	Since it's important that you enjoy yourself a bit, I am going to give you this book; it's so good that it in a few weeks it became a best-seller. *[p. 254; 289; 255]*
99.	Me dijo de mala gana que el procedimiento en el estudio llevado a cabo en Alemania fue el mismo que el usado en EE.UU., con la excepción de la fase tres.	He told me reluctantly that the procedure in the study carried out in Germany was the same as that used in the US, with the exception of phase three. *[p. 276; 88]*
100.	Me preguntó con quién había hablado en la fiesta, de quién eran las llaves y quién me compró ese ramo de flores.	He asked me who I had spoken to at the party, whose were the keys and who bought me that bunch of flowers. *[p. 59; 273]*
101.	Cantidades indeterminadas de petróleo se enviarán al extranjero y se invertirán millones de euros en desarrollo tecnológico.	Unknown quantities of oil will be sent abroad and millions of euros will be invested in technological development. *[p. 169; 277]*
102.	Hablemos con Mary; valoro mucho sus consejos – incluso más que los tuyos – y además cualquier otra información será útil.	Let's speak to Mary; I value her advice a lot – even more than yours – and besides any further information will be useful. *[p. 112; 288; 94-95; 25; 50]*
103.	Durante años han estado llevando a cabo un estudio sobre cómo los niños aprenden palabras.	For years they have been carrying out a study of how children learn words. *[p. 283-4; 66]*
104.	Me preguntó cómo se llaman los recién nacidos y si nacieron un domingo.	He asked me what the newly born children are called and if they were born on a Sunday. *[p. 97-106; 61-68]*
105.	Si al menos no hubiera parado en la biblioteca esto no habría pasado, pero me temo que ya es demasiado tarde para que podamos solucionarlo.	If only he hadn't stopped in the library this wouldn't have happened, but I'm afraid it's too late now for us to do anything about it. *[p. 114-5; 179-80]*

#	Español	English
106.	Ahora se puede cruzar el puente; las barreras de peaje están levantadas, así que para cuando lleguen no habrá problema.	The bridge can be crossed now; the toll barriers are up, so by the time they get here there won't be a problem. *[p. 168, 251-3]*
107.	Tom se quedó de pie en medio de la calle mirando fijamente al coche accidentado. Dijo que era la última vez que te prestaba el coche o cualquier otra cosa.	Tom stood in the middle of the street staring at the crashed car. He said (that) it was the last time he lent you his car or anything at all. *[p. 286; 271]*
108.	Edward dijo que había estado en Escocia antes. Allí llueve abundantemente todo el año y ese es el motivo por el que no piensa volver a menos que sea estrictamente necesario.	Edward said (that) he had been to Scotland before. There, there is heavy rain all the year around and that is the reason why he does not intend to go back unless it is absolutely necessary. *[p. 271; 278]*
109.	Ayer vi un documental en la tele sobre la vida salvaje en Australia. Cuando acabó, él me preguntó que dónde íbamos a pasar nuestra luna de miel.	Yesterday I watched a documentary on TV about wildlife in Australia. When it finished, he asked where we were going to spend our honeymoon. *[p. 13; 273]*
110.	Mi vecino siempre me está molestando con una cosa u otra. No entiendo por qué me trata así pero te aseguro que esto se ha acabado.	My neighbour is always bothering me with one thing or another. I don't understand why he treats me like that but I can assure you that this is the end of it. *[p. 124]*
111.	Se hizo todo lo posible para que la situación volviera a la normalidad después del terremoto. Las autoridades querían que la gente volviese a sus rutinas y olvidasen el desastre.	Everything possible was done to get the situation back to normal after the earthquake. The authorities wanted people to get back to their routines and forget the tragedy. *[p. 124; 159]*
112.	Hasta ahora, no se ha encontrado una solución al problema. Joanne dijo que había estado intentando contactar conmigo desesperadamente durante dos horas pero mi teléfono no funcionaba.	So far, a solution to the problem has not been found. Joanne said that she had been trying to contact me desperately for two hours but my mobile phone was out of order. *[p. 160; 143]*
113.	Estoy dibujando el manzano que hay en el jardín de mis padres. Mi hermano siempre me está molestando con una cosa u otra.	I am drawing the apple tree that is in my parents' garden. My brother is always bothering me with one thing or another. *[p. 63; 124]*
114.	A pesar de las objeciones, decidieron continuar adelante con el plan. Susan preguntó si ésa era realmente la única solución que podíamos encontrar para resolver el problema.	In spite of the objections, they decided to go ahead with the plan. Susan asked if that was really the only solution we could find to solve the problem. *[p. 257; 273]*

115.	Jack preguntó si había comprado las entradas para el cine o no. Estoy más agradecido por eso que por cualquier otra cosa, incluida la cena a la que nos invitó.	Jack asked whether she had bought the tickets for the cinema or not. I'm more grateful for that than anything else, including the dinner she invited us to. *[p. 274]*
116.	No nos volvimos a ver hasta el año siguiente cuando nos encontramos en Madrid. Entonces John me preguntó cuál había sido el motivo para un silencio tan largo.	We didn't see each other again until the following year when we met in Madrid. John then asked what had been the reason for such a long silence. *[p. 283; 274]*
117.	Joanna sacó la mano del bolsillo y saludó mientras el coche se alejaba con el amor de su vida dentro. No estaban seguros de cuándo volverían a verse, ni siquiera si volverían a encontrarse otra vez.	Joanna took her hand out of her pocket and waved as the car was leaving with the love of her life inside. They were not certain when they would see each other again, or if they would ever meet again at all. *[p. 66; 249]*
118.	Ella reaccionó de un modo que nos sorprendió a todos, como si no le hubiera visto antes, mientras que en realidad habían estado almorzando juntos la semana anterior.	She reacted in a way that surprised us all, as though she had not seen him before, while in fact they had been having lunch together the previous week. *[p. 258; 261]*
119.	Valoro mucho tus comentarios y quisiera darte las gracias por tu ayuda durante todos estos años de trabajo duro en esta compañía. Te puedo asegurar que nunca lo olvidaré.	I value your comments very much and I would like to thank you for your help during all these years of hard work in this firm. I can assure you that I will never forget it. *[p. 288; 206]*
120.	Debido a la mala situación económica se han perdido dos millones de puestos de trabajo pero John tiene suerte: en este momento está trabajando de camarero.	Due to the bad economic situation two million jobs have been lost but John is lucky: at the moment he is working as a waiter. *[p. 283-84, 121-124]*
121.	La picadora había sido diseñada para que los componentes pudieran ser desmantelados fácilmente.	The mincer had been designed so that components could easily be taken to pieces. *[p. 255]*
122.	He pintado la barandilla con pintura impermeable de manera que no se vuelva a oxidar.	I have painted the rail with waterproof paint so that it won't rust again. *[p. 255]*
123.	Este suelo de mármol está rayado, pero no creo que debamos pulirlo.	This marble floor is scratched, but I don't think we should polish it. *[p. 168]*
124.	Ella lleva más de ocho años trabajando de abogada y nos dijo que deberíamos ir a las reuniones acompañadas por nuestro consejero legal para que podamos estar seguros de que entendemos completamente los términos del contrato.	She has been working as a lawyer for eight years and she told us that we should attend the meetings accompanied by our legal adviser so that we can be sure we completely understand the terms of the contract. *[p. 135; 255]*

#	Español	English
125.	He pintado la barandilla con pintura impermeable de manera que no se vuelva a oxidar.	I have painted the rail with waterproof paint so that it won't rust again. *[p. 255]*
126.	El libro habría sido vendido en Canadá si lo hubieran traducido al inglés; ¡Ojalá lo hubiesen traducido al inglés!	The book would have sold in Canada if it had been translated into English; I wish it had been translated into English. *[p. 162; 115]*
127.	No recuerdo por qué dicen que la dieta mediterránea es tan saludable, ¿me lo puedes explicar por favor?	I don't remember why they say the Mediterranean diet is so healthy. Can you explain it to me please? *[p. 273; 168; 240]*
128.	No lo aguanto más. Siempre me mangonea. No entiendo por qué me trata así pero no tengo ninguna razón para seguir trabajando en esta empresa.	I can't stand it any longer. He's always bossing me about. I don't understand why he treats me like that but I have no reason to carry on working in this company. *[p. 124; 103]*
129.	Después de coser el botón en la camisa, plánchala y recuerda también que aquellas sillas del jardín y el cortacésped tendrán que almacenarse para el invierno.	After sowing the button on the shirt, iron it and remember too that those garden chairs and the lawnmower will have to be stored for winter. *[p. 138; 213; 139]*
130.	Lo peor de envejecer es que no podemos hacer las cosas como antes y después de correr tan rápido estaba jadeando; pero no creo que necesite una revisión médica.	The worst thing about getting old is that we can't do the things as before and after running so quickly he was panting; but I don't think he needs a check-up. *[p. 94; 67; 121]*
131.	Fuimos a su casa; lo encontramos viendo la televisión y nos marchamos sin preguntarle por qué ha invertido tantos millones de dólares en desarrollo tecnológico.	We went to his house; we found him watching television and we left without asking him why he has invested so many millions of dollars in technological development. *[p. 249; 143]*
132.	Como ves, se ha instalado una nueva cerradura en nuestra puerta delantera; ahora subamos arriba y te enseñaré algo tan interesante que no lo olvidarás nunca.	As you can see, a new lock has been installed in our front door; now let's go upstairs and I will show you something so interesting that you will never forget it. *[p. 167; 285; 255]*
133.	Me gustaría que la reunión empezara con puntualidad; es un tema tan importante que hay mucho que hablar, y sobre todo quiero preguntar por qué el coste de la reconstrucción ascendió a más de tres mil euros.	I would like the meeting to start on time; it's such an important subject that we have a lot to talk about, and above all I want to ask why the cost of the reconstruction was over three thousand euros. *[p. 279; 255; 77]*

134.	Nos conocimos en una fiesta en 2008. No nos volvimos a ver hasta el año siguiente cuando nos encontramos en Madrid y me di cuenta que llevaba toda mi vida esperando a alguien como ella.	We met at a party in 2008. We didn't see each other again until the following year when we met in Madrid and I realised that I had been waiting all my life for someone like her. *[p. 283]*
135.	Llevaba años estudiando estos temas y en aquel momento estaba llevando a cabo un estudio sobre el Océano Índico que es el tercero más extenso del mundo.	He had been studying these matters for years and at that moment he was carrying out a study on the Indian Ocean which is the third biggest in the world. *[p. 66; 283; 97; 123]*
136.	De todos los hombres que conozco él es con diferencia el que ha tenido más éxito en su trabajo; aun siendo un hombre modesto posee una de las mayores fortunas del mundo.	Of the men I know he is by far the one who has had most success in his work; whilst being a modest man he has one of the biggest fortunes in the world. *[p. 97; 257]*
137.	Fue tal y como yo había esperado; perdieron el bus de las cuatro y luego se perdieron en el bosque buscando mariposas; quizás ahora estén de camino a casa.	It was much as I expected; they missed the bus at four and then they got lost in a wood looking for butterflies; perhaps they are on the way home now. *[p. 258; 254; 16; 289]*
138.	Primero preguntó a Betty si le gustaban las margaritas y narcisos, y luego dijo que la había echado mucho de menos.	First he asked Betty if she liked daisies and daffodils, and then he said he had missed her badly. *[p. 273; 274; 277]*
139.	Nos explicó por qué se espera que la primera fase del proyecto haya sido completado antes del 2020, y dijo que en este folleto encontraríamos toda la información que podamos necesitar.	He explained to us why it is expected that the first phase of the project will have been completed by 2020, and he said that in that brochure we would find all the information we would need. *[p. 161; 65]*
140.	Le explicamos que, debido al riesgo alto de tornado, la policía había aconsejado a la gente que se quedara en sus casas y que cerrasen las ventanas, y al final aceptó de mala gana entrar en casa.	We explained to him that, due to the high risk of tornado, the police had advised people to stay indoors and to close windows, and he finally reluctantly agreed to go indoors. *[p. 276; 284]*
141.	El barco llevaba todo el día navegando suave y rápidamente y la tripulación fue muy, muy amable. Empecé a preguntarme exactamente a dónde íbamos y si no eran demasiado amables.	The boat had been sailing smoothly and fast all day and the crew were very, very friendly. I started to wonder exactly where we were going and if they weren't too friendly. *[p. 136; 250; 28]*
142.	Me preguntó por qué los investigadores bioquímicos están desarrollando plásticos biodegradables que están hechos de recursos renovables y fui incapaz de contestarle sin reírme.	He asked me why biochemical researchers are developing biodegradable plastics that are made from renewable resources and I was unable to answer him without laughing. *[p. 67; 98; 99]*

#	Español	English
143.	Él entró en el restaurante mirando alrededor suyo y en ese momento Rosa le llamó mientras aún estaba sentada conmigo. Él esperaba hablar con Rosa antes de que se fuera para Alemania.	He entered the restaurant looking all around him and at that moment Rosa called him while sitting with me. He hoped to talk to Rosa before she left for Germany. *[p. 265; 175]*
144.	Cuando alcanzamos la cima no vimos a nadie allí. Nadie dijo una palabra. Sara quería que me quedase despierto toda la noche.	When we reached the summit we could see there was nobody there. No one said a word. Sara wanted me to stay up all night. *[p. 243; 178]*
145.	Si se demuestra que realmente esto fue lo que pasó, parece poco probable que él reciba alguna compensación de la compañía de seguros.	If that proves to be what really happened, it seems unlikely that he'll get any compensation from the insurance company. *[p. 176]*
146.	Anoche me acosté más temprano de lo normal. No le digas a Jill que te lo he contado, ¿vale?	Last night I went to bed earlier than usual. Don't tell Jill I have told you, will you? *[p. 291; 248]*
147.	Nos vamos a gastar un montón de dinero en esta casa nueva por lo que no nos podemos permitir correr riesgos con el constructor.	We are going to spend a lot of money on this new house so we can't afford to take any chances with the builder. *[p. 172]*
148.	Tendré que llamar a una grúa porque tengo un problema con la rueda del coche. John esperaba que le llevara a casa en coche.	I'll have to call for a tow truck because there's a problem with the wheel of my car. John expected me to drive him home. *[p. 46; 178]*
149.	Esta playa es probablemente la mejor del mundo. Se me olvidó traer la crema solar. Lo siento.	This beach is probably the best in the world. I forgot to bring the sun cream (with me). I'm sorry. *[p. 96; 174]*
150.	- Por favor, no dudes en ponerte en contacto conmigo si tienes cualquier duda. - No tengo ninguna pregunta.	- Please don't hesitate to contact me if you have any questions. - I haven't got any questions. *[p. 174; 73]*
151.	Ella vive en las afueras y apenas hay suficiente espacio para ti en el coche así que tendrás que ir a pie o esperar unos diez minutos más e ir en autobús.	She lives on the outskirts and there's hardly enough room for you in the car so you will have to go on foot or wait another ten minutes and go by bus. *[p. 71; 73; 292]*
152.	El miércoles pasado hablé con unos amigos noruegos suyos; acababan de visitar la exposición donde vieron una bonita espada vikinga grande, de plata y con 900 años de antigüedad.	Last Wednesday I spoke to some Norwegian friends of his; they had just visited the exhibition where they saw a beautiful big 900-year-old Viking sword. *[p. 67; 64; 81]*
153.	Está preocupado por su futuro; no sabe si encontrará algún día a alguien con quien casarse así que creo que debemos simplemente correr un velo y fingir que esto no ha ocurrido.	He is worried about his future; he doesn't know whether some day he will find someone to marry so I think we should simply sweep it under the carpet and pretend this never happened. *[p. 109; 182; 183]*

154.	Preguntemos a la vecina de arriba dónde podemos comprar flores y si sabe si Mary prefiere margaritas o narcisos.	Let's ask the upstairs neighbour where we can buy flowers and if she knows whether Mary prefers daisies o daffodils. *[p. 185; 274]*
155.	De todas maneras, hasta donde yo recuerdo no nos dijo cuánto se tarda de aquí al pueblo ni en autobús ni a pie, ¿verdad?	In any case, as far as I remember he didn't tell us how long it takes from here to the village by bus or on foot, did he? *[p. 156; 289; 245; 299; 246]*
156.	La semana pasada cuando estaba plantando lavanda a lo largo del perímetro del jardín mi madre tropezó y se torció el pie.	Last week when she was planting lavender along the edge of the garden my mother slipped and sprained her foot. *[p. 70; 296]*
157.	En cuanto al libro, ya teníamos dificultades para entender los dos primeros capítulos y nos resultó cada vez más difícil a medida que seguimos leyendo.	As for the book, we already had problems understanding the first two chapters and it was more and more difficult for us as we continued reading. *[p. 91; 109; 97]*
158.	Ya verás; cuando sepa del resultado de sus exámenes, se sentirá mareado y luego se desmayará.	You'll see; when he finds out his exam results, he'll feel dizzy and then he'll faint. *[p. 69; 240; 82]*
159.	Nunca han abandonado su proyecto de hacer un viaje alrededor del mundo y creo que en este folleto pueden encontrar toda la información que pueden necesitar.	They have never abandoned their project for a trip round the world and I think that in this booklet they can find all the information they will need. *[p. 297; 65]*
160.	Me temo que continúa siendo el principal sospechoso en este caso de fraude. ¡Es un problema de gran transcendencia! Se deben estar ocupando de ello en la reunión de directivos de hoy.	I am afraid he continues to be the main suspect in this case of fraud. It is such an important problem! They must be addressing it at the board meeting today. *[p. 195; 297]*
161.	Me siento afortunado por tener muchos amigos en el lugar donde voy de vacaciones. Durante el verano he jugado al tenis un día sí y otro no. Ha sido cansado pero divertido.	I feel lucky because I have many friends in the place where I go on holidays. During the summer I have played tennis every other day. It has been tiring but fun. *[p. 74; 298]*
162.	Estamos tan cansados después de un año tan duro que necesitamos un mes de descanso, pero debo decir que estoy satisfecho con el modo en el que han salido las cosas últimamente.	We are so tired after such a tough year that we need a month's break, but I must say I am satisfied with the way things have turned out lately. *[p. 45; 300]*
163.	Él es quizá la única persona capaz de proporcionar el liderazgo que necesita la compañía, lo que debe hacer es encontrar una solución para evitar que tengan que cerrar.	He is perhaps the only person capable of providing the leadership the company needs, what he has to do is to find a solution to avoid their having to close down. *[p. 81; 181]*

APÉNDICE I

ORDINAL AND CARDINAL NUMBERS (LOS NÚMEROS ORDINALES Y CARDINALES)

Números	Cardinales	Ordinales
0	zero/nought	
1	one	first
2	two	second
3	three	third
4	four	fourth
5	five	fifth
6	six	sixth
7	seven	seventh
8	eight	eighth
9	nine	ninth
10	ten	tenth
11	eleven	eleventh
12	twelve	twelfth
13	thirteen	thirteenth
14	fourteen	fourteenth
15	fifteen	fifteenth
16	sixteen	sixteenth
17	seventeen	seventeenth
18	eighteen	eighteenth
19	nineteen	nineteenth
20	twenty	twentieth
21	twenty-one	twenty-first
22	twenty-two	twenty-second
…		
30	thirty	thirtieth
40	forty	fortieth
50	fifty	fiftieth
60	sixty	sixtieth
70	seventy	seventieth

80	eighty	eightieth
90	ninety	ninetieth
100	one hundred	one hundredth
101	one hundred and one	one hundred and first
102	one hundred and two	one hundred and second
...		
200	two hundred	two hundredth
...		
1,000	one thousand	one thousandth
1,001	one thousand and one	one thousand and first
1,002	one thousand and two	one thousand and second
...		
1,420	one thousand four hundred and twenty	one thousand four hundred and twentieth
...		
1.000.000	one million	one millionth

APÉNDICE II

IRREGULAR VERBS (LOS VERBOS IRREGULARES)

Infinitivo	Pretérito perfecto simple	Participio pasado	
arise /əˈraɪz/	arose /əˈrəʊz/	arisen /əˈrɪzən/	levantarse, surgir
awake /əˈweɪk/	awoke /əˈwəʊk/	awoken /əˈwəʊkən/	despertarse
be /biː/	was/were/wɒz/ /wɜːr/	been /biːn/	ser, estar
bear /beər/	bore /bɔːr/	borne /bɔːn/	llevar, soportar
beat /biːt/	beat /biːt/	beaten /ˈbiː.tən/	batir, golpear, latir
become /bɪˈkʌm/	became /bɪˈkeɪm/	become /bɪˈkʌm/	llegar a ser, hacerse
befall /bɪˈfɔːl/	befell /bɪˈfel/	befallen /bɪˈfɔːlən/	acontecer
begin /bɪˈgɪn/	began /bɪˈgæn/	begun /bɪˈgʌn/	empezar
behold /bɪˈhəʊld/	beheld /bɪˈheld/	beheld /bɪˈheld/	contemplar
bend /bend/	bent /bent/	bent /bent/	doblar(se)
bet /bet/	bet /bet/	bet /bet/	apostar
bid /bɪd/	bid /bɪd/	bid /bɪd/	pujar, apostar
bind /baɪnd/	bound /baʊnd/	bound /baʊnd/	atar, encuadernar
bite /baɪt/	bit /bɪt/	bitten /ˈbɪt.ən/	morder
bleed /bliːd/	bled /bled/	bled /bled/	sangrar
blow /bləʊ/	blew /bluː/	blown /bləʊn/	soplar
break /breɪk/	broke /brəʊk/	broken /ˈbrəʊ.kən/	romper
breed /briːd/	bred /bred/	bred /bred/	criar, educar
bring /brɪŋ/	brought /brɔːt/	brought /brɔːt/	traer
broadcast /ˈbrɔːd.kɑːst/	broadcast /ˈbrɔːd.kɑːst/	broadcast /ˈbrɔːd.kɑːst/	emitir
build /bɪld/	built /bɪlt/	built /bɪlt/	edificar
burn /bɜːn/	burnt /bɜːnt/	burnt /bɜːnt/	quemar, arder
burst /bɜːst/	burst /bɜːst/	burst /bɜːst/	estallar
buy /baɪ/	bought /bɔːt/	bought /bɔːt/	comprar
cast /kɑːst/	cast /kɑːst/	cast /kɑːst/	tirar
catch /kætʃ/	caught /kɔːt/	caught /kɔːt/	atrapar
choose /tʃuːz/	chose /tʃəʊz/	chosen /ˈtʃəʊ.zən/	escoger

cling /klɪŋ/	clung /klʌŋ/	clung /klʌŋ/	adherirse
come /kʌm/	came /keɪm/	come /kʌm/	venir
cost /kɒst/	cost /kɒst/	cost /kɒst/	costar
creep /kriːp/	crept /krept/	crept /krept/	arrastrarse
cut /kʌt/	cut /kʌt/	cut /kʌt/	cortar
deal /dɪəl/	dealt /delt/	dealt /delt/	tratar
dig /dɪg/	dug /dʌg/	dug /dʌg/	cavar
do /duː/	did /dɪd/	done /dʌn/	hacer
draw /drɔː/	drew /druː/	drawn /drɔːn/	trazar, dibujar, sacar, tirar
dream /driːm/	dreamt /dremt/	dreamt /dremt/	soñar
drink /drɪŋk/	drank /dræŋk/	drunk /drʌŋk/	beber
drive /draɪv/	drove /drəʊv/	driven /'drɪv.ən/	conducir
dwell /dwel/	dwelt /dwelt/	dwelt /dwelt/	residir
eat /iːt/	ate /eɪt/	eaten /'iːtn/	comer
fall /fɔːl/	fell /fel/	fallen /'fɔː.lən/	caer
feed /fiːd/	fed /fed/	fed /fed/	alimentar
feel /fiːl/	felt /felt/	felt /felt/	sentir, palpar
fight /faɪt/	fought /fɔːt/	fought /fɔːt/	luchar
find /faɪnd/	found /faʊnd/	found /faʊnd/	encontrar
flee /fliː/	fled /fled/	fled /fled/	huir
fling /flɪŋ/	flung /flʌŋ/	flung /flʌŋ/	lanzar
fly /flaɪ/	flew /fluː/	flown /fləʊn/	volar
forbid /fə'bɪd/	forbade /fər'beɪd/	forbidden /fər'bɪdn/	prohibir
forecast /'fɔː.kɑːst/	forecast /'fɔː.kɑːst/	forecast /'fɔː.kɑːst/	predecir
foresee /fə'siː/	foresaw /fɔː'sɔː/	foreseen /fɔː'siːn/	prever
forget /fə'get/	forgot /fəːr'gɑːt/	forgotten /fəːr'gɑːtən/	olvidar
forgive /fə'gɪv/	forgave /fə'geɪv/	forgiven /fə'gɪvən/	perdonar
forsake /fɔːˈseɪk/	forsook /fərˈsʊk/	forsaken /fɔːˈseɪkən/	abandonar
freeze /friːz/	froze /frəʊz/	frozen /'frəʊ.zən/	helar, congelar
get /get/	got /gɒt/	got /gɒt/	conseguir, obtener, llegar
give /gɪv/	gave /geɪv/	given /'gɪv.ən/	dar
go /gəʊ/	went /went/	gone /gɒn/	ir
grind /graɪnd/	ground /graʊnd/	ground /graʊnd/	moler, triturar

grow /grəʊ/	grew /gruː/	grown /grəʊn/	crecer, cultivar
hang /hæŋ/	hung /hʌŋ/	hung /hʌŋ/	colgar
have /hæv/	had /hæd/	had /hæd/	haber, tener
hear /hɪə/	heard /hɜːd/	heard /hɜːd/	oir
hide /haɪd/	hid /hɪd/	hidden /hɪdn/	esconder
hit /hɪt/	hit /hɪt/	hit /hɪt/	golpear
hold /həʊld/	held /held/	held /held/	sostener, agarrar
hurt /hɜːt/	hurt /hɜːt/	hurt /hɜːt/	hacer daño, doler
keep /kiːp/	kept /kept/	kept /kept/	guardar, conservar
kneel /niːl/	knelt /nelt/	knelt /nelt/	arrodillarse
knit /nɪt/	knit /nɪt/	knit /nɪt/	tejer, hacer punto
know /nəʊ/	knew /njuː/	known /nəʊn/	saber, conocer
lay /leɪ/	laid /leɪd/	laid /leɪd/	poner
lead /liːd/	led /led/	led /led/	guiar
lean /liːn/	leant /lent/	leant /lent/	apoyar(se)
leap /liːp/	leapt /lept/	leapt /lept/	saltar
learn /lɜːn/	learnt /lɜːnt/	learnt /lɜːnt/	aprender
leave /liːv/	left /left/	left /left/	dejar, salir
lend /lend/	lent /lent/	lent /lent/	prestar
let /let/	let /let/	let /let/	permitir, dejar, alquilar
lie /laɪ/	lay /leɪ/	lain /leɪn/	yacer, tenderse
light /laɪt/	lit /lɪt/	lit /lɪt/	iluminar, encender
lose /luːz/	lost /lɒst/	lost /lɒst/	perder
make /meɪk/	made /meɪd/	made /meɪd/	hacer, fabricar
mean /miːn/	meant /ment/	meant /ment/	querer decir, significar
meet /miːt/	met /met/	met /met/	encontrar, conocer
mistake /mɪˈsteɪk/	mistook /mɪˈstʊk/	mistaken /məˈsteɪkən/	confundir(se)
mow /məʊ/	mowed /məʊd/	mown /məʊn/	segar
offset /ˌɒfˈset/	offset /ˌɒfˈset/	offset /ˌɒfˈset/	compensar
overcome /ˌəʊ.vəˈkʌm/	overcame /ˌəʊ.vəˈkeɪm/	overcome /ˌəʊ.vəˈkʌm/	superar
pay /peɪ/	paid /peɪd/	paid /peɪd/	pagar
put /pʊt/	put /pʊt/	put /pʊt/	poner, colocar
quit /kwɪt/	quit /kwɪt/	quit /kwɪt/	dejar, irse
read /riːd/	read /red/	read /red/	leer

rid /rɪd/	rid /rɪd/	rid /rɪd/	librar
ride /raɪd/	rode /rəʊd/	ridden /ˈrɪdən/	montar, cabalgar
ring /rɪŋ/	rang /ræŋ/	rung /rʌŋ/	sonar, tocar el timbre
rise /raɪz/	rose /rəʊz/	risen /ˈrɪzn/	subir, levantar
run /rʌn/	ran /ræn/	run /rʌn/	correr, dirigir
saw /sɔː/	sawed /sɔːd/	sawn /sɔːn/	serrar
say /seɪ/	said /sed/	said /sed/	decir
see /siː/	saw /sɔː/	seen /siːn/	ver
seek /siːk/	sought /sɔːt/	sought /sɔːt/	buscar
sell /səʊld/	sold /səʊld/	sold /səʊld/	vender
send /send/	sent /sent/	sent /sent/	enviar
set /set/	set /set/	set /set/	poner, establecer
sew /səʊ/	sewed /səʊd/	sewn /səʊn/	coser
shake /ʃeɪk/	shook /ʃʊk/	shaken /ˈʃeɪkən/	sacudir, agitar
shed /ʃed/	shed /ʃed/	shed /ʃed/	derramar
shine /ʃaɪn/	shone /ʃɒn/	shone /ʃɒn/	brillar
shoe /ʃuː/	shod /ʃɒd/	shod /ʃɒd/	herrar
shoot /ʃuːt/	shot /ʃɒt/	shot /ʃɒt/	disparar
show /ʃəʊ/	showed /ʃəʊd/	shown /ʃəʊn/	mostrar
shrink /ʃrɪŋk/	shrank /ʃræŋk/	shrunk /ʃrʌŋk/	encoger, rehuir
shut /ʃʌt/	shut /ʃʌt/	shut /ʃʌt/	cerrar
sing /sɪŋ/	sang /sæŋ/	sung /sʌŋ/	cantar
sink /sɪŋk/	sank /sæŋk/	sunk /sʌŋk/	hundir(se)
sit /sɪt/	sat /sæt/	sat /sæt/	sentarse
sleep /sliːp/	slept /slept/	slept /slept/	dormir
slide /slaɪd/	slid /slɪd/	slid /slɪd/	deslizarse, resbalar
slink /slɪŋk/	slunk /slʌŋk/	slunk /slʌŋk/	escabullirse
slit /slɪt/	slit /slɪt/	slit /slɪt/	rajar
smell /smel/	smelt /smelt/	smelt /smelt/	oler
sow /səʊ/	sowed /səʊd/	sown /səʊn/	sembrar
speak /spiːk/	spoke /spəʊk/	spoken /ˈspəʊ.kən/	hablar
speed /spiːd/	sped /sped/	sped /sped/	acelerar
spell /spel/	spelt /spelt/	spelt /spelt/	deletrear, escribir
spend /spend/	spent /spent/	spent /spent/	gastar, pasar (el tiempo)

spill /spɪl/	spilt /spɪlt/	spilt /spɪlt/	derramar
spin /spɪn/	spun/span /spʌn/ /spæn/	spun /spʌn/	hilar, girar
spit /spɪt/	spat /spæt/	spat /spæt/	escupir
split /splɪt/	split /splɪt/	split /splɪt/	partir
spoil /spɔɪl/	spoilt /spɔɪlt/	spoilt /spɔɪlt/	estropear, mimar
spread /spred/	spread /spred/	spread /spred/	esparcir
spring /sprɪŋ/	sprang /spræŋ/	sprung /sprʌŋ/	brotar, saltar
stand /stænd/	stood /stʊd/	stood /stʊd/	estar/ponerse de pie
steal /stiːl/	stole /stəʊl/	stolen /ˈstəʊ.lən/	robar
stick /stɪk/	stuck /stʌk/	stuck /stʌk/	pegar, fijar
sting /stɪŋ/	stung /stʌŋ/	stung /stʌŋ/	picar
stink /stɪŋk/	stank /stæŋk/	stunk /stʌŋk/	apestar
stride /straɪd/	strode /strəʊd/	stridden /strɪdən/	andar a zancadas
strike /straɪk/	struck /strʌk/	struck /strʌk/	golpear, atacar
string /strɪŋ/	strung /strʌŋ/	strung /strʌŋ/	picar
strive /straɪv/	strove /strəʊv/	striven /ˈstrɪvən/	esforzarse
swear /sweə/	swore /swɔː/	sworn /swɔːn/	jurar
sweep /swiːp/	swept /swept/	swept /swept/	barrer
swim /swɪm/	swam /swæm/	swum /swʌm/	nadar
swing /swɪŋ/	swung /swʌŋ/	swung /swʌŋ/	balancearse
take /teɪk/	took /tʊk/	taken /ˈteɪ.kən/	tomar, llevar
teach /tiːtʃ/	taught /tɔːt/	taught /tɔːt/	enseñar
tear /teər/	tore /tɔː/	torn /tɔːn/	rasgar
tell /tel/	told /təʊld/	told /təʊld/	decir, contar
think /θɪŋk/	thought /θɔːt/	thought /θɔːt/	pensar, creer
throw /θrəʊ/	threw /θruː/	thrown /θrəʊn/	tirar, lanzar, arrojar
thrust /θrʌst/	thrust /θrʌst/	thrust /θrʌst/	meter, empujar
tread /tred/	trod /trɒd/	trodden /ˈtrɒ.dən/	pisar
understand /ˌʌn.dəˈstænd/	understood /ˈʌndərˈstʊd/	understood /ˈʌndərˈstʊd/	comprender, entender
wake /weɪk/	woke /wəʊk/	woken /ˈwəʊ.kən/	despertar
wear /weə/	wore /wɔː/	worn /wɔːn/	llevar puesto, usar
weave /wiːv/	wove /wəʊv/	woven /ˈwəʊ.vən/	tejer
weep /wiːp/	wept /wept/	wept /wept/	sollozar

win /wɪn/	won /wʌn/	won /wʌn/	ganar
wind /waɪnd/	wound /wuːnd/	wound /wuːnd/	dar cuenta, enrollar
withdraw /wɪðˈdrɔː/	withdrew /wɪðˈdruː/	withdrawn /wɪðˈdrɔːn/	retirar, sacar
wring /rɪŋ/	wrung /rʌŋ/	wrung /rʌŋ/	retorcer
write /raɪt/	wrote /rəʊt/	written /ˈrɪt.ən/	escribir

> Recuerda que existen algunas diferencias entre el inglés británico y el americano en cuanto a los verbos irregulares se refiere como, por ejemplo:
>
> **a** En inglés americano los verbos *burn, dream, kneel, lean, leap, learn, smell, spell, spill, spoil* suelen ser verbos regulares (*burned, dreamed, knealed, leaned, leaped, learned, smelled, spelled, spilled, spoiled*), mientras que en inglés británico son irregulares (*burnt, dreamt, knelt, leant, leapt, learnt, smelt, spelt, spilt, spoilt*).
>
> **b** Otras diferencias son:
>
> | inglés británico | inglés americano |
> |---|---|
> | bet-bet-bet | bet-bet-bet or bet-betted-betted |
> | fit-fit-fit | fit-fitted-fitted |
> | get-got-got | get-got-gotten |
> | quit-quit-quit | quit-quitted-quitted |

APÉNDICE III

1. USE OF *MAKE* AND *DO* (USO DE *MAKE* Y *DO*)

Los verbos *make* y *do* se traducen al español por 'hacer'. Con mucha frecuencia los hispanohablantes cometen errores a la hora de elegir uno u otro verbo. Como regla general hay que recordar que el verbo *make* significa 'hacer' con el sentido de 'construir', 'elaborar' o 'producir', mientras que el verbo *do* significa 'realizar'. De todas formas, en numerosas ocasiones hay que aprenderse las colocaciones de memoria, es decir, las palabras que van con uno u otro verbo. A continuación, se presentan algunas colocaciones con ambos verbos así como ejemplos ilustrativos.

1.1. EXPRESSIONS WITH *MAKE* (EXPRESIONES CON *MAKE*)

to make an accusation	hacer una acusación
A number of very serious accusations have been made against the lawyer.	Se han hecho una serie de acusaciones muy serias contra el abogado.
to make allowances	hacer concesiones
I am in no mood to make allowances for you.	No estoy de humor para hacerte concesiones.
to make an appointment	concertar una cita
I made an appointment with the dentist last week.	Concerté una cita con el dentista la semana pasada.
to make arrangements	hacer planes
I will make arrangements to meet Paul in Madrid next week.	Haré planes para reunirme con Paul en Madrid la semana próxima.
to make an attempt	hacer un intento
Tom made an attempt to be nice.	Tom hizo un intento por ser amable.
to make the bed	hacer la cama
'Make your bed before you leave for school', her mother said.	'Haz la cama antes de irte para el colegio', dijo su madre.
to make the best of something	sacarle el mayor provecho a algo
My grandfather always advises me to make the best of things.	Mi abuelo siempre me aconseja sacarle el mayor provecho a las cosas.
to make a cake	hacer una tarta
Let's make a birthday cake!	¡Hagamos una tarta de cumpleaños!
to make certain	asegurarse
Check the timetable to make certain that we don't miss the train.	Comprueba los horarios para asegurarte de que no perdemos el tren.

to make a change	hacer un cambio
I wish I could really make a change in my life and at work.	Ojalá pudiera hacer un cambio de verdad en mi vida y en el trabajo.
to make a choice	elegir
He must make a choice between keeping his job or taking early retirement.	Él debe elegir entre mantener su trabajo o jubilarse anticipadamente.
to make a comment	hacer un comentario
The Prime Minister refused to make a comment about the meeting.	El Primer Ministro dijo que no haría ningún comentario sobre la reunión.
to make a complaint	presentar una queja/reclamación
If you are not happy about the service you have received from us, you can make a complaint.	Si no está contento con los servicios que ha recibido de nosotros, puede presentar una reclamación.
to make a confession	hacer una confesión
The murderers made a confession.	Los asesinos confesaron el crimen.
to make a date	concertar una cita
I met her at the party and we made a date for the following day.	La conocí en la fiesta y concertamos una cita para el día siguiente.
to make a decision	tomar una decisión
We make decisions every day both consciously and unconsciously.	Tomamos decisiones todos los días tanto consciente como inconscientemente.
to make dinner	hacer la cena
I am making a light dinner. Would you like to join us?	Estoy preparando una cena ligera. ¿Te gustaría unirte a nosotros?
to make a discovery	hacer un descubrimiento
According to the BBC, these men have made the greatest discovery of modern times.	Según la BBC, estos hombres han hecho el mayor descubrimiento en los tiempos modernos.
to make a dress	hacer un vestido
My mother is making me a nice dress for my sister's wedding.	Mi madre me está haciendo un bonito vestido para la boda de mi hermana.
to make an effort	hacer un esfuerzo
The volunteers are making an effort to vaccinate all the earthquake victims.	Los voluntarios están haciendo un esfuerzo por vacunar a todas las víctimas del terremoto.
to make an enquiry	hacer una consulta/indagar
If you need to make an enquiry or report an incident, go to the nearest police station.	Si tiene que hacer una consulta o informar de un incidente, vaya a la comisaría de policía más cercana.
to make an estimate	hacer una estimación/cálculo
Before signing the contract, the publishing house needs to make an estimate of the publishing costs.	Antes de firmar el contrato, la editorial necesita hacer una estimación de los costes de publicación.
to make an excuse	dar una excusa
Every time I want to see you, you make an excuse.	Cada vez que quiero verte, das una excusa.

to make (a) fire	hacer/encender un fuego
This article explains how to make a fire using primitive methods.	Este artículo explica cómo hacer fuego usando métodos primitivos.
to make friends	hacer amigos
In the last few years thousands of people have made friends online.	En los últimos años miles de personas han hecho amigos en Internet.
to make a fortune	hacer una fortuna
Tom has made a fortune on the stock market.	Tom ha hecho una fortuna en la bolsa.
to make fun (of someone/something)	reirse de alguien/algo
I don't like being made fun of.	No me gusta que se rían de mí.
to make a fuss (of something)	montar un número
Please, don't make a fuss of something so small!	¡Por favor, no montes un número por algo tan pequeño!
to make a gesture	hacer un gesto/una mueca
Sara made a gesture of impatience.	Sara hizo un gesto de impaciencia.
to make a good/bad impression	causar una buena/mala impresión
I can give you some tips to make a good impression at work.	Te puedo dar algunos consejos para causar buena impresión en el trabajo.
to make a journey/trip	hacer un viaje
Last year we made a journey to Ireland.	El año pasado hicimos un viaje a Irlanda.
to make a living	ganarse la vida
I think it is very difficult to make a living solely as a writer.	Creo que es muy difícil ganarse la vida solamente como escritor.
to make a loss	tener pérdidas
The company made a loss of £800,000 on sales last year.	La compañía tuvo pérdidas de £800,000 en ventas el año pasado.
to make love	hacer el amor
Make love and not war.	Haz el amor y no la guerra.
to make a mess	poner en desorden, convertir en un desastre
Meg has made a mess of her life.	Meg ha convertido su vida en un desastre.
to make money	hacer/ganar dinero
He has made a lot of money from his movies.	Él ha ganado mucho dinero con sus películas.
to make the most (of something)	aprovechar algo al máximo
You must make the most of your life.	Debes aprovechar tu vida al máximo.
to make a movement	hacer un movimiento
She made a movement with her hands.	Hizo un movimiento con sus manos.
to make a noise	hacer ruido
Don't make so much noise. I am trying to sleep.	No hagas tanto ruido. Estoy intentando dormir.

to make an offer	hacer una oferta
They made me an offer I couldn't refuse.	Me hicieron una oferta que no pude rechazar.
to make peace	hacer las paces
Mary made peace with her mother before she left.	Mary hizo las paces con su madre antes de que se fuera.
to make a phone call	hacer una llamada de teléfono
May I use your mobile phone? I need to make a phone call.	¿Puedo usar tu teléfono móvil? Necesito hacer una llamada.
to make a plan	trazar un plan
The government has made a plan to build three new hospitals.	El gobierno ha trazado un plan para construir tres nuevos hospitales.
to make a point	insistir, resaltar
I would like to make a final point before we leave.	Me gustaría insistir en algo antes de marcharnos.
to make a profit	obtener beneficios
You could make a profit from the sale of your house.	Podrías obtener beneficios con la venta de tu casa.
to make progress	hacer progresos
They expect to make progress over the next couple of weeks.	Esperan hacer progresos en las próximas dos semanas.
to make a promise	hacer una promesa
I have made a promise to her and I will do what I can to keep it.	Le he hecho una promesa y haré lo que pueda para mantenerla.
to make a remark	hacer un comentario
He is known for constantly making silly remarks.	Es conocido por hacer constantemente comentarios ingenuos.
to make a request	hacer una petición/solicitar
The lady made a request with which we were unable to comply.	La señora hizo una petición que no pudimos cumplir.
to make sense (of something)	dar sentido a algo
What she says doesn't make sense.	Lo que dice no tiene ningún sentido.
to make a speech	pronunciar un discurso
The Queen made her speech live from Buckingham Palace.	La Reina pronunció su discurso en directo desde el Palacio de Buckingham.
to make a statement	hacer una declaración
The teenager made a statement to the police admitting the robbery.	El joven hizo una declaración a la policía admitiendo que había robado.
to make a success (of something)	tener éxito
My brother has made a success of his life and his work.	Mi hermano ha tenido éxito en su vida y en su trabajo.
to make a suggestion	hacer una sugerencia
Could I make a suggestion?	¿Puedo hacer una sugerencia?

to make sure	asegurarse
Make sure you bring your raincoat. It is pouring with rain.	Asegúrate de traerte el chubasquero. Está lloviendo mucho.
to make tea/coffee	hacer té/café
Shall we make coffee or tea?	¿Hacemos café o té?
to make use (of something)	hacer uso de algo
Our electronic corpus makes use of XML language.	Nuestro corpus electrónico hace uso del lenguaje XML.
to make war	hacer la guerra
Which animals other than humans make war?	¿Qué animales además de los humanos hacen la guerra?
to make a will	hacer testamento
His grandfather made a will leaving him all that he had.	Su abuelo hizo testamento dejándole todo lo que tenía.
to make a wish	pedir un deseo
Make a wish before you blow out the candles on the birthday cake!	¡Pide un deseo antes de soplar las velas de la tarta de cumpleaños!

> **!** Recuerda que en inglés 'hacer que alguien haga algo' se traduce con *make* seguido de la persona y el verbo en infinitivo sin *to*.
>
> His father made him promise that he would never talk to her mother like that again.
>
> Su padre le hizo prometer que no le hablaría de ese modo a su madre nunca más.

1.2. EXPRESSIONS WITH *DO* (EXPRESIONES CON *DO*)

to do one's best	hacer todo lo posible
I just want you to do your best.	Sólo quiero que hagas todo lo posible.
to do business	hacer negocios
We can show you how to do business there.	Podemos enseñarte cómo hacer negocios allí.
to do a course	hacer un curso
My husband is doing a course in human resources.	Mi marido está haciendo un curso sobre recursos humanos.
to do the cleaning	hacer la limpieza
Who does the cleaning in your house?	¿Quién hace la limpieza en tu casa?
to do the cooking	hacer la comida
Does your husband ever do the cooking?	¿Se encarga tu marido alguna vez de hacer la comida?

to do damage	hacer daño
Does eating a lot of salt do damage to your health?	¿Comer mucha sal hace daño a tu salud?
to do the dishes	lavar los platos
They have created a robot that can do the dishes.	Han creado un robot que puede lavar los platos.
to do one's duty	cumplir con el deber
The teacher asked the students to do their duty.	El profesor pidió a los alumnos que cumplieran con su deber.
to do evil	hacer el mal
Cease to do evil, learn to do good.	Deja de hacer el mal, aprende a hacer el bien.
to do exercise	hacer ejercicio
Once you start doing exercise, you will enjoy it.	Una vez que empieces a hacer ejercicio, te gustará.
to do someone a favour	hacer un favor a alguien
Could you do me a favour?	¿Podrías hacerme un favor?
to do the gardening	arreglar el jardín/hacer jardinería
This video shows you how to do organic gardening.	Este vídeo te muestra cómo hacer jardinería ecológica.
to do good	hacer el bien
Try to do some good every day.	Trata de hacer una buena acción todos los días.
to do someone good	sentar bien a alguien
The endless talk and exchange of ideas did him good.	Las charlas interminables y el intercambio de ideas le sentaron bien.
to do someone's hair	arreglarse el pelo/peinarse
My mother did my grandma's hair while she was watching TV.	Mi madre arregló el pelo a mi abuela mientras veía la televisión.
to do one's homework	hacer la tarea/los deberes
When you get home, do your homework before anything else.	Cuando llegues a casa, haz la tarea antes de nada.
to do the house	arreglar la casa
We've got to do the house before my parents come.	Tenemos que arreglar la casa antes de que lleguen mis padres.
to do the housework	hacer las tareas domésticas
In spite of her age, she never hired anyone to do the housework.	A pesar de su edad, ella nunca contrató a nadie para hacer las tareas domésticas.
to do the ironing	planchar
The phone rang while I was doing the ironing.	El teléfono sonó mientras planchaba.
to do a job	hacer un trabajo
You did a good job in this team but it's time to go.	Has hecho un buen trabajo en este equipo pero es hora de marcharse.
to do justice	hacer justicia
Words don't do justice to the Alhambra, photographs are better.	Las palabras no hacen justicia a la Alhambra, las fotografías son mejores.

to do Maths	estudiar matemáticas
He's coming to Cambridge to do Maths.	Vendrá a Cambridge a estudiar matemáticas.
to do miracles	hacer milagros
This fruit juice does miracles for your digestion.	Este zumo de fruta hace milagros para tu digestión.
to do overtime	hacer horas extras
I am afraid I will need to do overtime this month.	Me temo que este mes tendré que hacer horas extras.
to do one's teeth	limpiarse los dientes
Now do your teeth and go to bed.	Ahora te lavas los dientes y te vas a la cama.
to do research	investigar
She has done some interesting research on human behaviour.	Ella ha hecho investigaciones interesantes sobre el comportamiento humano.
to do something right	hacer algo bien, acertar
He did it right!	¡Él ha acertado!
to do the rooms	hacer las habitaciones
We should leave the hotel before noon because they need to do the rooms for the next guests.	Deberíamos dejar el hotel antes del mediodía porque tienen que hacer las habitaciones para los próximos huéspedes.
to do the shopping	hacer la compra
Will you help me to do the shopping next Saturday?	¿Me ayudarás a hacer la compra el próximo sábado?
to do sport	hacer deporte
You should find some free time to do some sport every week.	Deberías encontrar un poco de tiempo libre para hacer algo de deporte cada semana.
to do a sum	hacer una suma
To do a sum is to calculate something.	Hacer una suma es calcular algo.
to do a translation	hacer una traducción
You should do this translation for the Monday morning meeting.	Deberías hacer esta traducción para la reunión del lunes por la mañana.
to do the washing	hacer la colada/lavar la ropa
How often do you do the washing?	¿Con qué frecuencia haces la colada?
to do the washing-up	lavar los platos/fregar
We need to do the washing-up before we leave for the cinema.	Necesitamos lavar los platos antes de marcharnos para el cine.
to do wonders	hacer maravillas
Stopping smoking will do wonders for your health.	Dejar de fumar hará maravillas por tu salud.
to do some work	trabajar un poco
I assume you did some work at home.	Supongo que trabajaste un poco en casa.
to do something wrong	equivocarse/hacer mal
Why are you so angry with me? Did I do something wrong?	¿Por qué estás tan enfadado conmigo? ¿Hice algo mal?

ÍNDICE

adjetivos 79-110
    + infinitivo 108-109
    + preposición 109-110
    calificativos 81, 83-85
    clasificativos 83-85
    compuestos 102, 107-108
    de color 85-86
    enfáticos 86
    formación 97
    seguidos de infinitivo 108
    seguidos de preposiciones 109
    tipos 83

adverbio
    afirmación 289, 293
    cantidad 288-289, 293
    colocación del 130, 290
    comparativo 291-292
    compuestos 290, 293
    duración 283, 293
    frecuencia 280-282, 293
    grado 287-288, 293
    lugar 284-286, 293
    modo 286-287, 293
    negación 289, 293
    probabilidad 289, 293
    superlativo 291-292
    tiempo 278-280, 292
    tipos 278

after 140-141, 251-252, 264, 279, 292, 298

agente 157-158, 163-164, 168-170

ago 272, 280, 292

already 134, 140, 279-280, 292

always 118, 124, 130, 134, 281, 283

artículo
    determinado 26, 61, 63-65, 70, 108, 109
    indeterminado 23, 26, 61-63, 67, 79

atributo 82, 238-239

auxiliar 72-73, 87, 112, 116-117, 125, 144-145, 149, 151-152, 154-155, 157, 200-201, 214, 237, 242-244, 246-248, 262, 273, 279, 281

do 112, 116-117, 201, 214, 224, 234, 243, 246-247, 322, 327-333

be going to 145, 147-148, 162, 232

before 140-141, 152, 252, 264, 272, 279, 283, 292, 295, 298

can 124, 127, 162, 172, 184, 201, 203-205, 210, 211, 254

comparativo
    igualdad 86-97
    inferioridad 89
    superioridad 89-97

complemento
    agente 157, 158, 163, 164
    circunstancial 237-238, 241, 251, 257, 278, 294

condicional 154, 161, 270
    compuesto 155, 161

conjunciones
    coordinadas 249-250
    subordinadas 250-258, 263-265

coordinación 249, 264

could 261-262, 270-271

dare 185, 213-214

determinantes 16, 24, 61, 65, 70, 73, 77
    definidos 61
    demostrativos 51, 61, 68
    posesivos 61, 69, 70
    indefinidos 61, 70
        distributivos 70-72
        de cantidad 72, 76

doble genitivo 46

doble negación 243-244

do/make 327-333

estilo directo 141, 143, 269, 273, 276

estilo indirecto 273-277

ever 57, 134, 293

expresión adverbial 119, 123, 136-137

expresiones temporales 45, 67, 132-134, 272

for 45, 109, 137, 143, 158, 180, 187, 222-223, 253, 264, 283, 293

frases adverbiales 278

frequently 134, 281, 293

futuro
    future continuous 149-151
    future perfect 151-152
    future perfect continuous 152-153
    simple future 144-147, 151

género 15, 55-56, 61

genitivo sajón 44-46, 53, 63, 79

gerundio, -ing 115, 121, 124, 129, 136, 142-143, 149, 152, 158-159, 170, 184, 186-190, 194-198, 200, 215-216, 253, 257-258, 265, 268, 275

going to 58, 71, 101, 145, 147, 148, 162, 167, 172, 190, 197, 199, 232, 233, 236

have to 162, 175, 212, 260

imperativo 111-114, 187, 210, 242-243, 248, 259, 275
    forma enfática 112

indicativo 111, 114, 121, 139, 146, 289

infinitivo
    con to 172, 177-184, 186-187, 195-198, 214, 261
    partido 183
    sin to 174-175, 181, 183-185, 196, 200, 332

just 87-89, 133, 140

like 88, 104

locuciones adverbiales 278-289

may 162, 183, 199, 201, 204-209, 242, 254, 260, 270

mayúsculas 12, 48

might 162, 184, 199, 201, 206-209, 211, 242, 254, 260-262, 270-271

modo 111, 114, 170, 258, 265, 278, 286

must 162, 184, 199, 201, 210, 212-213, 260, 270

numerales 60, 77, 96

números
    cardinales 77-78, 319
    ordinales 77, 319

objeto
    directo 49-50, 54-55, 57, 59, 83, 157, 164-165, 197, 216-218, 222-223, 232, 238-241, 276
    indirecto 49, 50, 54-55, 57, 59, 164, 238, 240, 276

often 118-119, 134, 245, 281, 293

oración
    compuesta 248, 258
    condicional
        tipo cero 259
        tipo I 147, 259, 260, 264
        tipo II 259-262
        tipo III 140, 259, 261, 262
    simple 237, 239, 241, 248
    subordinada
        adverbial 251-264
        causal 254-255
        concesiva 256-257, 264
        consecutiva 255-256, 264
        final 253-255, 264
        lugar 257, 264
        modo 258, 265
        relativo
            especificativa 265-266, 268-269, 270
            explicativa 265, 267-269
        temporal 120-121, 146, 252-253

ought to 162, 184, 199-201, 208, 211

participio pasado 107, 131, 135, 138, 142, 151, 155, 157-158, 166, 170, 182, 262, 321

pasado
    simple past 115, 125-129, 141, 159, 270
    past continuous 115, 129, 130, 270

pasiva refleja 163

plural
    genérico 13-15, 48

posesivo con of + sustantivo 46

prefijación 33-37, 97-100

preguntas
    alternativas 244-246, 274
    coletilla (questions tags) 201, 246-248
    tipo Wh- 244, 272
    tipo yes/no 273

preposiciones
    circunstancia 299
    dirección/movimiento 296, 297
    lugar 295, 296
    tiempo 297-299

presente
- present continuous 115, 121, 124, 145, 147, 158, 270
- histórico 120
- simple present 115-121, 124, 145, 158, 270

pretérito
- imperfecto 116, 128-130, 143, 159, 205
- perfecto compuesto (present perfect) 130-134, 141, 160, 270
- present perfect continuous 135-137, 143, 270
- pluscuamperfecto (past perfect) 138-141, 166, 262, 270
- past perfect continuous 142-143, 270

pronombres
- demostrativos 47, 51-52
- indefinidos 47, 52-54, 167-168
- interrogativos 47, 58-59, 181
- personales 47-49
- posesivos 47, 49-50
- recíprocos 47, 54
- reflexivos 47, 50-51
- relativos 47, 54-58
- compuestos 57-58

same as 88-89

se impersonal 163, 182

shall 146, 184, 199, 201, 207, 210-212, 242, 248, 270

should 114, 162, 184, 199-201, 206, 208, 210-211, 254, 260, 264, 270

since 133, 137, 251, 254, 264, 283

still 95, 134, 280

subjuntivo 95, 111-115, 120-121, 129, 139, 141, 146, 152, 178, 189, 252, 260, 262-263, 275, 289

subordinación 250-269

sufijación 37-44, 100-107

superlativo 56, 60, 64, 81-86, 89-96

sustantivos
- abstractos 17, 29-30, 39, 46, 63
- colectivos 17, 28-29
- compuestos 30-33
- concretos 17, 29
- contables 17-23
- derivados 33-44
- incontables 17, 23-28, 30, 60, 73-75
- individuales 17, 28

till 251-253, 264, 280, 284

to be 48, 57, 117, 121-122, 126, 129, 135, 142, 147-149, 152, 157-158, 162, 165, 167, 182, 243-244, 261, 268, 281

unless 262-263, 265

until 140, 251-253, 264, 283-284

used to 155, 184, 213, 214-216

uso anafórico de *to* 182

verbos
- ergativos 169
- forma no finita 265
- frasales (phrasal verbs) 216-235
  - adverbiales 217-221, 223-233
  - adverbiales-preposicionales 218
  - preposicionales 217-218, 221-223, 233
- irregulares 125, 127, 131, 139, 321-326
- modales 162, 184, 199-213, 242-243
- regulares 101, 125, 127, 132, 138-139, 143
- semimodales 213-216

voz
- activa 157-170, 187
- pasiva 157-170, 182, 185, 188

will 144-154, 184, 200-213, 242, 254, 270

would 154-157, 177-178, 184, 196-213, 215, 270

yet 134, 244, 249-250, 280

yuxtaposición 264